1970년대 소련 사회를 들여다보다

얌부르그에는 총성이 울리지 않는다

(Oni ne pafas en Jamburg)

미카엘로 브론슈테인(Mikaelo Bronŝtejn) 지음
장정렬 옮김

얌부르그에는 총성이 울리지 않는다

인 쇄 : 2022년 1월 3일 초판 1쇄

발 행 : 2022년 1월 10일 초판 1쇄

지은이 : 미카엘로 브론슈테인(Mikaelo Broŝtejn)

옮긴이 : 장정렬(Ombro)

표지디자인 : 노혜지

펴낸이 : 오태영(Mateno)

출판사 : 진달래

신고 번호 : 제25100-2020-000085호

신고 일자 : 2020.10.29

주 소 : 서울시 구로구 부일로 985, 101호

전 화 : 02-2688-1561

팩 스 : 0504-200-1561

이메일 : 5morning@naver.com

인쇄소 : TECH D & P(마포구)

값 : 18,000원

ISBN : 979-11-91643-36-7(03890)

1970년대 소련 사회를 들여다보다

얌부르그에는 총성이 울리지 않는다
(Oni ne pafas en Jamburg)

미카엘로 브론슈테인(Mikaelo Bronŝtejn) 지음

장정렬 옮김

진달래 출판사

/원서 출판 정보/

원제; Oni ne pafas en Jamburg

얌부르그에는 총성이 울리지 않는다

지은이: 미카엘로 브론슈테인

Mikaelo Bronŝtejn

출판사: <Impeto>, 모스크바, 1993

번 역: 장정렬(Ombro)

Originala romano

에스페란토 원작소설

목   차

저자에 대한 전설

알렉산드르 셰브첸코(Aleksandr Shevĉenko)

작가 **미카엘로 브론슈테인**의 명성은 이미 전설이 되어 있다. 그 유명했던 1960년대-1970년대 소련 에스페란티스토 청년 연합의 수많은 활동가처럼.

하지만 나는, 이 작가를 직접 대면하기 전에, 그의 노래를 먼저 만나게 되었고, 그렇게 에스페란토 단체의 행사 때마다 브론슈테인 이름을 정말 자주 듣게 되었다. 그 행사들에서 그의 노래 수 백곡을 그 행사 참석자들인 에스페란티스토들이 떼창으로 불렸고, 우리는 그런 행사가 있었던 낮과 밤에 이 작가 노래를 거의 외울 정도로 함께 참 많이도 듣고, 함께 참 많이도 불렀다.

우리가 이 작가를 처음으로 만난 것은 1981년 모스크바 인근에서 열린 **CRRER(중앙아시아지역 에스페란토 만남)** 행사장인 것으로 기억된다. 당시 우리는 그가 출연한 공연장에 좀 늦게 도착했다. 공연장 홀에는 사람들이 가득 차 있었다. -당시 지역 에스페란토 행사엔 보통 300명 정도의 에스페란티스토들이 참석한다. 늦게 행사장에 온 사람들은, 이미 좌석이 다 차서, 선 채로 관람하거나, 관람석 중앙 통로에 앉아 그 공연을 함께 봐야 했다. 그리고 우리는 "짐바브웨, 짐바브웨……"를 함께 따라 부르기도 했다. 그 노래는 백 명의 목소리가 함께 어울렸다. 우리 작가는 중간 정도의 키에, 턱수염을 한 채, 무대 중앙에서 서서 기타를 치고 있었다.

미카엘로 브론슈테인과 블라디미르 비소츠키[1](Vladimir

---

1) 역주: 블라디미르 세묘노비치 비소츠키(Vladimir Semyonoviĉ Vysotsky, 러시아어: Владимир Семёнович Высоцкий, 1938~

Visocki) 사이에는 공통점이 있었다: 1970년대 가장 유명한 러시아 **바르도(음유시인)**이 그것이다.

이 두 시인이 가장 좋아한 시인은 알렉산드르 푸슈킨2)이다.

이 두 **바르도** 시인은 자신이 직접 시와 노래를 짓는다. 그들은 단순히 노래만 부르는 것이 아니라, 자신의 노래를 소개하기도 한다. 그 두 사람 중 한 사람은 좁은 에스페란토 세계에서 노래했고, 다른 한 사람은 넓은 수백만 명의 대중을 향해 노래했다는 점이 다를 뿐이다.

그 두 사람은 대중을 성공적으로 이끌었다. 마치 그들은 대중과 대화를 하는 듯이.

1980)는 러시아 배우이며 가수이다. 비소츠키는 1938년 1월 25일 모스크바에서 태어났다. 아버지는 군장교였으며 어머니는 독일어 번역사였는데 그의 출생 직후 이혼하여 계모의 손에서 컸다. 1954년 부모의 희망에 따라 모스크바 기술대학(Moscow Institute of Civil Engineering)에 진학해서 공부했지만 적성에 맞지 않아 곧바로 중단하고 자신의 꿈을 이루기 위해 1956년 모스크바 예술극단의 배우학교에 입학하여 4년 동안 배우 수업을 받는다. 비소츠키는 1960년 대학을 졸업하고 알렉산드르 푸슈킨 극단(Aleksandr Puŝkin Theatre)에 입단한 후 단역배우로 전전하던 시절 가끔씩 친구들 앞에서 자신이 작곡하고 가사를 붙인 노래를 불렀다. 독재체제에 대한 비판과 억눌린 인민들의 삶에 대해 분노에 찬 목소리로 절규하듯 700여 곡의 저항가요를 불렀다. 그는 세상을 떠날 때까지 단 한 권의 시집도, 단 한 장의 음반도 내지 못하고 정보기관으로부터 늘 감시를 받았다. 본인은 스스로를 가수라고 인정하지 않았지만 카세트테이프에 녹음된 그의 노래는 사람들에게 전해져 소련은 물론 주변 국가들에까지 널리 퍼지게 되었다. 배우로도 성공하여 수많은 연극과 드라마에서 연기했으며 28편의 영화에 출연하였다. 그는 1980년 7월 27일 모스크바에서 42세의 젊은 나이에 심장마비로 죽었다. 사후에도 그의 노래는 꾸준히 사랑받아 1980년대 후반에 이르러 소련 정부는 그의 시와 노래의 출판을 허용하기 시작했으며 그는 아직도 러시아에서 가장 사랑받는 배우이자 음유시인들 중 한 명이다.
(출처:
https://ko.wikipedia.org/wiki/%EB%B8%94%EB%9D%94%EB%94%94%
EB%AF%B8%EB%A5%B4_%EB%B9%84%EC%86%8C%EC%B8%A0%ED
%82%A4)
2) 역주: 푸슈킨(1799~1837)은 러시아에서 가장 위대한 시인으로 꼽히며 근대 러시아 문학의 창시자로 여겨진다.

그 두 사람의 노래는 우울한 시대에 만들어졌고, 그 두 사람은 자신의 노래 속에서 현실의 관료주의 시스템을 비웃기도 하였고, 눈물이 날 정도의 아이러니로 사회를 비판하였다. 1970년대 당시, 이 같은 진실을 말한 이유로, 그 사람들이 먼 동쪽(원동) 시베리아가 아닌 먼 북쪽(원북)- 소련의 전통적 유배지였던 원북-의 어딘가에서 아침을 맞이해야 했던 것이 빈번한 일이었다.

 브론슈테인은 그 먼 북쪽으로 제 발로 갔다. 따뜻한 중앙 러시아의 아파트를 떠나 10년간 저 먼 **보르쿠타(Vorkuta)**로 갔다. 당시엔 그곳으로 일하러 갈 사람들이 많지 않은 시절이었는데도 말이다.

 어느 해 겨울, 우리는 보르쿠타에 사는 이 작가를 만나러 며칠간 열차 편으로 달려가야 했다. 그곳을 다녀 온 사람들이 조언하기를, "비행기는 타지 말아요, 공항에서 며칠간 꼼짝달싹 하지 못하고 기다려야 할지도 모르기 몰라요. 일기가 나쁘면, 보르쿠타에서는 비행기 이착륙이 허가를 받지 못할 수도 있어요"라고 했다. 그래서 우리는 기찻길을 선택했고, 이틀이나 걸려 눈 덮인 지방 거점도시 보르쿠타에 들어섰다. 하지만 그곳에서부터 우리 작가가 사는 집에까지는 아직도 30킬로미터가 더 남아 있었다.

 우리가 도착하던 날에는 날씨가 대단했다. 바람이 정말 세차게 불었다. 공중으로 지붕의 여러 조각이나 벽돌들이 날아다닐 정도였다. 그러나 우리는 마침내 눈이 덮인 길을 영웅적으로 열어준 사람들 덕분에 그 길을 갈 수 있었다.

 작가 브론슈테인은 그 도시의 시내에 거주하지 않았다. 그는 자신의 일터인 광산 부근에 거주하고 있었다. 작가는 건물 5층의 5층에 거주했지만, 주변이 거의 눈으로 덮여 마치 3층짜리 건물의 맨 꼭대기 층에 사는 것 같았다. 어찌어찌해서 그렇게 쌓인 눈을 뚫어 그 집으로 향하는 통로를 만들었고, 드디어 우리는 그 집 주인이 손님을 정중히 환대하는 자신의 포옹을 직접 받게 되었다: "여러분은 제때 잘 왔네요. 이제야 전기와 물, 온수가 나오니까요." 그가 사는 방의 창문은 깨져 널빤지로 가려 있었다. 그럼에도, 작가의 방은 온통 수많은 책이 책꽂이 선반에 빼꼭 놓여 있었다. 이 작가 서재에 러시아 고전 서적과 에스페란토 책자, 또 다른 나라 책들이 그렇게 많이, 또 잘 구비 되어 있음을 보고서 우리는 정말 깜짝 놀랐다.

그러고서 바로 그때, 우리는 남부에서 가져온 코냑 한 병으로 몸을 데웠다. 그리고는 우리는 이 소설 출간의 아이디어를 세울 수 있었다.

아니다.

이 소설을 집필하고 싶은 생각은 이 작가가 이미 오래전에 해 왔고, 아마 **소련에스페란티스토청년연합**에서 자신이 활동하던 시절에부터 생각해 온 것이리라.

그러나 지금 그의 책상에서 우리는 당연히 있어야 하는 집필계획, 마무리하는 시기와 구체적 출간계획을 마련했다.

나중에 작가는 겨울의 극지의 나날에서의 불명확하게 꺼져가는 불빛 아래에서의 정말 궁전 같은 "문화궁전"으로 우리를 안내했다. 그곳에서 우리는 에스페란티스토들을 만났다.

브론슈테인은 우리에게 양해를 구했다. 만일 눈보라의 바람이 아니었다면, 또, 집과 집 사이의 교통편이 아쉽게도 없었기에, 많은 에스페란티스토가 이곳에 모일 수 없었다며, 그래서 우리를 제외하고 6명의 에스페란티스토가 참석했다. 브론슈테인은 능숙하게 그 모임을 지도했다. 질문이 많았지만, 대답 또한 부족하지 않았다. 나중에 우리에게 작가는 고백하기를, 아직 이곳에 모스크바에서 온 손님들은 우리가 처음이라고 했다.

그는 이 먼 북쪽으로 와, 그곳에 에스페란토모임을 만들었다. 낮에는 광산 일을 했다. 그는 노래도 작사 작곡한다.

"우리는 그대에게 눈(雪)을 보내줄 수 있지......"
푸슈킨의 시를 번역한 것을 보여주기도 했다.

그리고 작가 미카엘 브론슈테인은 자신이 살아온 생애처럼 독창적으로, 강력하게 또 진실을 담아 이 작품을 그려냈다.

저자 소개(PRI LA AŬTORO)

Mikaelo Bronŝtejn, 1976

1976년의 미카엘로 브론슈테인(Mikaelo Bronŝtejn)

미카엘로 브론슈테인은 1949년 7월 7일 우크라이나 크멜니쯔키이 라는 도시에서 태어났다. 그는 툴라 시의 폴리텍대학을 졸업하고, 기술자-사이버네틱스 기사라는 특이한 공학 학사 학위를 받았다. 1981년부터 10년간 그는 보르쿠타에 살면서 "콤소몰스카야" 광산에서 근무했다. 지금 그는 페테르부르크 인근 티흐빈 시의 야금 공장 "Galant"에서 에너지 기술주임으로 일하고 있다.

그는 1961년 에스페란티스토가 되었다. 소련에스페란티스토 운동의 주요 지도자로서 활동했다. 그는 에스페란토 대중에게 자신이 직접 시를 짓고, 번역시도 선보였다. 『samizdate』이라는 노래집도 시리즈로 발간되었다.

그의 번역작품 중 가장 널리 알려진 것은 시인 알렉산드르 푸슈킨의 시 '눌린(Nulin)백작'이다. 이 작품은 "Impet'89"(모스크바 "Progreso" 출판사) 연감과 『영원의 음악』(1988년 레닌그라드) 음반에 동시 발표되기도 했다.

1992년 "Impeto" 출판사에서 그의 책 『**소련에스페란티스토 청년운동의 전설**』이 발간되었다.

미카엘로 브론슈테인은 《모스크바 잡지》(Moskva Gazeto)의 문학클럽 지도자이다.

Mikaelo Bronŝtejn naskiĝis la 7-an de julio 1949 en urbo Ĥmelnickij, Ukrainio. Li finis Politeknikan instituton en urbo Tula kaj havas specialecon — teknikisto-cibernetikisto. En 1981−1991 loĝis en Vorkuta kaj laboris en minejo "Komsomolskaja". Nun li estas ĉefa energetikisto de uzino "Galant" en apudpeterburga urbo Tiĥvin.

Esperantistiĝis en 1961. Havis diversajn gvidajn funkciojn en Sovetia Esperantista Movado. Verkis kaj tradukis multajn kantojn, kiujn mem prezentas al la Esperanto-publiko. Estis eldonitaj "samizdate" multaj aŭtoraj kantaroj. La plej konata el liaj tradukoj estas "Graf' Nulin" de Aleksandr Puŝkin, en almanako "Impeto'89" (eldonejo "Progreso", Moskvo) samtempe aperinta sur disko "Eterna muziko" (Leningrado, 1988). En 1992 en la eldonejo "Impeto" aperis lia libro "Legendoj pri SEJM".

M. Bronŝtejn estas gvidanto de literatura klubo de "Moskva Gazeto".

한국 독자를 위한 저자 서문

한국어로 제가 지은 책을 독자 여러분이 받게 되는 사실이 참 반가운 일입니다. 저는 이 책을 에스페란토로 지었습니다. 에스페란토가 무슨 종교의 한 분파처럼 보인다라고 하는 엉터리같은 소문이 돌고 있지만, 저는 즉시 말합니다. 에스페란토는 그런 종파가 아니라 정상적인 살아 있는 언어임을 말하고자 합니다. 에스페란토는 어린 시절부터 제가 사용해 온 4가지 언어 중 하나입니다. 저는 그 네가지 언어 -러시아어, 우크라이나어, 이디쉬어 그리고 에스페란토-로 글쓰기를 시도했습니다만, 지금 제가 저술 활동으로 쓰는 언어는 러시아어와 에스페란토입니다. 여러분은 '왜냐?'고 물을 것입니다. 대답은 '왜 안 되나요?'입니다. 제 친구 중 한 사람은 여류시인인데, 그 시인이 쓴 작품의 한 구절이 생각나는데, 그것은 "만일 마음이 뭔가 표현해 보고 싶으면, 이를 어떤 언어로 짓는가 하는 것은 전혀 중요하지 않아요"라고 말합니다. 이 작품 『얌부르그에는 총성이 울리지 않는다』는 지난 세기말인 1990년대 초에 썼습니다.

당시 저는 이 작품이 『SEJM에 대한 전설』이라는 나의 회고작품에 대한 예술 부록으로 만들 생각으로 썼습니다.

이 작품이 특정 인물들의 감정과 느낌, 성격과 특색을, 또 소련 청년의 아픔과 행복한 삶의 순간들을 보여주고 싶었기에, 그래서 그 회고작품에서 생기발랄하게 표현하기 어려웠던 바를 이 작품이 드러내 주기를 기대하면서 썼습니다.

저는 이 작품에서 저 자신과 제 친구들을 썼습니다. 그렇다고, 이 소설작품을 제 자서전으로 생각하면 안 됩니다.

여기에 나오는 모든 등장인물은 몇 명의 실제 인물의 특성을 취해 왔습니다. 그렇게 해서 주인공인 니코는 에스페란티스토가 아니면서, 제가 잘 아는 친구의 모습을 그대로 가져 왔습니다. 제가 살아오면서 실제 겪었던 사건들을 투영시켰고, 또 다른 내 친구들의 삶도 투영시켰습니다. 여주인공인 마리나는 제게 아주 소중한, 3명의 청년 여성이 지닌 좋은 성품을 합쳐둔 것이고, 그들의 삶의 여정에서 저는 이 지배적인 질서에 반항하려는 용기를 낸 젊은 여성의 비극적 운명을 연결해 두었습니다.

　그래요, 맞습니다. 제가 태어나 청년기를 보낸 이 나라에서의 질서- 그 질서는 너무 공포스러웠습니다. 왜냐하면, 선천적으로 유전학적으로 자유를 갈망하는 성품으로 태어난 개인들에게는 부끄러운 질서였으니까요.

　공포스러웠습니다 라는 그 말이 맞습니다. 그러나 우리는 우리의 청년기에 그러하였고, 그 아름다운 나이는 우리를 이렇게 살도록 만들었습니다. 즉, 배움과 노동, 스포츠와 노래, 사랑과 출산, 가능하면, -우리 앞에 서 있는 그 질서가 가져다주는 부자유스런 장애물들을 만날 때, 우리는 이를 무시하기도 하고, 피해서 물러서기도 하고, 맞서기도 하면서 말입니다.

　그 장애물 중 첫째는 국가가 행한, 당시의 모든 대중매체에 대한 완전한 통제였습니다. 그 통제는 그 질서에 반대하던 이들의 모든 것을 앗아 가버렸습니다. 당시에는 인터넷이 아직 생기지 않았고, 텔레비전은 두세 개 채널로 제한되어 있었습니다. 그러나, 언론계를- 야금 공장이 있는 지역 언론이나 대학신문을 비롯해 중앙언론기관까지- 아무 근거 없는 또 무자비한 검열관들이 검열했습니다.

언론뿐만 아니라, 출간되는 책자, 광고매체, 견본서(간행물), 그림엽서, 단적으로 말해, 인쇄소로 향하는 모든 자료를 검열했습니다.

둘째의 장애물은 모든 시민이 실제로 국가의 통제 안에서 감금되어 있었다고 해도 과언이 아닙니다. 외국으로 출국허가를 받으려면, 소련 시민은 몇 단계의 수치스런 테스트를 통과해야 합니다. 그 테스트에서 믿음이 가지 않는다고 하는 이들이 발견되면, 그는 결국에는 출국이 허락되지 않게 되어 있었습니다.

그리고 셋째로, 가장 지독한 장애물이라고 한다면, 국가보안위원회가 시민들을 절대적으로 통제한 것이었습니다. 그 국가보안위원회는 다른 나라 사람들에게는 KGB[3])로 알려진 기관입니다. 그 특별 기관은, 제1차, 제2차 세계대전을 치르면서 더욱 포악해져, <인민의 적>이라며 속인 채 낙인을 찍어서는, 수백만 명을 실종하게 했고, 독재자가 사라지고 난 뒤에도, 그리 많이 변하지 않았고, 그런 피에 굶주린 것을 조금 낮췄을 뿐이었습니다.

급료를 받는 공무원들, 고용된 비밀 관찰자들, 자유로이 고발하는 이들이 있어- 이 시스템은 보통 시민들의 의견을 탐색할 목적으로, 또 그 질서에 위험하다고 판단되는 이들에게 벌을 줄 목적으로 남아 있었습니다.

이 모든 장애물은 여러 나라에도 아직도 특징적으로 남아 있습니다.

한국은 그 속에 들어가 있지 않으니 다행입니다.

---

3) 국가보안위원회(國家保安委員會, 러시아어: Комитéт государáственной безопáсности, КГБ 코미테트 고수다르스트벤노이 베조파스노스티, 카게베, 영어: KGB)는 1954년 3월 13일부터 1991년 11월 6일까지 존속했던 소비에트 연방의 정보 기관이다. 냉전 시기에는 세계에서 가장 영향력있는 정보기관으로 불렸다.

그러니, 그런 근본적으로 달리 살아온 삶에 한 번 관심을 가져 보는 것도 흥미롭고 교훈이 될 것으로 보입니다.

끝으로 저는, 제 작품을 한국어로 번역한, 유능한 번역자인 장정렬씨에게 진심으로 고마움을 표하고 싶습니다.

미카엘로 브론슈테인

Estimataj legantoj,

estas flata por mi la fakto, ke vi ricevas mian libron en via nacia lingvo. Mi verkis ĝin originale en esperanto. Cirkulas fuŝaj onidiroj, ke esperanto estas sekto, do mi tuj diru, ke ĝi estas ne sekto, ĝi estas normala viva lingvo. Unu el kvar lingvoj, kiujn mi parolas ekde mia infana aĝo. Mi provis verki en ĉiuj kvar: la rusa, la ukraina, la jida kaj esperanto; nuntempe restis du, kiujn mi uzas por verki: la rusa kaj esperanto. Vi demandas: kial? Mi respondu: kial ne? Mia amikino - poetino bone diris en unu el siaj kantoj, ke absolute ne gravas en kiu lingvo oni verkas, "se la anim' havas ion por esprim'".

La romano "Oni ne pafas en Jamburg" estis verkita en la komenco de la naŭdekaj jaroj, de la pasinta jarcento. Mi celis, ke ĝi servu kvazaŭ belarta suplemento al mia rememor-libro «Legendoj pri SEJM». Ke ĝi prezentu la sentojn kaj emociojn, la karakterojn kaj la trajtojn de konkretaj homoj, la dolorajn kaj ankaŭ la feliĉajn travivaĵojn de la sovetia junularo, t.e. tion, kio en la rememor-libro apenaŭ povus esti vivoplene prezentita.

Mi verkis pri mi kaj pri miaj geamikoj; tio tamen ne signifas ke la romanon oni traktu kiel membiografion. Ĉiu rolanto prenis la trajtojn de kelkaj realaj personoj. Tiel Niko, la protagonisto, ricevis la trajtojn de mia bona amiko, neesperantisto, en kies realan biografion mi enmetis kelkajn eventojn el mia vivo, ankaŭ el la vivoj de du aliaj miaj amikoj. Marina, la ĉefrolantino, kunigis en sia karaktero ĉion bonan, kion posedis tri junulinoj, siatempe tre karaj por mi; el la fadenoj de iliaj vivoj mi kunplektis tragedian sorton de juna virino, kiu kuraĝis kontraŭstari la regantan ordon.
Ho jes, la ordo en la ŝtato, kie mi naskiĝis kaj kie pasis mia juneco, - tiu ordo estis tro terura, ĉar humiliga por la personoj, naskitaj kun hereda genetika aspiro al la libero.

Terura, jes. Sed ni estis en nia junaĝo, kaj tiu bela aĝo igis nin vivi: studi kaj labori, sporti kaj kanti, ami kaj naski infanojn, laŭeble - ĉu neglektante, ĉu evitante, ĉu kontraŭstarante la malliberigajn obstaklojn, kiujn starigis antaŭ ni la ordo. Mi supozas, ke el inter multaj obstakloj la plej lezaj estis tri.

La unua estis totala kontrolo de ĉiuj tiuepokaj amaskomunikiloj, farata de la ŝtato. La kontrolo, forsarkanta ĉion, kion oni opiniis iel direktita kontraŭ la ordo. La Interreto tiam ankoraŭ ne naskiĝis, la televido estis limigita per du-tri ŝtataj kanaloj. Sed la gazetaron - ekde lokaj uzinaj aŭ universitataj ĵurnaletoj ĝis la centraj presorganoj - kontrolis la senskrupulaj kaj senkompataj cenzuristoj. Ho, ne nur la gazetaron, sed ankaŭ eldonotajn librojn, afiŝojn, reklamilojn, prospektojn, bildkartojn, kurtadire - ĉion, irontan en presejon.

La dua obstaklo estis ke ĉiuj civitanoj estis fakte prizonigitaj ene de la ŝtataj limoj. Por ricevi elirpermeson eksterlanden la sovetia civitano devis subiĝi al kelkŝtupa humiliga testado, kiu por la personoj, opiniataj nefidindaj, ĉiam rezultigis malpermeson.

Kaj la tria, la plej serioza obstaklo estis absoluta kontrolo de la civitanoj flanke de la Komitato pri la Ŝtata Sekureco, la institucio, kiun la alilandanoj rekonas laŭ la nomo KGB. Tiu speciala institucio, maturiĝinta inter la du Mondmilitoj kaj pereiginta milionojn da homoj, trompe atestitaj kiel « malamikoj de la popolo », ne multe ŝanĝiĝis post forpaso de la diktatoro, nur iom reduktinte sian sangavidon. Pagataj oficistoj, dungitaj kaŝobservantoj, libervolaj denuncantoj – ĉi-sistemo restis por esplori opiniojn de simplaj civitanoj kaj por puni tiujn, kies opinioj ŝajnis danĝeraj por la ordo.

Ĉiuj ĉi obstakloj estas karakterizaj por multaj ŝtatoj. Bonŝance, ne por la via. Do, mergiĝo en la vivon esence malsaman, supozeble estos interesa kaj instrua. Mi tutkore dankas la spertan tradukiston, s-ron Jang, sen dubo pri plena fidindeco de lia traduko. Bondeziras al vi,

Mikaelo Bronŝtejn

경고(AVERTO)

페테르부르크에서 에스토니아 국경으로 120킬로미터 떨어진 곳에 위치한 **킨기세프(Kingisepp)** 라는 소도시에 나는 여러 번 가 보았습니다. 실제로 그곳엔 반쯤 잊힌 철도역(여행자들은 지금 버스를 더 좋아한다.)과, "포스포릿(Fosforit)"이라는 큰 야금 공장, 그 교회가 있습니다...... 그곳에 마침 내 남자 친구가 한 사람 살고 있는데, 이 소설 주인공과 초상화로 보면 흡사합니다. 그러나, 그는 에스페란토를 배운 적이 없습니다. 일반적으로, 그 소도시엔 에스페란토 클럽도 없고, 에스페란티스토도 없습니다.

실제로 진짜라고 말할 수 있는 것은 내 소설 속의 각 장의 앞에 쓴 인용 문구뿐입니다. 나는 역사적 장면을 되살리려고 당시 자료들을 가져 왔습니다. 그 밖에 이 소설에 언급된 거의 모든 인물이나, 거의 모든 사건은 내가 만들어 낸 것이요, 상상 속의 것이요, 내 신화 속의 것이니, 이 점을 독자들은 꼭 이해해줬으면 합니다. 독자 여러분은 자신을 이 작품 속 인물이나 사건을 실제라고 투영시켜, 자신이 속지 않기를 기대합니다. 그건 순수한 우연일 뿐입니다.

En la urbeto Kingisepp, kiu situas cent dudek kilometrojn for de Peterburgo al la estona landlimo, mi estis plurfoje. Tie en realo ekzistas la duonforgesita fervoja stacio (vojaĝantoj nun preferas busojn), la uzinego "Fosforit", la preĝejo... Tie eĈ loĝas la viro, mia amiko, portrete tre simila al mia protagonisto. Li neniam lernis Esperanton. Ĝenerale, en tiu urbeto neniam estis Esperanto-klubo, nek unuopaj esperantistoj.

Efektive aŭtentikaj estas en mia romaneto nur la citaĵoj antaŭ ĉiu ĉapitro. Mi alvokis ilin por reliefigi la historian fonon. Preskaŭ ĉiujn personojn, preskaŭ ĉiujn eventojn de la romano leganto akceptu kvazaŭ mian elpensaĵon, fantaziaĵon, miton. Preskaŭ. Ne trompu vin ŝajna simileco ilia al iuj realaj personoj kaj eventoj. Ĝi estas pura hazardaĵo.

이 소설 속의 약어와 낯선 용어들
Mallongigoj kaj nekutimaj vortoj

CK = Centra Komitato
중앙위원회

gekoj = gekamaradoj (tendara slango)
남녀동무를 일컬어 줄여 사용함(캠프 생활에서의 속어)
IJK = Internacia Junulara Kongreso
국제청년에스페란토대회
KPSU = Komunista Partio de Soveta Unio
소련 공산당
Komsomolo (ankaŭ VLKSM) = komunista unio de junularo
콤소몰(또는 VLKSM)- 소련 공산당 청년조직
"kuzjkina matj" — rusa mokesprimo; montri "k. m." = fari ion malbonan (minaco)
"kuzjkina matj" -러시아어에서의 비웃음의 표현= 뭔가 나쁜 일(위협)을 가하다
NKVD = popolkomisariato pri internaj aferoj
내무(부)인민위원회: 국내 관련 행정(때로는 사법)위원회
obkomo = regiona komitato (de partio, komsomolo, sindikato)
옵콤: 지역위원회(당, 콤소몰, 조합(신디케이트)의)
SAT = Sennacieca Asocio Tutmonda
전세계무민족성협회
SEJM = Sovetia Esperantista Junulara Movado
소련 에스페란티스토 청년 운동
SEJT = Sovetia Esperantista Junulara Tendaro
소련 에스페란티스토 청년 캠프
SEU = Sovetrespublikara Esperantista Unio
소연방 에스페란티스토 연합
SKT = Studenta Konstrua Taĉmento
학생건설분견대

SSOD = Unuiĝo de Sovetiaj Societoj de Amikeco kaj Kulturaj Ligoj kun Eksterlando
소련 대외 우호문화 협회 연합
SSOD-komisiono = Komisiono pri Eksterlandaj Ligoj de Sovetiaj Esperantistoj ĉe SSOD
소련 대외 우호문화 협회 연합 산하의 대외 소련에스페란티스 토연맹 외무위원회
"Teĥnolojĝka" ― kutima popolnomo de la metro-stacio "Teĥnologia instituto" en Sankt-Peterburgo
"테크놀노이흐카" -성-페테르부르크 "기술대학" 전철역을 편 하게 부르는 역명
TEJO = Tutmonda Esperantista Junulara Organizaĵo
세계 에스페란티스토 청년조직
transira standardo (ruĝa) ― la objekto, kiu servis kiel honora trofeo por venkintoj en socialisma konkurado
통과 깃발(붉은색)- 사회주의 경연에서 우승자에게 주는 영예 트로피와 같은 역할을 하는 물건(깃발)
UEA = Universala Esperanto-Asocio
세계에스페란토협회
veniko ― kvasto el branĉoj de kverko aŭ betulo, sekigitaj kun verdaj folioj, uzata kutime en rusa ŝvit-banejo
베니크(한증용/의복용 먼지떨이 뭉치) -떡갈나무 또는 자작나 무로 된, 초록 나뭇잎이 달린 채로, 말린 가지로 만든 러시아 식 한증탕용 술장식.

Adiaŭ.
Forgesu,
Indulgu min.
Leterojn — al flam' —
　안녕히,
　잊어요,
　나를 용서해줘요.
　편지들은 -불길 속으로-

Por etern'.
Vireca estu via destin',
Honesta, simpla sur ter'.
Briladu por vi
Ĉiam en malhel'
Subtene stelara prujn'.
　영원히
　그대 운명은 남자처럼
　이 땅에서 정직하고 소박하리.
　그대, 영광이 있으리라.
　옅은 별 무리가
　어둠 속에 언제나 지켜주리.

Varmigu esper'
La manplatojn ĉe l'
Voka nokta fajruj'.
Blizardoj estu,
La neĝ', la pluv',
De l' fajro freneza kri'.

Kaj ĉiam sukceson
Vi havu plu —
　　희망이 소망의 밤 화로 곁에서
　　다가서는 손바닥을 따뜻하게 해주리.
　　블리자드여, 불어라,
　　눈이여, 비여, 불어 닥쳐라.
　　불길은 미친 듯 외치리.
　　그래도 그대는
　　언제나 성공에 성공을 더하리니.

Pli ofte ol havis mi.
Kaj daŭru kruela,
Raviga batad',
Tondranta en via sin'.
Mi ĝojas pri tiu,
Kiu, ho frat',
Eble, kuniros vin.
　　그대는 나보다 더 자주,
　　또 잔인하게
　　계속되는 싸움은
　　그대 품에서 천둥을 치며 이어가리.
　　형제여, 그대와 함께할,
　　그 사람 있어 자랑스럽네.

요시프 브로드스키[4](Josif Brodskij)지음

(브론슈테인이 러시아어에서 에스페란토로 옮김)

---

4) 역주: 요지프 브로드스키(Joseph Brodsky, 1940~ 1996년)는 러시아계
미국인 시인이자 에세이 작가이다. 원래 이름은 이오시프 알렉산드로비
치 브로드스키이다. 1987년 노벨 문학상을 수상했다. 1972년 6월 4일, 소
비에트 연방에서 추방되어 1977년 미국 시민권을 취득했다.

제1장

"레닌그라드 에스페란티스토들은 지난 10월 9일부터 11일까지 중요하고 귀한 손님인 세계에스페란토협회(UEA) 회장 험프리 톤킨(Humphrey Tonkin) 박사[5]를 영접했습니다....우리는 협회 회장과의 회의에서, 세계에스페란토협회 회장의 에스페란토 운동에 대한 명확한 관점을 대단한 흥미롭게 들었습니다. 세계에스페란토협회 회장은... 헬싱키에서 받아들여진 협정 문건[6]이 가장 특별한 의미를 가진다고 하면서, 세계에스페란토협회의 가까운 장래의 몇 년을 간략히 소개한 뒤, 이렇게 강조했습니다:

-......최근 우리는 우리 운동의 최종 목표가 존재한다는 점을 잊으려는 경향이 있습니다. 하지만 우리는 그 점에 더욱 더 많이 관심을 갖고서 맞서야만 합니다. 즉, 에스페란토가 마침내 도입된다면, 그때 우리 세계가 어떤 모습일까를 이해해야 합니다. 만일 우리가 그 점을 잘 이해하면, 그때 더욱 더 언

---

5) 역주: 1974-1980년간 세계에스페란토협회장을 지낸 험프리 톤킨 박사 (1939 ~)는 영국태생으로, 영문학자이며, 섹스피어 연구자이다. 1956년 에스페란토에 입문하였고, 세계에스페란토청년단체(TEJO) 회장 (1969-1971)을 역임하였고, 《Kontakto》지를 창간하고, 세계에스페란토협회 회장으로 1986-1989년간 다시 협회를 이끌었다.

6) 역주: 헬싱키협정(1975년)의 주요 내용은 다음과 같다. 1.동등한 주권 인정, 2.무력 사용과 위협 중단, 3.영토 불가침, 4.영토 보전, 5.분쟁의 평화적 해결, 6.내정 불간섭, 7.사상, 양심, 종교, 신앙 등 기본적 자유와 인권 존중, 8.인간의 평등과 자결권 보장, 9.국가 간 협력, 10.국제법상의 의무 이행. 이 협정에 참여한 국가들(미국, 캐나다, 소련, 전 유럽국가(터키포함, 알바니아와 안도르는 제외) 등 총 35개국 참여)은 〈유럽 안보의 기초와 국가 간 관계 원칙에 관한 일반적인 선언〉으로 명명된 최종 문서에 조인하였다. 많은 국가들이 이 조약을 승인하면서 제2차 세계대전 이후 30년에 걸친 유럽 지역에서의 냉전은 종결되었다.

어문제 없는 세계를 구축하는데 우리가 더 나은 위치에 있게 될 것입니다. 그리고 만일 우리가 그 세계를 성공적으로 만든 다면, 그때 사람들은 다른 중요한 세계문제에 직면해도 성공 하게 될 것입니다.

(<Aktuale>, 197.년 11월호)

"나는 그리스 여행에 관해 의논하러 당의 옵콤7)의 책임자를 만나고 왔습니다. 그 책임자는 소련 안에 법적이고도 공식적 인 에스페란토단체가 있는지 물어 왔습니다. 나는 그 점에 있 어 분명히 SSOD8) 단체를 언급했습니다. 그랬더니 그가 언급 하길, 옵콤이 지금까지 에스페란티스토의 외국 여행에 관해 업무를 처리해 본 경우가 없었다면서, 이 일엔 뭔가 교시가 필요하다고 했습니다. 그 책임자가 내게 SSOD 쪽에 이와 유 사한 사례의 여행을 하려면 무슨 요건이 필요한지 편지로 물 어보라고 제안했습니다......."

"...SSOD(단체!)는 조직체가 아니라, 외국인들의 일을 담당하 기 위해 1930년대 초에 설립된 국가 기관입니다. SSOD-위원 회도 조직체가 아니었습니다. -공식 명패 아래에 실제 정관도 없고 또 전혀 권한이 없는 기관입니다. 나는 SSOD 지도자들 이 세계에스페란토협회에 가입 가능성을 물었을 때는, 자신들 이 소련 에스페란토 운동의 필요성에 대해선 생각하지 않고, 외국 앞에 자신의 존재가 소개되는 것에만 관심 있구나 하고 추측을 합니다..."

(SEJM9)-위원들의 개인 서신에서 가져옴)

---

7)주: 지역위원회(당, 콤소몰, 조합의)
8)주: 대외 소련 우호문화 연맹 단체 연합
9)주: 소련에스페란티스토청년운동

공식 안건

아이라토프 니콜라이 그리고르예비치에 대해
195.년 러시아민족, 소련공산당원, 당원증 N...

N. G. 아이라토프는 일천구백칠십 몇년 9월부터 우리 기업에서 일하고 있습니다. 레닌그라드 폴리텍대학을 졸업한 뒤 용접부에 입사한 그는, 자신보다 더 나이 많은 부서원들의 경험을 활발하게 전달받아, 더욱 유능하고 진취적인 엔지니어가 되었습니다. N. 아이라토프는 합리화 운동에 능동적으로 참여하고 있습니다. 그는 6개 제안을 한 발명가로, 총 5만 루블 이상의 경제효과를 냈습니다.

청년 공산당원이기도 한 니콜라이 아이라토프는 해당 부서의, 또 야금 공장의 사회생활에도 적극적으로 참여하고 있습니다. 그는 주의력 깊은 국민대대의 일원입니다. 야금 공장 콤소몰 위원회 임무를 수행해 오면서도, N. 아이라토프는 후원 학교에서 국제 우호 클럽을 지도하고 있습니다. 매일의 삶에 대해서, 그는 겸손한 시민이자 집에서는 좋은 가장으로 모범을 보이기도 합니다. 그에게는 두 살짜리 아들이 있습니다. 그는 법의 판결을 받은 적도 없고, 법적으로 신문을 받은 적도 없습니다.

이 안건은 불가리아인민공화국으로의 그의 관광 여행을 부여하는 것입니다.

　"포스포리트" 야금 공장 대표
　당위원회 비서
　조합위원회 대표

-이렇게 하면 되겠어? -이렇게 타이핑을 방금 마치고서, 땀을 흘리며 사쉬카가 아주 만족해하며 말했다. - 니코, 네게 완벽하게 맞게 작성되었네; 이 정도면 너는 술 한 병 빚진 거야. 이렇게 서명도 셋을 받는 것도 좋겠어!······

-무슨 악마같이, 내가 일반적으로 이따위 종이가 필요해? -니코는 화를 냈다. -사람들이 나를 정말로 우주로 보내는 것도 아니거든! 나는 단순 관광 여행이라구!
그의 까마귀 색의 머리카락들은, 용수철처럼 곱슬곱슬해 매일 빗질해도 전혀 소용없어 보였지만. 무슨 이유인지 그는 화가 나면 언제나 자신의 손을 자신의 머리카락에 가져가서는 그 머리카락을 쓰다듬었다.
-그런데, 그런데, -사쉬카가 평온을 유지하려고 하면서 중얼거렸다. -이게 소용없다고는 생각하진 말게. 회색 재료를 절약해야지. 사람들은 이런 말을 하지. -결론을 내리려고 하지 말고, 모든 것을 규정에 맞게 행동하라고. 넌 당원이지, 그렇지 않나?!
-나는 벌써 그 점을 유감스럽게 생각해. -니코가 작은 환기창 안으로 약한 목소리로 불평하자, 이를 알아차린 사쉬카가 벌떡 자리에서 일어났다. 정말 여기서 그는 이 은혜 모르는 사람의 친구가 아니다. 또 그는 (그리고 맨 먼저!) 여기 이 사무실에서는 알렉산드르 파블로비치 체르트코프다. 또 그는 이 자리서 업무를 보는 사람이다. 또 그는 야금 공장 콤소몰 위원회 서기다. 그는 즉시 외쳤다:
-쓸모없는 작자 같으니! 누가 너를 당에 들어오도록 이끌었지?!
언제나 정직한 표정을 지었던 그의 얼굴은 좀 창백해졌고, 그의 두 손은 묵직한 서기 자리의 대형 탁자의 뭔가에 기댈 곳을 찾고 있는지, 아니면, 뭔가 무거운 것을 던질 걸 찾고 있는 듯했고, 그의 연푸른 두 눈엔 번개가 이는 듯했다. 그러나, 대학교의 학생 초기 시절부터 그런 행동을 하는 걸 아주 잘 아는 니코는 평화로이 대답했다:

-내가 스스로 가입했지, 침착해.

그리고 그는 사쉬카를, 공식일정 동안에 공무용 대회의실에 비치되는 것 외에는 아무 곳으로도 내보내지 않는, 먼지가득한 **전달용 깃발들** 사이에 서서 안정을 되찾도록 하고 그 방을 나섰다.

사쉬카는 친구다. 그가 가진 직무로 내는 화를 진지하게 받아줄 수 있는가? 어딘가, 저 상층부, 스몰리니(Smolnij) 안에서 그 특별 관광 여행단의 한 좌석을 "니코가 들어가게 하려고 다른 사람을 쓸어낸" 일을 도운 이가 정말 그다. 니코가 그 자리를 받게 되었다. 왜냐하면, 그 여행단이 특별히 불가리아에서 열리는 세계에스페란토대회에 참석하려고 불가리아로 가려는 특별 그룹이지만, 그 언어인 에스페란토 습득 수준과 그 언어를 통한 주요 활동 경력이 있느냐 없느냐가 그 여행단 인원 선정의 주요 변수였기 때문이다. 고슴도치는 이해하리라......

샤쉬카는 콤소몰 대장이고, 그는 원하기만 하면 자신이 직접 여행할 기회도 잡을 수 있다. 하지만 그 자신은 그 기회를 니코에게 양보했다. -그건 진짜 우정이다. 니코는 얌부르그 에스페란티스토 클럽을 지도하고 있다. 더구나, 그가 그 권리를, 그 당연한 여행 권리를 갖고 있다. 사람들이 사쉬카를 만나면, 그도 직장 내에서 니코에 호의적이라고 많이 칭찬해 주었다. 콤소몰 서기인 사쉬카는 그의 이념적인 교육자이다. 분명히 9월에는 저 높은 곳에 있는 사람들은 사쉬카에게 관광 목적으로 이탈리아 여행을 공짜로 시켜 주겠다고 약속해 두었다. 관광단의 지도자 자격으로. 그러니, 그는 이번 경우엔 전혀 욕심 없이 니코에게 양보해 주었다.

에스페란토 말도 이해하지 못하는 사쉬카 자신이 에스페란티스토들 사이에 끼여 여행하게 될 그 불편한 불가리아 여행을 니코에게 선물로 내놨다.

ĈAPITRO I

"La 9-11-an de oktobro esperantistoj de Leningrado akceptis gravan kaj karan gaston — la prezidanton de UEA, D-ron Humphrey Tonkin...Dum la kunsido kun granda intereso estis akceptita la brila elpaŝo de s-ro Tonkin. La prezidanto de UEA... skizis la perspektivon de UEA en la proksima estonto, substrekinte, ke la plej elstaran signifon havas por tio la Dokumento, akceptita en Helsinki. La Prezidanto emfazis:

— ...Lastatempe ni emis tion forgesi, ke ekzistas fina celo de nia agado. Sed ni devas multe pli klare fronti ĝin; kompreni, kiel aspektos la mondo, kiam Esperanto fine enkondukiĝos. Se ni tion komprenos, tiam ni eble estos en pli bona pozicio por konstrui tiun mondon sen lingvaj problemoj. Kaj se ni sukcesos konstrui tiun mondon, eble la homoj sukcesos alfronti aliajn gravajn mondajn problemojn".

(Aktuale—11—197...)

"Mi estis ĉe respondeculo en obkomo de partio por priparoli la vojaĝon al Greklando. Li demandis, ĉu ekzistas iu legala oficiala E-instanco en USSR. Mi, certe, menciis, SSOD-on. Do, li diris, ke, ĉar ĝis nun la obkomo ne okupiĝis pri iaj ajn veturoj esperantistaj eksterlanden, ĝi bezonas iajn instrukciojn. La

- 33 -

respondeculo konsilis al mi skribi al SSOD kaj demandi, kio estas bezonata por efektivigi similajn vojaĝojn..."

"...SSOD (societo!) ne estas organizaĵo, sed la ŝtata instanco, fondita en komenco de tridekaj jaroj por prizorgi eksterlandanojn. Ankaŭ SSOD-komisiono ne estas organizaĵo — fakte senstatuta kaj tute senrajta instanco sub oficiala ŝildo. Mi suspektas, ke, kiam SSOD-gvidantoj parolas pri ebla aliĝo al UEA, ili pensas ne pri bezonoj de Sovetia Esperanto-movado, sed pri reprezentiĝo antaŭ eksterlando..."

(El privataj leteroj de SEJM-komitatanoj)

Ofica karakterizo

por Ajratov Nikolaj Grigorjeviĉ,
naskita en 195..., ruso, membro de KPSU[10]), partia membrokarto N...

N.G. Ajratov laboras en la entrepreno ekde septembro 197... Veninta al la velda fako post fino de studoj en la Leningrada politeknika instituto, li aktive transprenis la sperton de pli aĝaj fakuloj, montris sin kapabla kaj iniciatema inĝeniero. N. Ajratov aktive partoprenas la raciigan movadon; li estas la aŭtoro de

---

10)주: 소련 공산당

ses proponoj kun suma ekonomia efiko pli ol 50 mil rubloj.

Juna komunisto, Nikolaj Ajratov aktive partoprenas socian vivon de la fako kaj de la uzino. Li estas atentema popolbrigadisto. Plenumante la komision de la uzina komsomola komitato, N. Ajratov gvidas la klubon de Internacia amikeco en la patronata lernejo. En la ĉiutaga vivo li montris sin modesta civitano, bona familiestro; li edukas dujaran filon. Juĝata aŭ juĝesplorata li ne estis.

La karakterizo estas donita por turisma vojaĝo al la Popola Respubliko Bulgario.

Direktoro de la uzino "Fosforit"
Sekretario de la partia komitato
Prezidanto de la sindikata komitato

- Nu, ĉu taŭgas? — kontentegas ŝvita Saŝka, ĵus fintajpinta la folion. — Plene taŭgas por vi, Nikaĉo; botelon do vi ŝuldas. Bonus ricevi ankaŭ tiujn tri subskribojn!..

- Por kia diablo ĝenerale mi bezonas ĉi tiun paperon? — koleriĝas Niko. — Ne en kosmon ja oni min sendas! Simpla turisma vojaĝo!

Liaj korvokoloraj haroj, krispiĝantaj risorte, permesas tute ne zorgi pri ĉiutaga kombado, tamen iakaŭze li ĉiam manglatas la hararon ĉe koleriĝo.

- Nu-nu... — trankvilige murmuras Saŝka, — ne pensu vane, ŝparu la grizan materion. Oni postulas — ne rezonadu, sed faru ĉion disciplineme. Partiano vi estas, ĉu ne?!

- Mi jam ekbedaŭras pri tio, — Duonvoĉe en vazistason grumblas Niko, sed Saŝka, kaptinte la vortojn, eksaltas. Estas li ja ĉi tie ne amiko de tiu sendankulo, ankaŭ (kaj unuavice!) estas li ĉi tie, en la kabineto, Aleksandr Pavloviĉ Ĉertkov, estas li ĉi tie oficiala persono, sekretario de uzina komsomola komitato. Li tuj elmontras eksklamacion:

-Sentaŭgulo! Kiu tiris vin en la partion?!

Ĉiam honestesprima lia vizaĝo iom paliĝas, la manoj serĉas ĉu apogon sur masiva sekretaria tablego, aŭ ion pezan por ĵeti, la helbluaj okuloj fulmas. Sed Niko, ĝisfunde konanta tion ĉi ekde la pratempo studenta, respondas pace:

- Mem mi aliĝis, estu trankvila. — Kaj eliras, lasante Saŝka-n trankviliĝi inter polvokovritaj transiraj standardoj, nenien irantaj el ĉi tiu ĉambroangulo, krom en la Aktan salonegon dum oficialaj solenaĵoj.

Saŝka estas amiko. Ĉu eblas serioze akcepti lian postenan koleron? Ja estas li, kiu helpis "forŝiri" ie en supro, en Smolnij, verŝajne, unu lokon en la speciala turista grupo. La lokon por Niko. Ĉar, malgraŭ ke la grupo estas speciala, vojaĝonta Bulgarion speciale al la kongreso de Universala Esperanto-Asocio, apenaŭ posedo de la lingvo kaj la lingva aktiveco estas ĉefaj kriterioj ĉe elekto de veturontoj. Erinaco komprenas...

Saŝka estas komsomolestro, kaj li povus veturi mem, se nur ekvolus. Sed li mem oferis tion al Niko — jen vera amikeco. Niko gvidas Jamburgan esperantistan klubon. Cetere, li havas rajton, eĉ la meriton por veturi. Saŝka-n oni eĉ ie laŭdis pro la aferoj de Niko. Kiel komsomola sekretario Saŝka estas ankaŭ lia ideologia edukanto. Certe, por septembro la Tieuloj promesis por Saŝka senpagan turistan vojaĝon al Italio. Sur posteno de la gvidanto de turista grupo. Do, tiun Bulgarion kun sidado inter nekompreneblaj esperantistoj li donacis al Niko tute sen avaro.

제2장

"......나와 편지교환하는 서독(FRG)[11] 친구가 내게, 거의 '미국과 소련은 오로지 돈을 벌기 위해서 무기를 판다며, 바로 그 무기가 요즈음 전쟁의 불씨가 된다'는 투로 말했습니다. 그래서 나는 이렇게 답했습니다: "친구여, 생각해보게, 만일 어느 날 저녁에 당신 집에 칼을 든 도둑이 들이닥쳤다고 합시다. 그 위기의 순간에 총을 소지한 사람이 나타났다고 가정해 보세. 그 사람이 누구에게 그 총을 주겠는가? 당신 편지에서는 그 총을 '누구에게 집어 주는가'라는 점이 중요한 것이 아니라 총이 있다는 그 '사실'만 중요하다고 말하는 것 같군. 존경하는 친구, 만일 당신이 그 총을 받으면 정의가 이길 것이고, 만일 그 도적이 그 총을 받으면, 불의(이 말을 '파시즘', '제국주의', '식민주의'로 읽어 주세요)가 이기게 될 겁니다. 그러니, 만일 당신이 이런 사실에 대해 잘 분석해 보면, 우리나라가 오로지 정의를 위해 싸우는, 삶에서 자기 권리를 위해 싸우는 진보적인 운동을 하는 단체나 나라만 돕고 있다는 점을 이해하길 바라네요."

---

11) 역주: 서독(독일연방공화국)을 말함, 동독은 GDR로 표기했음. 독일의 재통일(독일어: Deutsĉe Wiedervereinigung, 영어: German reunification)은 1990년 10월 3일, 과거 독일 민주 공화국에 속하던 주들이 독일 연방 공화국에 가입하는 형식으로 이루어졌다. 실질으론 멸망한 독일민주공화국의 영역을 독일연방이 흡수 통일한 것이다. '재통일'이라는 단어는 1871년 독일 제국의 성립(독일의 통일)과 구분하기 한 것이다. 같은 해 3월 18일 처음으로 실시한 자유 선거로 뽑힌 독일 민주공화국의 정부는 독일연방공화국과 독일을 점령했었던 네 나라 사이에 이른바 독일관련 최종해결에 관한 조약 (2+4 조약)을 맺어서 통일 독일의 전작권을 인정받았다. 통일한 독일은 그대로 유럽 공동체(지금의 유럽 연합)와 NATO의 회원국으로 인정됐다.
(출처:
https://ko.wikipedia.org/wiki/%EB%8F%85%EC%9D%BC%EC%9D%98_
%EC%9E%AC%ED%86%B5%EC%9D%BC)

(<Aktuale>, 197.년 3월호)

"....우리는 **SSOD**를 전혀 무시해서는 안 됩니다. 그곳만이 우리나라에서 유일하고도 공식 에스페란티스토들의 기관이니까요....

...세계에스페란토협회(UEA)나 세계에스페란토청년조직(TEJO)과 같은 단체 측에서 제25차 소련공산당 대회에 축사를 한 번 보내주는 것이 필요합니다."

(SEJM(소련에스페란티스토청년운동)-위원회 임원의 개인편지 중에서)

기관지 편집자인 아베르얀 이봐노비치는, -남자 중에 니코가 가장 신임하는 인물이다. 니코는 아베르얀의 도서관 -바닥에서 천장까지 책으로 가득 찬, 10미터 길이이고, 혁명 전의 높이가 4미터인 그 크기의 방- 에 자주 찾아가. 때로는 작은 이동식 사다리의 맨 윗 칸에 앉아서, 때로는 선반의 낮은 곳에 놓인 잡지들 옆에 웅크린 채 앉아서 그곳에서 지식을 쌓았다. 니코 자신의 도서 보유량도 그리 빈약하진 않았지만, 니코는 아베르얀 이봐노비치와 그의 마음씨 좋은 옐레나 티모페예프나 그 두 사람이 그 산더미 같은 책 위의 먼지를 완전히 청소하려면 어떤 방법을 쓸지 생각해보면서도 지금 놀라움을 금치 못한다. 니코는 작은 손님방이자- 동시에 침실이 되는- 옆방에서 신선한 향기 나는 보리수 차를 마시면서 이 집 주인과 바벨(Babel)[12), 　　　　도로세비치(Doroŝeviĉ)[13), 　　　　불가코프

---

12) 　　역주: 　바벨, 　이사크 　에마누일로비치(Babel, 　Isaak Emmanuiloviĉ(1894~1941) : 소련의 소설가.
13) 역주: 도로세비치(VLAS DOROSHEVIĈ(1864 - 1922)는 러시아 혁명초기 작가, 신문기자, 연극비평가였다. 그가 쓴 책의 주제는 제1차 세계대전 중 독일 침공 때의 러시아피난민, 사할린 섬에서의 penal colony를

(Bulgakov)[14])의 저서들 - 이 책들은 이 매력적인 작은 거실 안에만 존재하고 있는 것 같다. -에 대해 토론을 자주 벌여 왔다.

보는 그의 시각부터 팔레스타인, 중국, 기타 아시아지역에 정착한 것에 까지 이른다. 2012년 도로세비치의 전집 <제국이 하지 못한 것: 동양의 이야기와 전설(What the Emperor Cannot Do: Tales and Legends of the Orient)>이 영어판으로 발간되었다. (출처: http://bodyliterature.com/2013/04/28/vlas-dorosevic/)

14)역주: 미하일 불가코프(1891~1940). 그로테스크한 수법을 사용한 풍자적인 작품으로 사랑받은 작가. 25살에 키예프 대학 의학부를 졸업하고 러시아 벽지를 다니며 의사로 일하기도 했으며, 2년 후 고향 키예프로 돌아왔으나 반 볼세비키 백군 장교들에 의한 내전의 회오리에 휘말리게 되었다. 1919년 가을, 백군 군위관이었던 그는 퇴각하는 백군을 따라 러시아 남부 블라지카프카스로 갔다. 다음 해 백군은 다시 퇴각했으나 티푸스에 걸린 불가코프는 블라지카프카스에 남겨졌다. 소비에트 하의 블라지카프카스에서 그는 의사 직을 버리고 친구의 도움으로 블라지카프카스로 문학지국을 맡아 일하기 시작. 이 시기에 「투르빈 형제들」을 비롯한 다섯 편의 희곡을 써서 무대에 올렸다. 그러나 곧 창작 활동에 회의를 느껴 모든 원고들을 태워버리고 망명길에 올랐으나 뜻을 이루지 못했다. 1920년대 초 「치치코프의 모험」「디아볼리아다」「파멸의 알」등 혁명 직후 모스크바 세태를 풍자한 중단편으로 이름을 알리기 시작했다. 1925년부터 잡지 《러시아》에 키예프에서의 내전 체험을 그린 소설 「백군」을 연재하기 시작하면서 호평을 받았고, 희곡으로 각색해달라는 제안을 받았다. 그 후 모스크바를 배경으로 한 코미디를 써 달라는 제안을 받고 희곡 「조야의 아파트」를 집필했고, 모스크바 예술극장과 「개의 심장」의 공연계약을 맺었으나 국가보안국에서 원고와 일기를 압수 하고 상연을 금지했다. 반혁명적·반소비에트적 작가라는 비평가들의 비난에도 불구하고 희곡 「투르빈네의 날들」과 「조야의 아파트」가 관객들에게 호응을 얻으면서 극작가로서 큰 인기를 누렸다. 1920년대 말 스탈린 체제의 강화와 함께 시작된 대대적인 반(反)불가코프 캠페인 이후, 1929년 봄에는 불가코프의 모든 작품에 상연금지 명령이 내려지고, 스탈린에게 망명을 요청했지만 거절당했다. 1940년 3월 10일 사망할 때까지 소비에트에서 단 한 편의 작품도 출판하지 못했다. 『거장과 마르가리타』 외의 주요 작품으로 『백위군』「개의 심장」『드 몰리에르씨의 생애』「극장」 등의 소설과 「질주」「적자색 섬」「위선자들의 밀교」「아담과 이브」「알렉산드르 푸슈킨」「이반 바실리예비치」등의 희곡이 있다. (출처: https://ridibooks.com/author/2878)

분명히, 그 책들에 대해서만 아니다. 자주 니코는, 얼굴 표정을 붉힌 채, 신문에 기고를 위해 준비해 놓은 자신의 이야기와 기사들의 정당성을 주장했다. 아베르얀 이봐노비치의 벗겨져 가는 이마 아래, 짙은 회색 눈썹 아래에서 양볼의 주목하는 미소들이 니코를 열심히 관찰하고 있었다. 자주 동의도 하지만 자주 놀리는 듯한 웃음도 있었다. 그때 니코는 자신의 독백 끝에 나올, 이 세상에서 평온한, 좀 그렁대는 목청을, 가장 확신적인 목청을 기다렸다. 담배가 재떨이 속으로 던져지고, 그 미소들은 그 황회색의 턱수염으로 뛰어들었다.

-아하. 니콜라. 당신의 주인공 로만은 여인을 구하려다 다리를 부러뜨렸네. 그러니, 아주 고상한 행동이지. 정말 좋네요. 하지만, 당신 의견엔, 그런 다음 그가 즉시 행복하게도 웃는다고 썼네! 따라서 그는 심리적으로는 비정상의 인물이네...... 당신 자신이 (신이여, 당신을 구해 주소서, 분명히!) 한때 뼈가 부러진 적이 있나요? 아닐 걸요. 그때 나를 믿어요, 니콜라.- 당신은 고함을 지르지 못하게 될 거요. - 만일 당신에게 쇠줄 같은 신경들이 있어도 말이지. 그럼에도, 온전히, 당신은 웃음이 나오지도 못할 걸. 동의하지?- 니코는 콧방귀를 뀐다.

-그래, 그래, 알았네, 이젠 신선한 과자들이나 먹게, 어때, 레녹?

하지만, 한번은 니코가 그 토론에서 의심에 여지없이 그들을 물리치고 성공할 수 있었다. 그리고 편집진인, 4명의 직업 언론인의 반대를 극복하고서. 비 오는 저녁, 레닌그라드에서 니코는 공들여 작은 이야기들을 만들어 오는 반면에, 그 4명은, 언제라도 필요하면 글 쓰는 사람들이니, 적어도 그들은 거의 천재 같았다.

그랬다. 그가 이 기관에서 에스페란토 강습을 조직하기를 결정했을 때, 그 편집부로 수많은 작가가 쓴 것을 절반은 훔쳤고, 절반은 칭찬과 약속으로 가득한, 열렬한 호소문 성격의 대단한 기사를 갖고 왔을 때, 이 모든 일이 일어났다.

-하!- 그 기관지 신문사 실습생이자 졸업예정자인 대학생 발렌틴이 말했다. -저는 그 문제에 대해 읽은 적이 있습니다. 에스페란토는 분명히 사소한 이야기입니다. 그리고 그 "불타는 눈길을 가진 열혈 청년"은 이 점을 꼭 알고 있어야 해요. 창가에서 고풍의 파이프 담배를 피우던 발렌틴이 멘토처럼 말을 이어갔다.
-국제어 역할을 러시아어와 영어가 성공적으로 해 낼 것입니다. 왜냐하면, 그 말들은 사용자가 엄청 많으니까요...
-하지만, 중국어, 스페인어, 프랑스어도 있지요! 발렌틴이 둥글게 담배 연기를 내뿜는 동안에 니코가 끼어들었다.
-메시에 니콜, 같은 톤으로 발렌틴이 계속했다.
-중국어는 아무도 진지하게 취급하지 않아요; 스페인어와 프랑스어는 영어와의 싸움에서 패배할 겁니다. 하지만 에스페란토에 대해선 나는 개인적으로 거의 듣지 못했어요, 그러니, 나는 그게 전적으로 살아있는 언어인지 의심이 가기도 해요. 무엇 때문에 우리 신문에 무슨 죽은 인조어를 선전할 이유가 뭔가요?
-에스페란토에 대해 전혀 모르다니. 그러니 그런 무지는 너의 잘못이야!
주먹을 꽉 쥐면서 니코는 거의 고함을 지를 뻔했다.
-모든 분야에서, 니코, 당신이 하는 용접을 제외하고는, 저는 니코 당신보다 더 근본적인 지식을 갖고 있어요. 발렌틴은 자신의 입에서 담배 파이프를 천천히 내려놓으면서 반박했다.
-당신을 위해 언급할 만한 것을 제가 찾아오겠어요. 내일요!

-평정을 되찾아요, 수탉 여러분! 안경을 쓴 중년의, 좀 뚱뚱한 여성인 뷔라 니콜라이에프나가 충고하듯 살짝 웃었다.

-나도 지금까지 에스페란토에 대해 전혀 듣지 못했음을 고백하겠어요. 그러니, 빌렌틴의 위치는, 내가 보기엔, 더 확고한 것 같아요.

- 두 분 다 틀렸어요, 털보인 레프 아사코비치가 힐난하듯 말했다. -긍정적인 역사 흐름은 우리에게, 의심에 여지없이, 가까운 장래에 일본어가 중요 자리를 차지할 것이라고 알려주고 있어요.

한 페이지를 교정하고 있던 아베르얀 이봐노비치는 자신이 바쁜 체하였지만, 유심히 그 토론을 듣고는, 마침내 고개를 들었다.

-여느 때처럼 당신은 거의 맞아요, 존경하는 르요브쵸,- 그는 살짝 웃었지만, -그러나 일본어를 국제어로 하면, 우리는 당신도 마찬가지로 더 이상 배울 기회가 없을 겁니다.

-그럼, 저를, 저를 지원해 주세요, 아베르야니치! -발렌틴은 마치 자신이 편집진의 오래된 일원인 것처럼 다정하게 간청했다. -정말 우리 당에서는 러시아어가 여러 민족 간의 소통어라고 가르쳐주고 있어요, 안 그런가요?

-소련에서만요, 젊은이, 우리나라에서만요......나는 에스페란토에 대해 20년대의 글과, 30년대의 글을 많이 읽었어요......그래요...... 그 편집자는 천천히 독백했다.

-"피오네르스카야 프라브다"라는 신문에 그 언어 강습 같은 기사가 있었어요. 그때 그 신문에서는 그 언어를 이름하여, 국제 노동자 계층에 필요한 언어라고 썼어요. -청년 프롤레타리아 열성자들의 고상한 이상이라고도 했지요......나는 그게 아마도 평화 속에 매장된 것이 아쉽다고 생각해요. 하지만 나는 그 점에 있어 불확실하긴 하지.

-제가 언급된 걸 가져와 볼게요, 발렌틴은 환호했다. 그리고 이틀 뒤에 편집실 안에 걸려 있는, 다양한 안내문이 실리는 벽보판에는, 유명인사 파우스토프스키이(Paŭstovskij)가 자신이 "저 낱말껍질, 소위 에스페란토와, 듣기에 역겨운" 에스페란토와 한때 알았던 것을 강조한 말이 타이핑되어 표시되어 있었다. 그 종이에는 "자, 이걸 보세요, 에스페란티스토!" 라는 발렌틴의 글도 덧붙여 있었다.

니코는 빌렌틴이 타이핑 해 가져온 그 언급자료 옆에 자신이 가져온 종이를 함께 붙이면서 3개의 언급된 기사로 답했다. 톨스토이[15]), 루나차르스키이(Lunarĉarskij)[16]), 고리키[17]), 그리고 니코가 쓴 승리의 "아하!"와 함께. 발렌틴은 좀 당황해

---

15) 역주: 레흐 톨스토이(1828~1910). 러시아 문학을 대표하는 대문호 톨스토이는 도스토옙스키와 함께 19세기 러시아 사실주의 문학의 정점이자 혁명의 거울, 위대한 사상가로 여겨지는 인물이다. 안톤 체호프는 "톨스토이는 모든 이를 대변한다. 그의 작품은 사람들이 문학에 거는 기대와 희망을 모두 충족시켜 준다."라고 말했으며, 막심 고리키는 "한 세기에 걸쳐 체험한 것의 결과를 놀랄 만한 진실성과 힘과 아름다움으로 표현했다."라고 말하며 톨스토이를 '세계 전체'라고 일컬었다.

16) 역주: 아나톨로 루나차르스키(Anatolo (Anatolij Vasilj'eviĉ) LUNAĈARSKIJ (ruse Анатолий Васильевич Луначарский; 1875~1933)는 소련작가이자 비평가, 문화부 인민위원회 위원이며, 아카데미 회원. 1926년 세계무민족성협회(SAT)의 레닌그라드대회의 명예회장이 되었다. 그는 대회사에서 "사실들은 끈질긴 사물(건)들이며, 그 사실들은 에스페란토를 옹호한다. 이 에스페란토 운동은 지칠 줄 모르는 위력으로 뻗어 나가고 있으며, 근대 사회생활의 가장 중요한 현상 중 하나가 되고 있다"("Faktoj estas aĵoj obstinaj kaj la faktoj pledas por Esperanto. Tiu ĉi movado disvastiĝas kun nevenkebla potenco kaj fariĝas unu el la plej seriozaj fenomenoj de la moderna socia vivo".)고 말했다. (출처: https://eo.wikipedia.org/wiki/Anatolo_Luna%C4%89arskij)

17) 역주: 고리키(1868~1936)는 러시아의 소설가이자 극작가로, 사회주의 리얼리즘 문학의 창시자이다. 19세기 러시아 문학과 20세기 소비에트 문학의 가교 역할을 했으며, 그의 작품 《어머니》는 소비에트 문학의 기초가 되었고, 주인공 청년 바벨은 소비에트 문학 주인공의 원형으로 여겨진다.

서 중얼거렸다.

-그런데, 고리키는 말년에 양탄자에 그려진 작은 꽃에도 물을 부어 주었다고 하던대요....

-패배를, 중세기사여, 영예롭게 인정해요!"

레흐 아사코비치가 서툴게 노래를 불렀고, 아베르얀 이봐노비치가 결론을 내렸다:

-그 대형 기사는, 하지만 진실로 너무 커요. 자네, 니콜라, 그걸 적당한 경계로 줄여줘요. 적어도 3분의 1로 줄여줘요. 만일 그렇게 해 주면, 우리가 신문에 당신의 강습 안내 글을 작게 배치할 수 있겠어요. 만일 그게 우리의 진보적 대학생들의 흥미를 유발한다면(그의 눈썹들 아래로부터 나오는 교활한 양 볼의 웃음들이 함께 하면서), 우리는 그 줄여 만든 기사를 한 번 더 내 볼게요.

빌렌틴은 그 토론이 그렇게 끝났음을 무시했다. 그는 자신의 입을 삐죽하고는 라디오의 공식 언급처럼 흉내내어 이렇게 말했다:

-우리 사회주의 모랄엔 낯선, 코스모폴리탄적인 경향이 여전히 우리 사회에 자리하고 있습니다......농담!- 그는 살짝 웃으면서, 동료들의 동의하지 않은 눈길을 향해 덧붙여 말했다.

-에흐, 발렌틴, 발렌틴, 아베르얀 이봐노비치는 고개를 내저었다. - 자넨 40년 더 일찍 태어났으면 좋았겠네. 그러면 당신은 고위 권력자가 될터인데......

그는 그 주제를 건드리는 것을 좋아하지 않았다. 아붸르야니치가 아무 죄 없어도 추방된 적이 있었다는 것을 그 편집부에서 한 번 들은 적이 있는 니코는 그에게 그 일에 대해 물었다.

-베리야. 달리 이름하여 그 "레닌그라다"의 "사건들" 중 하나였지. 그것에 대해 뭔가를 들은 적이 있나요? 수많은 정직한 당원들이 고통을 당했지요. 그때 내 혼자만 그런 것은 아니

구. 우리 역사에 그 부분을 끼워 넣진 말아요. 니콜라, 당신은 너무 많은 의심, 답변 없는 질문들, 등등을 얻게 될 겁니다. 의심 없이 살아가는 사람들이 지금 의심하며 사는 사람들보다 더 성공한 경력을 만들어내고 있다네요. 그들은 당신이 걸어가는 곳곳에 압박을 가할 것입니다. 당신이 가진 에스페란토 열정 때문에 더욱 당신은 괴롭힘을 당할 겁니다. 당신은 그 점에 대해 노력해야 할 겁니다. 나는 당신에게 그 점에 대해, -우리끼리 하는 말이지만, 공산당에 입당하는 것도 권하지 않고 싶어요.

-그곳 사람들은 의심하는 사람들을 좋아하지 않는답니다.

-하지만, 아베르얀 이봐노비치, 제가 당신처럼 정직한 당원으로 성공할 수는 없을까요?

-성공할 겁니다, 당신 같은 청년은, 분명히, 성공할 겁니다,- 아베르얀 이봐노비치는 생각에 잠겨 있었다. -아마 당원증이 당신에게 도움이 될 겁니다……나는 당신이 결정한다면 당신을 위해 추천서를 기꺼이 쓰겠습니다. 하지만 그 공산당 안에는 다양한 사람들이 있음을 절대로 잊지 마세요.

　니코는 그가 한 말을 이곳, 얌부르그에서 자주 기억하고 있었다.

ĈAPITRO II

"...Mia korespondanto el FRG skribis, ke kvazaŭ "kaj Usono kaj Sovetunio vendas armilojn nur por gajni monon, kaj ke ĝuste tiuj armiloj estas fonto de la militoj nuntempaj". La respondo devas esti jena: "Amiko, imagu, ke vi vespere estas atakata de bandito kun tranĉilo. En la kriza momento aperas homo, havanta pistolon. Al kiu li donu tiun pistolon? Laŭ via letero estas videble, ke ne gravas al kiu, gravas nur mem la fakto. Ne, estimata, se vi ricevos la pistolon, venkos la justeco, se la bandito — venkos ia maljusto (legu — faŝismo, imperiismo, kolonialismo). Do, se vi reanalizos la faktojn, vi komprenos, ke nia lando helpas nur al la progresemaj movadoj kaj landoj, batalantaj por la justo, por siaj rajtoj je vivo".

(Aktuale — 3— 197...)

"...Ni ne devas tute ignori SSOD-on, ĉar nur tie dume estas sola oficiala organizaĵo de esperantistoj en nia lando...

...indas organizi gratulojn flanke de UEA, TEJO, k.s. al la XXV-a Kongreso de KPSU".

(El privataj leteroj de SEJM-komitatanoj)
Averjan Ivanoviĉ, redaktoro de instituta ĵurnalo, - jen

kiun inter viroj Niko plej fidis. Ofte paŝtis sin Niko en lia biblioteko – dekmetra ĉambreto kun la librosvarmo de planko ĝis plafono, – konsideru ankaŭ la antaŭrevolucian altecon kvarmetran, – sidante foje en la supra ŝtupo de transportebla ŝtupareto, foje kaŭrante ĉe subaj bretoj gazetaraj. Mem havanta jam ne magran librokolekton, Niko nun miras, kiamaniere Averjan Ivanoviĉ kaj lia bonkora Jelena Timofejevna sukcesis aranĝi preskaŭ plenan foreston de polvo sur la tuta libroamasego. En la apuda eta gasto- kaj samtempe dormoĉambro, trinkante freŝaroman tilian teon, Niko diskutadis kun la mastro pri la libroj de Babel, Doroŝeviĉ, Bulgakov – tiuj libroj ŝajnis ekzisti nur en ĉi tiu loka loĝejeto.

Ne nur pri la libroj temis, certe. Ofte Niko, ruĝmiena, asertis pravecon de siaj rakontoj kaj artikoloj, preparitaj por la ĵurnalo. Sub la kalviĝanta frunto, sub la densaj grizaj brovoj de Averjan Ivanoviĉ du atentaj ridetoj spektadis Nikon. Ofte aprobaj, sed ofte ankaŭ mokaj; tiam atendis Niko post fino de sia monologo trankvilan, iom raŭkan voĉon, la plej konvinkan en la mondo. Cigaredo estis formetata en cindrujon, la ridetoj saltis en la flavgrizajn lipharojn:

– Aha, Nikola. Via Roman rompis la kruron, savante virinon. Do, dum tre nobla ago. Bone ja. Sed, laŭ vi, li tuj ekridas feliĉe! Sekve, li estas psike nenormala homo... Ĉu vi mem (savu vin Dio, certe!) iam spertis frakasitan oston? Ne. Kredu min tiam, Nikola, - vi eble sukcesus ne krii, - se vi havas ferajn nervojn. Tamen, tutcerte, vi ne ridus. Konsent'? - Niko snufas. - Nu, nu, jen freŝaj kukoj pretas, ĉu ne, Lenok?

Unufoje tamen havis Niko la sukceson sendube gajni la diskuton, kaj eĉ kontraŭ tuta redakcio, kvar profesiaj ĵurnalistoj. Al Niko, pene verkanta siajn rakontetojn dum pluvaj leningradaj vesperoj, tiu ĉi kvaropo, verkanta iam ajn laŭbezone, ŝajnis almenaŭ geniuloj.

Do, okazis ĉio, kiam li decidis organizi kurson de Esperanto en la instituto, kaj alportis en la redakcion artikolegon ardan kaj alvokan, duone ŝtelitan de multaj aŭtoroj, duone plenan da laŭdoj kaj promesoj.

- Ha! - diris Valentin, lastjara studento de la Universitato, praktikanta en la ĵurnalo. - Mi jam legis pri la problemo. Esperanto, certe, estas bagatelaĵo. Kaj la "flama junul' kun rigardo brulanta" devas alproprigi, - mentoris li, fumante antikvozan pipon ĉe fenestro, - ke la rolon de internacia lingvo sukcese ludos la rusa kaj la angla, ĉar parolas ilin la plejmulto...

- Tamen, ĉina, hispana, franca! - enmetis Niko, dum Valentin elspiris fumringojn.

- Mesje Nikol', - samtone daŭrigis Valentin, - la ĉinan neniu prenas serioze; la franca kun la hispana pereos en batalo kontraŭ la angla. Sed pri Esperanto mi persone apenaŭ aŭdis, do, mi dubas, ĉu ĝi vivas entute. Por kio ni propagandu ian mortan artefaritan lingvon en nia ĵurnalo?

- Nenion vi scias pri Esperanto, do, ĝi estu via kulpo! - apenaŭ kriis Niko, premante la pugnojn.

- En ĉiuj sferoj, eble krom via veldado, mi posedas pli fundamentajn sciojn ol vi, junulo, - refutis Valentin, pigre eltirinte sian pipon el la buŝo. - Ankaŭ citaĵon mi por vi trovos. Morgaŭ!

- Trankviliĝu, kokoj! - admone ridetis Vera Nikolajevna, mezaĝa grasetulino en okulvitroj. - Mi konfesu, ke mi nenion aŭdis pri Esperanto, tial la pozicio de Valentin ŝajnas al mi pli firma.

- Ambaŭ ili eraras, - rikanis barbulo Lev Isakoviĉ, - pozitiva historia fluo montras al ni, ke, sendube, la gvidan lokon en la proksima estonto okupos la japana!

Averjan Ivanoviĉ, korektante paĝon, ŝajnigis sin okupita, tamen atente perceptis la diskuton kaj fine levis la kapon.
- Vi, kiel ĉiam, preskaŭ pravas, estimata Ljovĉjo, -

ridetis li, - sed la japanan, kiel internacian ni kun vi jam ne ĝisvivos lerni.

- Do min, min subtenu, Averjaniĉ! - Valentin apelis familiare, kvazaŭ antikva redakciano. - Ja la Partio instruas, ke la rusa estas la lingvo de interpopola komunikiĝo, ĉu ne?

- Nur en Sovetunio, karulo, nur en nia ŝtato... Mi multon legis pri Esperanto ĉu en la dudekaj, aŭ en la tridekaj.. jes... - malrapide monologis la redaktoro. - Estis en la jurnalo "Pionerskaja pravda", ŝajne, eĉ kurso de la lingvo. Oni skribis tiam, ke ĝi estas nome la lingvo por internacia laboristaro - bela ideo de junaj proletaj entuziasmuloj... mi bedaŭras, ke, eble, en paco sepultita. Tamen mi ne certas.

- Mi alportos la citaĵon, - eksklamaciis Valentin. Kaj post du tagoj sur la tabulo por diversaj anoncoj, pendanta en la redakciejo, aperis tajpita eldiro de la fama Paŭstovskij, asertanta, ke la verkisto foje konatiĝis kun "tiu vortoŝelo, nomata Esperanto kaj naŭza por la aŭdo". Estis sur la folieto ankaŭ subskribo de Valentin: "Jen, tenu, esperantisto!"
Niko respondis tuj per tri citaĵoj, kroĉinte sian folion apud tiu de Valentin. Tolstoj, Lunaĉarskij, Gorkij, kaj la triumfa "Aha!" de Niko. Valentin, iom konfuziĝinta, murmuris:

- Nu, Gorkij en la lasta vivojaro eĉ sur tapiŝfloretojn verŝis akvon...

- Malvenkon, kavaliro, akceptu kun honor'! - fuŝkantis Lev Isakoviĉ, kaj Averjan Ivanoviĉ konkludis:

- La artikolego, tamen, vere estas tro. Vi, Nikola, reduktu ĝin al taŭgaj limoj. Almenaŭ trioble. Dum vi faras tion, ni povas lokigi en la jurnalo anonceton pri via kurso. Se ĝi interesos niajn progresemajn studentojn (du ruzaj ridetoj el-sub la brovoj), ni aperigos la reduktotan artikolon.

Valentin neglektis, ke la diskuto estas finita; li kripligis la lipojn kaj prononcis, imitante oficialan radion:

- ...fremdaj por nia socialisma moralo kosmopolitaj tendencoj dume ankoraŭ havas la lokon en nia socio... ŝerco! - ridante aldonis li al la malaprobaj rigardoj kolegaj.

- Eh, Valentin, Valentin, - kapneis Averjan Ivanoviĉ, - naskiĝu vi kvardek jarojn pli frue - estus vi altgrada potenculo...

Ne ŝatis li tuŝi tiun temon. Audinta foje en la redakcio, ke Averjaniĉ estis senkulpe ekzilita, Niko demandis lin pri tio.

- Estis unu el la "aferoj" de Berija, nome tiu "Leningrada". Ĉu vi aŭdis ion pri ĝi? Multaj honestaj partianoj suferis, ne sola mi. Sed, ne enrampu tiun parton de nia historio, Nikola, ĉar vi akiros tro da duboj, senrespondaj demandoj k.t.p. Personoj sen duboj nun faras pli sukcesan karieron ol dubantoj. Ili premos vin ĉiupaŝe, des pli pro via pasio, Esperanto, vi havos klopodojn. Mi ne konsilus al vi ankaŭ, inter ni dirante, aliĝi la partion - la dubantojn oni ne ŝatas tie.

- Sed, Averjan Ivanoviĉ, ĉu mi ne sukcesos estis honesta komunisto, kiel vi?

- Sukcesos, knabo, certe, sukcesos, - enpensiĝis Averjan Ivanoviĉ, - eble partianeco helpos al vi... Mi volonte donos al vi la rekomendon, se vi decidos. Sed neniam forgesu, ke diversaj homoj estas ankaŭ en la partio.

Lian vortojn Niko ofte rememoras ĉi tie, en Jamburg.

제3장

"......나는 건전한 내부의 클럽 활동에 반대하지 않습니다. 합창, "우정의 모임", 에스페란토나라, 또 "동지"- 이것은 아름다운 에스페란토 환경을 조성하는데 필요합니다... 하지만, 지금의 임무는 **소련 에스페란티스토 청년 운동(SEJM)**-규정 중 다음의 항목을 실질적으로 실현시키는 것입니다: "SEJM은 당과, 콤소몰과, 국가기관, 사회기관들과 협력하면서 행동한다"라는 항목입니다. -우리가 통상적으로 "공식기관들"이라고 명명하는 그 기관들입니다. 우리는 위대하고, 때로는 어려운 과업을 통해 인정받고 공식화되도록 해내야만 합니다. 그건, 우리가 에스페란토를 위해 일하는 것이 아니라, 에스페란토로써 일하자는 것을 의미합니다! 지금 이 순간의 상황에서는 슬로건은 이래야만 합니다. 즉, "에스페란토로써 사회에 이바지하는 사업을 하자(Per Esperanto- por sociutila laboro)!"입니다."
(<Aktuale>, 197.년 7월호)

"우리나라에서 큰 행사 -즉, 제25차 소련공산당 대회가 다가왔습니다.......이 대회는 지금 우리 사회생활의 모든 면을 상징하고 있기에, 당연히, 우리 에스페란티스토들도 그 점에 관심을 가져야만 합니다.
SEJM 위원회는......그 대회를 위한 SEJM이 해야 하는 준비에 대한 질문에 대해 토론을 했습니다. 그리고 흥미로운 여러 제안들이 있었습니다.
이 대회를 앞두고, 국제편지교환을 아주 많이 하는 클럽들은, 진보주의 에스페란티스토들의 편지를 근거로 전시회를 열 수 있습니다. 예를 들면 "소련과 소련 공산당의 평화적이고 외교 정치에 대한 진보주의 에스페란티스토들"이라고 하는 전시회 말입니다.

그래서 여러분은 이 대회에 축하편지와 전보를 꼭 보낼 것을 잊지 말아주세요. 우리가 보내는 메시지에는 정중하지 못한 요구는 피하는 대신, 우리 사회의 선의를 위해, 또 평화를 위하고, 국제주의 행동을 고양시키기 위해 우리가 준비되어 있음을 강조합시다.

....SEJM 클럽들이 이 대회와 연관된 그런 시도들을 더욱 열성적으로 하면 할수록, 우리는 우리 운동 외곽에서 더 많은 권위를 얻게 됩니다."

(<Aktuale>, 197.년 5월호)

-토요일에는 나르바(Narva)[18] 행사에 가는 것을 계획합시다, 어때요-어떤가요? -주방에서 올가가 외쳤다. -다시 온 시가지에 쇠고기, 계란들이 없어지겠어요...

-아아-빠, 닭-닭을 사줘요, 어때요-어떤가요? 보브쵸가 이에 반응하며 되풀이했다.

"어때요- 어떤가요?"라는 말은 그들이 늘 하는 표현이다: 두꺼운 볼을 가진 보브쵸가 그 말을 그렇게 해버리는 바람에 니코는 웃음을 참지 못하면서도, 한편으론 관용도 보였다.

-아흐, 그래, 녀석, 나의 어때요-어떤가요님! 그는 주방으로 날아가면서 외쳤다.

- 분명히 아빠가 사줄께. 하지만 나르바에서가 아니라, 레닌그라드에서.

-왜요? 레닌그라드라고? 올가는 물었다.

-인쇄허가를 받으러 가야 해요...나는 그 포스타(선동 종이)를 만들려면 그걸 그래도 받아야 해요, 며칠간 SEJM 콘퍼런스에

---

18) 역주:에스토니아의 세 번째로 큰 도시.

도 갈 거요.

-용기도 많군요. 그런데, 여보, 식료품가게들을 다녀오는 건 잊지 말아요.- 올가는 자신의 두 손을 씻고는, 그 손들을 니코 어깨에 올리고는, 보브초가 바라보는 눈길 아래서 니코에게 살짝 키스했다.

......니코는, 자신과 그녀가 그 캠프에서 그때 어떻게 알게 되었는지를 자세히 기억하지 못했다. 그러나 그는 자신이 전기기차에 올라 와, 자신의 무거운 배낭을 풀어놓을 때부터 올가를 발견하고 관심을 가지게 되었다는 점은 맹세조로 말했다. 보통 니코가 그렇게 주장을 시작하면, 올가는 반박하기를, 첫째로, 아무 주목한 것이 없었다고 주장하고. 둘째로, 그가 그 캠프장으로 가는 길에서 SEJM의 어느 임원과 끊임없이 업무에 관해서 토론만하고 있더라고 반박했다. 그녀가 그런 그의 모습을 발견했고, 그렇게 그의 존재를 알아보게 된 것이다.

-그렇게 되었지, 니코가 확인해 주었다.

- 그러나 금발이고, 또 매력적이긴 했지만......일면식이 없는, 정숙한 여학생에게 곧장 내달리는 것은 점잖치 않은 일이었지요......

첫 캠파이어가 있던 때, 하지만, 그들은 서로 이미 옆에 나란히 앉았다. 전혀 우연히! 첫 키스조차 캠파이어에서 있었다. 하지만 좀 나중에. 아니, "**유피-야**"[19) 동안은 아니었고, 단순히...

그에 앞서, 콘서트 동안에 그녀가 제쵸라는 바르도 시인에게 카밀레 차들을 손에 쥐어 주며, 그 시인의 수염난 뺨에 키스할 때도 니코는 그것을 보고서 참고 있었다. 제쵸는 자신의 노래 덕분에 다행히 모든 여성들과 키스할 기회가 많았다. 니코는 좋은 분위기 속에서만 노래를 하지만, 시 전부를 만들어

---

19) 주: 남녀 사이의 입맞춤을 하게 만드는 청년들의 노래이자 놀이

볼 줄은 모른다. 하느님은 그에게는 기회를 주지 않으셨다......3시간 동안 그는, 제쵸를 부러워하면서 4줄의 시 구절을 만들어보려고 애썼다. 그렇게 애를 써보아도 자신이 생각해 낸 것이 마음에 들지 않았다. 그래서 그는 자신이 많이도 외우고 있는 블록(Blok)[20]의 시를 올가에게 읽어주기로 결심했다. 다행스럽게 그녀도 블록의 시를 좋아했다. 그 소란스런 캠프장에서의 행사 뒤 저녁마다, 그들은 자신들이 좋아하는 시 구절 중 한두 줄을 서로에게 암송해 주었다.

마찬가지로 일과 행사를 마친 뒤, 저녁에는 작은 숲으로 걸어가면서, 낭송도 하고, 재잘대기도 하고, 자작나무 장작 사이에서 생쥐를 잡으려는 고슴도치를 유심히 바라보며 웃기도 했다. 그들은 대화하며, 손으로, 또 키스로 서로를 다정하게 대했다. 오로지 초승달이 그들의 축축한 입술의 온기와 그 사랑하는 눈길의 행복을 증언할 수 있으리라. 그들의 먼 미래가 그들에겐 가장 가까운 것처럼 똑같이 분명했고, 그리고 모든 일이 그들 사이에선 이미 오래전부터 결정된 행동처럼 일어났다. 그들은 자신의 경험 없는 사랑 행위를 조금 서두를 뿐이었다. 자극받은 것은 그 캠프장에서의 춤추는 촛불 그림자들이었다. 자신들이 입고 있는 옷만이 방해될 뿐이었다. 그러니 - 모두 벗어버렸다... 그리고 다음 날 아침은, 아쉽게도 그 두 사람이 좀 늦게 왔으면 하는 공통의 고대에도 불구하고, 어김없이 와버렸다. 그리고 비단 같은, 태양에 그을린 살갗 위에 두 개의 하얀 언덕이 니코의 숨소리를 깨뜨렸다...

---

20) 역주: 러시아 미래파 작가이자 상징주의 시인인 알렉산드르 블록 (Alexander Blok 1880~1922)의 시집의 삽화를 미술가 콘스탄틴 안드레예비치 소모프가 그리기도 했다. 블록은 <오, 봄! 끝도 한도 없어라!> 등의 시를 남겼다.

그렇게 그녀가 그 자신만의 올가가 되었다. 그럼에도, 그녀는, 1년이 지난 뒤에야 엔지니어로서의 대학졸업장을 안고, 얌부르그로 왔다. 그 졸업장은 거의 쓸모없는 채로 남았다. 왜냐하면 몇 달 뒤, 올가는 그들의 한칸 짜리 파라다이스에서 오줌싸개 보브쵸가 태어나기를 기다리는 출산 임무를 맡았다. 보브쵸는, 온전히 예정일에 태어났는데, 몸무게는 4,200g, 올가의 푸르고도 초록의 두 눈을 닮았고, 키는 52센티미터, 코끝이 조금 납작코인 채로 태어났다. 그래서, 그 아이의 코를 닮은 아빠를 보고서, 사람들은 그 아이에게 "새끼오리"라는 별명을 귀엽게 불렀다.

니코 자신은 끊임없는 초대에 응해 이 소도시에 오게 되었다. 사쉬카의 아버지가 그곳의 어느 고급 "붙박이"로 있었는데, 그분이 니코를 초대했다. 이 도시의 큰 야금 공장 "포스포릿"의 취업담당자가 니코를 함께 일하자고 초대했다. 그 담당자는 졸업예정자들의 일자리 배당기간에, 나코에게 여러 가지 약속을 하며 공세를 했다. 큰 야금 공장엔 젊은 용접기사가 꼭 필요하다고 그는 말했다. 또 그러니 공장 임원들은 니코를 위해 모든 것을 다 할 것이라고 했다. -그래서 그 담당자는 이것 저것 계산해가며서 손가락을 접어 보였다. -만족스러운 급료(처음은 140루블!), 공동기숙사의 좋은 방이 제공되고(물론 유일한 동료이웃 한 사람과 함께!), 젊은 아가씨도 찾을 수 있고(농담!), 그럼에도 만일 니코가 실제로 결혼한다면, 곧 방 1칸짜리 아파트를 얻게 될 것이라고 했다. 아주 좋은 혜택들이지, -스스로 평가해 봐요, - 레닌그라드에서 겨우 100킬로미터 떨어져 있고, 발틱 해까지는 30킬로미터, 옆에는 숲도, 호수도, 버섯도 있고, 열매들도 있으니... 에덴 동산이지!

니코는 내심 이미 그곳에 가리라 마음먹고 있었다. 하지만, 그 도시에 에스페란티스토가 살고 있는지 대화 중에 물었다.
호, 우리의 동화 같은 도시엔 모든 것이 있지요,
그 행사의 모집자가 노래했다.
"얌부르그엔 총성이 울리지 않는다"는 속담이 있지. 이것이 이 도시 시민의 평화롭고 행복한 생활을 입증하는 거지. 의심 없이 그 행복한 대중 속에(당신이 뭐라 했던가요?)
- 그래, 에스페란티스토들도, 아마도 찾아보면 있겠지요.

그 소도시는 정말 나쁘진 않았다. 20년 전에 그 소도시는 얌부르그 라는 출생 이름을 갖게 되었다. 그 이름이 러시아 낱말 "야마(jama)"(동굴)이라는 말과 독일어의 "부르그(burg)"(도시)라는 낱말을 합쳐서, 그러니, -**"동굴도시"**라는 이름을 가졌다고 그 지역주민들은 침을 뱉으며 말했다. 레닌그라드의 쓰레기 동굴이라고- 수년간 인근의 대도시에서 이곳으로 도둑, 매춘부, 다른 못된 자들을 보내버렸다고 말했다.(그런데도 그 대도시엔 여전히 새로운 도둑, 새로운 매춘부, 새로운 못된 자들이 생겨버린다.) 에스토니아와 거리적으로 가까움은 새 정부의 결정을 단련하게 만들었고, 얌부르그는 -저 사망한 에스토니아의 어느 볼셰비키의 이름을 얻었다. 그렇게 이름이 바뀌었지만, 그것이 그 소도시의 삶을 변화시키지 못했다. 지역주민들은 이를 받아들이지 않았지만, 그 새 명칭은 공식명칭으로 남았다.
니코는 그 주민들의 의견에 동의하지 않았다. 그는 자신의 손님인 에스페란티스토들에겐 제 나름의 방식으로 그 이름을 생각해 냈다.

-자, 그가 이야기를 했다.

-마을보다 더 큰 뭔가가 그 장소에 들어 서 있었어요. 만일 외국 상업자들이 그 지역 사람들에게 이곳이 마을인지 묻는다면, 그들은 자신 있게 대답합니다. 여긴 마을이 아니라, **이미 (jam) 도시(urbo)**가 되어 있다구요. 외국 사람들이 에스페란토를 잘 못 알아듣더니, 그래, 그들이 그 이름을 얌부르그로 망쳐 놓아버렸네요.

-하지만 그때 에스페란토는 아직 존재하지 않았지요! 손님들은 웃었다.

-에스페란토는 언제나 존재해 왔어요!

니코가 반박하고, 맥주집 위로 방패를 가리켰다.

- 이걸 읽어 봐요:

"구름"

그는 그 소도시에서 유일하게 기능을 하는, 충분히 고전적인 교회로 손님들을 이끌어가는 습관이 있다. "포스포릿" 야금 공장은 지역 농민들을 위해 제공될 운명의, 자신의 화학물질들의 저장 공간으로 쓰려고 다른 교회 2곳을 차지했기 때문이다. 그래도 그 교회들은 보여줄 가치가 있었다. 왜냐하면, 그곳의 몇몇 곳엔 17세기의 프레스코화들이 보존되어 있기 때문이다; 화강암과 대리석으로 된 묘비석들 모두가 다 없어진 것도 아니다, - 2세기 전에는 그 교회들 옆에 이 소도시의 유명인사들을 매장했다. -그리고 여러분은 "하나님의 노예인 협상가 세미온 쿠르야킨(Semjon Kurjakin)"라든지, "크리미아 전투에서 사망한 영웅의 고명한 미망인 예드도키아 네페도바(Jevdokia Nefedova)"와 같은 이름도 읽을 수 있었다. 십자가와 고전적 조각문자들을 가진 이 모든 묘비석들은 교회 옆의 자작나무 숲에서 수세기동안 놓여 있었지만, 그 색이 바랜 돌의 검정빛깔은 온전히 신선하게 보였다.

마리나도 그 장소는 마음에 들었다. 그들은, 때로는 올가와 보브쵸가 함께 왔고, 때로는- 마리나가 얌부르그로 자주 방문하는 동안엔 마리나와 니코 둘만. 마리나는 여자 친구이다, 저 묘비석들처럼 고전적인 오래된 여자친구라고 니코는 말했다. 올가는 그 말에 잠시 질투하였지만, 그 점을 거의 이해했다. 그때부터, 그 이전과 마찬가지로, 마리나는 그들의 가정을 자주 찾아와, 다양한 일에 대해 이야기를 나누었고, 보브쵸를 위해 유쾌한 놀이를 자주 생각해 냈고, 올가와 함께 뭔가 맛있는 것을 요리했다. 그녀가 자주 방문할 때마다 그 집은 작은 친밀한 축제로 점점 변해 갔다.

정말 그랬다. 그들은 여러 해 동안 친구로 지냈다. 니코는 때로 화가 치밀 때까지, 아무 결론 없이 사쉬카에게 말하길, 마리나에겐 그녀가 지금까지 보여온 남성적인 모습이 느껴지지 않는다고 주장했다.
-하, 그럴 수 없어요, 그들 모두는 똑같아!
사쉬카가 중얼거렸다......
그래, 저 먼 일이지만 마리나는 정말 매력을 갖고 있었다. 마리나가 가진 모든 감정은 그녀의 회색 눈에서 곧장 불 수 있었다. 그러나 그곳에서만. 유명 화가들이 중세 플란다스 사람들의 얼굴에서 비슷하게 찾아낸 것 같은 그녀 얼굴, 그 얼굴은 정말 매력적으로 사람을 끌게 했다. - 조용하고 거의 말이 없었다. 그녀 두 눈은 자신 있게 기뻐할 줄 알고, 증오할 줄 알고, 재잘댈 줄도, 고대할 줄도 알았다... 몇 년 전만 하더라도 그 눈들은 진지하게 세상을 존중했고, 그 존중감은 그 당시 그녀의 시와 노래들을 뛰어넘었다... 그러나 지금 그녀는 더는 이 괴상한 세상을 사랑하지 않았다. 많은 일이 그 사이에 일어났다...

그 두 사람은 반쯤 잊힌 역, -탈린(Tallinn)역-으로 향해 걸어갔다. 낮에는 그 역을 지나는 열차는 탈린 행 열차와, 탈린에서 출발하는 열차로, 두 번만 있었다. 그들은 먼지 섞인 도로에서도 말이 없었다. 마치 해야 할 이야기가 아직 다 완성되지 않은 듯이. 묘비석들 옆의 그 자작나무 숲에 가서야.

-우리 앉자...

-그분이 떠나버렸어! 그녀가 날카롭게 말했다.

- 악취를 풍기는 우리나라가 그분을 추방했어.

ĈAPITRO III

"...Mi ne estas kontraŭ bona interna kluba agado. Komuna kantado, "amika rondo", Esperantujo, "samideano" — tio ĉi estas bezonata por kreado de bela Esperanto-medio... Sed nuna tasko — praktike realigi la sekvan punkton de la SEJM-regularo: "SEJM agas, kunlaborante kun partiaj, komsomolaj, ŝtataj kaj sociaj instancoj", — tio, kion ni nomas kutime "Oficialaj instancoj". Ni devas per granda, ofte malfacila, laboro meriti agnoskon kaj oficialiĝon. Tio signifas, ke ni laboru ne por Esperanto, sed per Esperanto! Mi opinias, ke la slogano de nuna momento devas esti: Per Esperanto — por sociutila laboro!"

(Aktuale—7—197...)

"Proksimiĝas granda evento en la vivo de nia lando — la XXV-a kongreso de KPSU... La kongreso signas nun ĉiujn flankojn de la socia vivo, kaj kompreneble ankaŭ ni, esperantistoj, ne devas resti indiferentaj.

La komitato de SEJM... pridiskutis la demandon pri prepariĝo de SEJM al la kongreso. Venis pluraj interesaj proponoj.

Antaŭ la kongreso la kluboj, havantaj intensan internacian korespondadon, povas fari ekspoziciojn surbaze de leteroj de progresemaj esperantistoj, ekzemple, pri la temo "Progresemaj esperantistoj pri la pacama ekstera politiko de KPSU kaj Soveta ŝtato".

Oni ne forgesu nepre sendi salutleterojn kaj telegramojn al la kongreso. En niaj mesaĝoj ni evitu nemodestajn postulojn, sed emfazu nian pretecon agi por bono de la socio, plialtigi la porpacan kaj internaciisman agadon.

...Ju pli aktive la SEJM-kluboj efektivigos la iniciatojn, ligitajn kun la kongreso, des pli da aŭtoritato ni gajnos ekster la movado".

(Aktuale — 5— 197...)

- Planu por sabato Narvan, ĉu-ĉu? — krias Ol el la kuirĉambro. — Denove tra la tuta urbo forestas viando, ovoj...

- Paa-ĉjo, ko-ko aĉetu, ĉu-ĉu! — ripetas eĥe Vovĉjo.

"Ĉu-ĉu" estas ilia familiaĵo: la dikvanga Vovĉjo tiel elparolas ĝin, ke rido kaj tenero skuas Nikon.

- Aĥ, vi, ĉuĉuĉjo mia! — krias li, flugante en la

kuirĉambron. — Certe paĉjo aĉetos. Sed ne en Narvo — en Leningrado.

- Por kio — Leningradon? — Olga demandas.

- Prespermeso... Mi devas tamen ricevi ĝin por la agita folio. Ankaŭ al SEJM-konferenco por kelkaj tagoj...

- Aŭdacu, do. Sed magazenojn ne forgesu, amata nia. — Olga viŝas la manojn, metas ilin sur la ŝultrojn de Niko kaj kisetas lin sub la atenta rigardo de Vovĉjo.

... Niko ne memoras precize, kiamaniere ili konatiĝis tiam, en la tendaro. Sed li ĵuras, ke rimarkis Olga-n tuj, kiam liberiĝis de peza tornistro, jam en elektrotrajno. Kutime, se li ekĵuras, Olga rebatas, ke, unue, nenio rimarkinda estis, due, li estis dum tuta vojo al la tendarejo okupata pri senĉesaj aferaj paroloj kun iu SEJM-estrarano. Jen tion ŝi rimarkis, rimarkinte ankaŭ lin.

— Estis tiel, — konstatas Niko. — Sed estus ne oportune tuj salti al nekonata modesta lernantinjo, kvankam blonda kaj simpatia...

Ĉe la unua lignofajro, tamen, ili jam sidis apude. Tute hazarde! Eĉ la kiso unua okazis ĉe lignofajro. Sed iom poste. Ne, ne dum "jupi-ja", simple...

Antaŭe, dum koncerto, kiam ŝi enmanigis kamomilojn al la bardo Ĵeĉjo kaj kisis lian barbozan vangon, Niko apenaŭ eltenis tion. Ĵeĉjo pro siaj kantoj bonŝancis kun ĉiuj knabinoj interkisiĝi! Niko kantas nur en bona kampanio, kaj ne versas entute. Dio ne donis... Dum tri horoj li, enviante Ĵeĉjon penis elpensi almenaŭ kvar bonajn liniojn. Sensukcese, nenio plaĉis al li el tiuj elpensaĵoj. Do, li decidis legi al Olga versojn de Blok, kiujn li abunde memoris. Feliĉe, tiujn versojn admiris ankaŭ ŝi. Ĉiuvespere post bruaj tendaraj tagoj ili ĝissate recitadis la ŝatatajn versliniojn unu al alia.

Same en tiu vespero ekstertempe ili vagadis en arbareto, recitis, babilis, ridis, spektante erinacon kapti muson ĉe betula ŝtipo. Ili karesis unu la alian pervorte, permane, perkise. Nur la juna luno povus atesti varmon de iliaj humidaj lipoj kaj feliĉon de la amantaj okuloj. Ilia fora estonto estis klara por ili samkiel la plej proksima, kaj ĉio okazis inter ili kvazaŭ jam delonge decidita ago. Nur iom hastis ili en siaj nespertaj karesadoj. Nur incite dancis kandelombroj en la tendo. Nur la vestaĵoj malhelpis, do — estis formetitaj... Kaj la mateno, bedaŭrinde, venis kontraŭ ilia komuna dezirego, ke iom prokrastiĝu tiu mateno. Kaj sur la silka sunbruna haŭto du blankaj montetoj rompis la spiron de Niko...

Tiel ŝi iĝis lia Olga. Tamen, nur post unu jaro, jam kun la inĝeniera diplomo, ŝi venis al Jamburg. La diplomo restis preskaŭ sentaŭga, ĉar kelkajn monatojn poste Olga instaliĝis en ilia unuĉambra paradizo por atendi venon de la pisemulo Vovĉjo; tiu aperis tute ĝustatempe, 4200, blu-verdaj okuloj de Olga, 52 centimetroj kaj la nazeto iom platiĝanta al pinto. Nome pro la simila nazo la patron oni karesnomis "Anasido".

Mem Niko trafis ĉi-urbeton pro insista invitado. Invitis Saŝka, kies patro estis tie iu altranga "tubero". Invitis varbisto de ĉi-tiea uzinego "Fosforit". Dum distribuo de laborlokoj inter diplomantoj li atakis Nikon per promesoj. La uzinego akre bezonis junan inĝenieron pri veldo, diris li, tial la estroj ĉion faros por Niko, — li komencis fleksi la fingrojn kalkulante, — kontentigan salajron (140 rublojn por komenco!), bonan ĉambron en komunloĝejo (kun unusola najbaro!), knabinon junan trovos (ŝerco!), tamen, se Niko efektive edziĝos, li tuj ricevos unuĉambran apartamenton. Luksaj avantaĝoj, — mem taksu, — nur cent kilometrojn ĝis Leningrado, nur tridek — ĝis la Balta maro, apudas arbaroj, lagoj, fungoj, beroj... Edeno!

Niko interne jam konsentis, sed demandis, ĉu,

interalie, estas en la urbo esperantistoj? Ho, en nia fabela urbo ĉio estas, — kantis la varbisto. "Oni ne pafas en Jamburg", — jen la proverbo loka, kiu atestas pacan kaj feliĉan vivon de la urbanoj. Sendube en tiu feliĉa amaso (kiel vi diris?) — jes, eksperantistoj, ŝajne ankaŭ troveblas.

La urbeto vere nemalbonas. Antaŭ la dudeka jaro ĝi havis la denaskan nomon Jamburg. Klaĉis aborigenoj, ke la nomo devenas de la rusa vorto "jama" (kavo) kaj la germana "burg" (urbo), sume, do, — "kavourbo". La rubkavo de Leningrado — diris oni, aludante, ke tien ĉi dum multaj jaroj oni forsendadis ŝtelistojn, putinojn kaj aliajn fiulojn el la apuda urbego (kie tamen ial tuj aperadis la novaj). Proksimeco de Estonio elforĝis la decidon de nova registaro, kaj Jamburg ricevis novan nomon — de la pereinta estona bolŝeviko. Neniom ĝi ŝanĝis vivon de la urbeto; aborigenoj, fakte, ne akceptis la novan nomon, restis ĝi nur oficiala.

Niko ne aprobis la aborigenan version. Por siaj gastoj-esperantistoj li elpensis la propran.

— Jen, — rakontis li, — staris sur tiu loko io pli ampleksa ol vilaĝo. Se eksterlandaj negocanoj demandis la lokanojn, ĉu estas vilaĝo, tiuj fiere respondis, ke ne vilaĝo, sed Jam Urbo. Eksterlandanoj malbone posedis Esperanton, do, ili kripligis la nomon al Jamburg.

— Sed tiam Esperanto ankoraŭ ne ekzistis! — Ridis gastoj.

— Esperanto ĉiam ekzistis! — Refutis Niko kaj montris ŝildon super la bierejo, — jen, legu:

"Nubo"

Li kutimis venigi gastojn al sufiĉe antikva preĝejo, la sola funkcianta en la urbeto. Du aliajn okupis "Fosforit" por stokigi siajn kemiaĵojn, destinitajn por lokaj agrikulturistoj. Tamen ili ankaŭ montrendis, ĉar konserviĝis kelkloke freskoj de la deksepa jarcento; ankaŭ ne ĉiuj granitaj kaj marmoraj tomboŝtonoj estis forigitaj, — apud la preĝejoj antaŭ du jarcentoj oni entombigis famajn urbanojn, — kaj vi povus legi pri la "sklavo Dia, negocisto Semjon Kurjakin" aŭ pri la "nobla vidvino de la heroo de Krimea kampanjo, Jevdokia Nefedova". Ĉiuj ĉi tomboŝtonoj kun krucoj kaj antikvaj ĉizliteroj kuŝis dum jarcentoj en la apudpreĝeja betularo, sed la nigro de polurita ŝtono aspektis tute freŝa.

Ankaŭ al Marina la loko plaĉas. Ili venas ĉi-tien foje kun Olga kaj Vovĉjo, foje — duope dum oftaj vizitoj de Marina al Jamburg. Marina estas amikino, antikva, kiel tiuj ŝtonoj, diras Niko. Olga komprenis tion preskaŭ tuj post momenta ĵaluzo. Ekde tiam, samkiel antaŭ tio, venadas Marina ilian hejmon, babilas pri diversaj aferoj, elpensadas gajajn ludojn por Vovĉjo, kuiras kun Olga ion bongustan. Ŝiaj vizitoj iom post iom iĝis malgranda familia festo.

Jes ja, ili amikas dum multaj jaroj. Niko foje eĉ senrezulte ĝis koleriĝo konvinkadis Saŝka-n, ke ne sentas al Marina la tradician viran emon.

— Ha, ne povas esti, ĉiuj ili egalas! — murmuris Saŝka...

Nu, la afero fora, sed Marina vere havas ian ĉarmon. Ĉiuj ŝiaj sentoj tuj videblas en la grizaj okuloj. Sed nur tie. La vizaĝo, kiun konataj pentristoj trovis simila al tiu de mezepokaj flamandaj bildoj, la vizaĝo vere alloga — preskaŭ kvietas silente. La okuloj kapablas memstare ĝoji, malami, petoli, sopiri... Antaŭ kelkaj jaroj ili sincere admiris la mondon, kaj la admiro estis transirinta tiamajn ŝiajn versojn kaj kantojn... Nun ŝi ne plu amas tiun-ĉi bizaran socion. Multo okazis...

Ili duope paŝas silente al la duonforgesita stacidomo, kie nur du trajnoj aperas dumtage — al Tallinn kaj el. Ili silentas ankaŭ en la polvaj stratoj, kvazaŭ ne maturiĝis ankoraŭ la rakontendaĵo. Nur en la betularo trankvila, apud la tomboŝtonoj:

- Ni sidiĝu...

- Li forveturis! — diras ŝi akute. — Nia fetorujo
forpelis lin.

제4장

"1. SEJM은 청년 에스페란토 클럽(단체)들과, 일반 에스페란토클럽들과, 그 클럽들의 청년부로 구성된 연합 운동의 구성체이다.

SEJM의 목적은, 에스페란토를 매개로 외국의 삶과 문화를 알기 위한 목적과 마찬가지로, 프롤레타리아 국제주의와 평화공존의 바탕 위에 소비에트 이념을 외국에 선전하고, 소비에트 국민들의 문화를 선전하기 위해 에스페란토를 보급과 홍보, 실제 활용에 있다.
SEJM의 활동 기반은 자신의 활동을 당의 여러 기관과 콤소몰의 여러 기관과 소비에트의 여러 기관의 실무적 결정과 문건들에 바탕을 두며, SEJM은 소속 회원들을 소비에트 애국주의와 프롤레타리아 국제주의 정신에 따라 교육한다.

7. SEJM의 공식 업무언어는 국제어 에스페란토이다. 필요에 따라 다른 언어도 사용될 수 있다.
(SEJM의 정관에서 발췌)

"...우리 소비에트 공화국들에서는 지역(민족)들에서의 진보적 문화 활동가들이나, 그 민족의 뛰어난 아들딸들의 주요 기념일에 행사하는 것이 필요합니다. 우리, 에스페란티스토들은, 그 점을 더 널리, 전체 소비에트 안에 할 수 있습니다. 우리가 그런 목적으로 내부의 우리 클럽들을 위해 준비한 자료들을 우리는 몇 부 더 타이핑 할 수 있고, 더 현대적인 도구들을 사용해 여러 부수로 복제할 수도 있고, 관련 자료의 교환에 서로 동의한, 그것들을 필요로 하는 클럽이나 단체들에게 보낼 수 있습니다.
(<Aktuale>, 197.년 12월호)

친구인 사쉬카는, 그들이 5년 동안 같은 대학교에서 함께 학습하고 함께 거주했지만, 에스페란토를 배울 필요성에 대해 확신을 갖지 못했다. 니코는 그 점을 실패로 받아들이지 않았다. 사쉬카는 언제나 어딘가로 볼일 보러 다니느라 바빴다. 사람들은 그가 공무 분견대의 임원들에게 뭔가 지시 내리는 것을 보았지만, 여러분이 그곳에 가면 이미 그는 찾을 수 없었을 것이다. -왜냐하면, 이미 그는 화가들을 찾아가서는 새 선동그림을 주문하고 있거나, 사회과학 강단에서 학생 콘퍼런스 동안 빠져나갈 만한 학생 명단을 검사하고 있었다. 호밀색 같은(까만색의) 머리카락, 푸른 눈, 여전히 풍부한 주근깨들이, 그것들을 가진 사람의 민주성을 마치 강조하는 듯 했다. 그때 그는 니코가 아주 마음에 들었고, 그들은 그 공용숙소의 같은 방에서 거의 아무 싸움 없이 함께 지낼 수 있었다. 때로 얌부르그의 당 주요 간부인, 사쉬카 아버지가 다녀가시기도 하였다. 그 아버지는 아쉽게도 자기 아들을 만나지 못하자, 니코를 붙잡아서는 마주 앉아, 만족하면서도 불평을 드러냈다:
-이놈은 행동하는 녀석이라 어디든 달려가는군! 젊을 때, 내 모습을 보는 것 같네! 만일 그가 학기 중에 한 과목이라도 시험에 낙방한다면, 내가 그 녀석에게 행동으로 보여준다고 전해 주게나!
하지만 매 학기 모든 것은 정상적으로 끝났다. 샤쉬카는, 학과목 책을 가져오는 경우는 거의 없었지만, 어떤 식으로든 적당한 학점을 취득했다. 또 장학금도. 그가 그만큼 좋은 기억력을 가졌다면 레닌(Lenin) 장학금도 받을 만하지. - 때로는 니코가 큰 목소리로 의견을 말했다. 사쉬카는 손을 내젓기만 했다. 하, 그는 그 돈 없이도 생활해 나갈 수 있어, 아-아빠가 그동안 아낌없이 지원해 주시니...

사쉬카는 이미 대학 2학년 때 당원이 되었다. "성장하기"를 시작한 것은 더욱 빠른 시기였고, 그가 자신의 마지막 학년에 오자, 벌써 콤소몰 위원회의 확고부동한 자리인 제2서기 자리에 올랐다. 그러면서 그는, 니코가 소속된 국제우호클럽을 위해 긍정적인 결정을 내리도록 하는 토론과정에서 니코를 많이 도와주었다.

  얌부르그에서도 그는 용접부서에 두달만 앉아 있더니, 나중에 필시 그 길로 가는 사회지도적 경력이 되는, "포스포릿"의 콤소몰 위원회로 자리를 옮겼다. 그는, 하지만, 대학생 때의 우정을 잊지 않았고, 이웃의 아가씨들과의 공용 기숙사에서의 유쾌한 밤들도 잊지 않았고, 밤의 캠파이어와 값싼 백포도주와 함께한 보트 놀이도 잊지 않았고, 야쿠트 지역의 타이가(침엽수림) 숲 속에서 지낸 저 먼 건축 분견대의 활동을 잊지 않고 있었다. 그들의 우정은 지속되었다. 올가는 너무 화를 내지 않아도, 꼭 술병과 함께 하는 그들의 간혹 있는 "회상의 저녁들"을 놀리면서, 사쉬카에게 말하기를, 좀 진지하게 생활하라며, 그 많은 자랑하는 여성들 중에 한 사람을 꼭 선택하라고 설득했다.

-저으-기, 넷이 많은가요? - 사쉬카가 웃었다.

그래서, 이름하여, 사쉬카는 니코를 야금 공장 당위원회의 제1서기인 알렉세이 필리포비치 우달로프(Aleksej Filippoviĉ Udalov)에게 소개했다. 그 제1서기가 동의해야만 에스페란토 클럽을 조직하고, 그 조합에서 장소와 지원도 받을 수 있기에, 그는 필요한 사람이었다.

좀 살이 찌고, 튼실하고, 마흔 살쯤 되어 보이는 우달로프는 손님을 맞는 주인으로서 그들을 만났다. 그는 에스페란토에 대해 아무것도, 한 번도 들어본 적이 없었지만, 그 점을 드러 내놓지 않으려고 했고, 청년들의 국제 교육에 관한 화제에서 그 교육에 동의해 주었다.

-좋군, 아-아주 좋아요, 젊은이! 우리는 그동안 이 행동 영역을 건드리지 않았는데,

만족해하며, 진지한 표정으로 그는 자신이 하고픈 말을 했다.

-그동안에는 열성자가 부족했네. - 젊고도 강력한 그런 열성자가 말일세, -그리고 이제 자네가 나타났네, 우리에게 그런 용감한 초심자가 고급 지식을 갖고 있다는 것은 좋아요. 나는 알렉산드르를 젖내나던 시절부터 알고 있다네. 그 아버지와도 오랫동안 알고 지내지- 위풍당당한 남자이지요! 자네와도 필시 우리가 친구가 될 수 있겠지요, 안 그런가요?

-저도 그렇게 되길 희망합니다.- 니코가 대답했다.

-여행자로서도 그는 경험이 있어요!- 진지한 의미로 사쉬카가 덧붙였다.

-정말인가요? -알렉세이 필리포비치가 활기를 띠었다.- 하, 놀랍구먼! 듬직한 등판도 있고...여기저기에 보이는 이두근 하며... 자넨 수영선수같구먼?

-아뇨, 저는 물을 타고 다니는 여행자입니다. 저는 보트를 탈 줄 압니다.

-매-력적이네, 젊은이! 니콜라이 그리고르예비치, 안그런가? 그럼 아마 우리는 기회가 되면 함께 자연으로 가서 더 가까이 기어가 보세. 콤소몰 전통이지- 자네가 알다시피- 약간의 "몸을 뎁히는 것"도 필요하고, 안 그런가?

그렇게 해서 "포스포릿"이 후원하는 그 학교에 에스페란토 강습이 열리게 되었다.

ĈAPITRO IV

"1. SEJM estas formo de kunagado inter junularaj E-kluboj (grupoj), komunaj E-kluboj aŭ iliaj junularaj sekcioj.

La celoj de SEJM estas disvastigo, diskonigo kaj praktika utiligo de Esperanto por propagandi la sovetan ideologion kaj la kulturon de sovetaj popoloj eksterlande surbaze de la proleta internaciismo kaj paca kunekzistado samkiel por la ekkono de la vivo kaj kulturo en eksterlando pere de Esperanto.

SEJM bazas sian agadon sur aktualaj decidoj kaj dokumentoj de la partiaj, komsomolaj, sovetaj instancoj kaj edukas siajn membrojn en la spirito de soveta patriotismo kaj proleta internaciismo. (...)

7. La oficiala kaj labora lingvo de SEJM estas la internacia lingvo Esperanto. Laŭbezone estas uzeblaj ankaŭ aliaj lingvoj".

(El la Regularo de SEJM)

"... En niaj sovetiaj respublikoj oni inde celebras gravajn datrevenojn de la lokaj (naciaj) progresemaj kulturagantoj, elstaraj filoj kaj filinoj de la nacio. Ni, esperantistoj, povas tion fari ankaŭ pli vaste, eĉ

- 76 -

tut-sovetie. Materialojn, kiujn ni preparas tiuokaze por niaj kluboj, ni povas tajpi en kelkaj ekzempleroj, eble eĉ multobligi per pli modernaj iloj, kaj sendi al tiuj kluboj kaj rondoj, kiuj tion deziras, kun kiuj ni interkonsentis pri interŝanĝo de koncernaj materialoj".

(Aktuale— 12— 197...)

Amiko Saŝka ne sukcesis konvinkiĝi pri neceso lerni Esperanton dum ilia kvinjara kunstudado kaj kunloĝado. Niko ne akceptis tion kiel malvenkon. Saŝka ĉiam estis okupata, ĉiam fluganta ien. Jen oni lin vidis instrukcii komisarojn por konstrutaĉmentoj, tamen vi jam ne trovus lin tie —jam li estis ĉe pentristoj, mendanta novajn agitilojn, aŭ en la katedro de sociaj sciencoj, kontrolanta la liston de elpaŝontoj dum studenta konferenco. La sekalkoloraj haroj, la bluaj okuloj, ankoraŭ la abundaj lentugoj kvazaŭ substrekis demokratiecon de ties posedanto. Tiam li tre plaĉis al Niko, kaj ili preskaŭ senkverele loĝis en unu ĉambro de komunejo. Foje venadis la patro de Saŝka, partia funkciulo en Jamburg. Vane serĉinta la filon, li sidis kun Niko kaj kontente grumblis:

— Kuradas ie, aktivulaĉo! Nu same kiel mi en juno! Se li eĉ unu ekzamenon fiaskos dum la sesio, montros mi al li la aktivadon!

Tamen ĉiusesie ĉio estis finiĝanta normale. Saŝka, neofte preninta lernolibrojn, iamaniere ricevadis taŭgajn poentojn, ankaŭ stipendion. Kun tiom bona memorkapablo li povus eĉ la Leninan stipendion akiri, — foje opiniis Niko laŭtvoĉe. Saŝka nur mansvingis. Ha, travivos li sen tiuj rubloj, papaĉjo ne avaras dume...

Partianiĝis Saŝka jam en la dua kurso. "Kreski" li komencis eĉ pli frue, kaj al la lasta studjaro estis atinginta postenon de la dua sekretario de komsomola komitato, firma posteno, cetere, multe helpanta Nikon dum trabatado de diversaj pozitivaj decidoj por la Klubo de Internacia Amikeco.

Ankaŭ en Jamburg li nur du monatojn sidis en la velda fako, poste foriris en la komsomolan komitaton de "Fosforit" kun antaŭaŭgurata soci-gvida kariero. Li, tamen, ne forgesis la studentan amikecon, nek la gajajn vesperojn en najbara knabina komunloĝejo, nek boatmarŝojn kun noktaj fajroj kaj ĉipa blanka vino, nek forajn konstrutaĉmentojn en jakutia tajgo. Amikeco ilia daŭris. Olga sen troa kolero moketis iliajn neoftajn "rememor-vesperojn" ĉe nepra botelo, nur ĉiufoje persvadante Saŝka-n serioziĝi kaj finfine elekti unu el multaj adorantinoj.

— Nu-u, ĉu kvar estas multe? — ridis Saŝka.

Nome Saŝka prezentis Nikon al Aleksej Filippoviĉ Udalov, la unua sekretario de uzina partia komitato. Aprobo de la lasta estis bezonata por organizi Esperanto-klubon, por ricevi ejon kaj subtenon de la sindikato.

Graseta, solida, kvardekjaraĝa laŭaspekte, Udalov akceptis ilin kiel gastama mastro. Li nenion kaj neniam aŭdis pri Esperanto, sed zorgis ne elmontri tion, kaj aprobis la aferon, kiam ektemis pri internacia edukado de junularo.

- Bone, tr-re bone, junulo! Tiun ĉi agadsferon ni dume ne tuŝis, — kontente, gravmiene li elparolis la vortojn. — Mankis entuziasmulo, — juna, plenforta, — kaj jen vi aperis. Estas bone, ke al ni venas tiaj bravaj novicoj kun supera klero. Aleksandron mi konas ekde la malsekaj vindoj. Ankaŭ la patron delonge — digna viro! Kun vi, espereble ni ankaŭ amikiĝos, ĉu ne?

- Mi esperas, — respondis Niko,

- Ankaŭ turisto li estas sperta! — aldonis gravsignife Saŝka.

- Ĉu vere? — ekradiis Aleksej Filippoviĉ. — Ha, rimarkeblas! Firma dorso... Bicepsoj surloke... Ĉu vi naĝistas?

- Ne, mi estas akvoturisto. Mi kanotas.

- Ĉar-rme, junulo! Nikolaj Grigorjeviĉ, ĉu ne? Do eble ni eĉ iam kune elrampu pli proksimen al naturo. Komsomola tradicio — vi scias — kun iom da "varmigilo", ĉu ne?

-Tiel aperis Esperanto-kurso en la lernejo, patronata de "Fosforit".

제5장

　하루 일과의 끝이 가까워졌다. 말하자면, 이날을, 햇살이 많고 질식할 정도의 이 날을 니코는 거의 주목하지 못했다. 아침부터 점심때까지 그는 용접공장에서 뛰어다녔다. -연기 속에서, 반쯤 어둠 속에서. 그는 설계도면에 표시된 것 중 어떤 이음매는 꼭 필요하다며, 또 어느 다른 종류의 이음매도 없애면 안 된다고 용접기술사인 딤 디미치에게 설득해 왔다. 그는 용접사 2명에게 복사된 설계도면엔 거의 표시가 안 된 몇 가지 연결사항을 설명해 주었다. 그는 용접부서 대장 쁘라솔로프의 칭찬을 얻은 뒤에 용접을 직접하기도 했다. 하지만, 그러다가 불똥 하나가 안타깝게도 합성 바지의 솜 위로 떨어졌다; 그 바짓가랑이에, 그래서, 검은 구멍이 작게 하나 생겨버렸다. 올가가 이걸 보면 뭐라고 필시 비난할 것 같은데...

　니코는 차를 석 잔째를 이미 다 마셔버렸다. "물고기의 날"이 원인이었다.- 야금 공장 식당에서는 목요일마다 반찬으로 조리된 생선이 나왔다. 이날도 똑같이 절인 감자요리와 함께, 너무 간을 많이 한 생선 명태(mintaj)[21] 꼬리 때문에, 그는 오후 내내 물을 자주 마셔야 했다. 그럼에도 그날은 이럭저럭 지나갔다. 이제 설계도면을 하나만 제외하고는 이미 수거해서는 장롱 속에 넣어 두었다. 그 하나는 미완성된 설계도면인데, 지금 니코가 힘없이, 또 아무 생각 없이 하지만 긴장한 채 눈을 껌벅거리고 골똘히 보고 있다. 그의 머릿속엔 한 가지 생각만 들어 있었다: 오늘 그는 일을 마치는 종소리가 나

---

21) 역주: 한국 사람들이 가장 많이 먹는 명태를, 러시아 사람들은 '**민타이**'라고 하는데, 이 말은 한국어 명태에서 왔다고 한다. 1970년대 당시엔 러시아에서도 가장 값싼 생선이었다고 함.

면, 즉시 그 도시로 차를 타고 갈 것이고, 수영복 하나를 사려고 백화점으로 달려갈 것이고, 그리고,- 올가와 함께, 보브쵸도 데리고, 그래, - 강에 갈 것이다! 그런데...

-니콜라이[22], 전화 왔어요!- 동료인 빅토르 이봐노비치가 불렀다.

-콜레니카, 맞지요!- 그 전화기에서는 달콤하게 말하고 있었다. 그 부서의 당여성부서장 지나이다 알베르토프나(Zinaida Albertovna)이다. -콜레니카!- 달콤한 목소리로 그녀가 말을 했다. -아마 당신은 업무 끝나면 수영할 계획이었지요, 안 그런가요?

-당신 말이 맞아요. 어떻게 늘 당신은, 지나이다 알베르토프나, 완벽하게 맞히나요? 그리고 나는 그 점을 존경합니다. - 니코가 슬프게 대답했다.- 뭐 중요한 일이 있나요?

-감독자가 온다네요, 콜레니카. 오늘이 둘째 목요일이지요. 저는 이미 사람들에게 일러 두었어요... 그리고 당신 쪽 빅토르에게도 말입니다... 그러니, 강에 수영하러 가는 걸 미뤘으면 합니다. 콜레니카, 나로서는, 올해 학습의 마지막 기회이니. 그런가요?

-그런가요 라는 말은 하지 마세요!- 니코는 중얼거리고는 그 수화기를 날카롭게 놓았다.

-우리가 잡혔어요, 빅토르 이봐노비치, - 그가 우울하게 알려 주었다. -당의 학습이라네요!

이런 빌어먹을 업무를 담당하게 된 데에는 지나이다 알베르토프나의 1년 전의 끈질긴 요청 때문이었다. 1년 전 퇴역 육군대령인 마테이추크가 평생 전문 선전원이었는데 연금수혜자로 은퇴를 하게 된다고 하면서 지나이다가 니코를 설득했기

<hr>

22) 역주: 니콜라이가 니코의 본명. 니코는 애칭.

때문이었다. 그녀는 니코와 곧 새 연금수혜자가 될 마테이추크를 당 위원회 사무실로 불러서는, 일상적인 달콤한 목소리로 이야기를 꺼냈다.

-콜레니카[23], 당신은 곧 은퇴할 마테이추크 동무를 잘 알지요. 또 존경하는 바실리이 알렉산드로비치, 당신도 이 청년을 알고 있지요. 그러니 그에게 그 보고용 잡지와, 그 일기문과... 청취자 명단을... 또 그 "간략한 강습"자료를 인계해 주세요. 그리고 모든 것을 자세히 설명해 해주세요, 아시겠지요? 그는 반대하지 않을 겁니다.

-뭘 자세히 설명해 준다는 가요? 제가 뭘 반대하지 않는다는 건가요? -니코는 놀라, 말을 더듬었으나, 당의 여성책임자는 그의 어깨를 한 번 매만지고서, 자리를 떠나 버렸다.

-뭘 설명한다, 뭘 설명한다... - 마테이추크 동무가 불평했다.

-자네는 어린아이도 아닌데 말이야, 몇 마디면 충분할 것을. 자네는 대학 졸업한 지 얼마 되지 않았으니.

-그렇습니다... -니코가 확인해 주었다.

-자네는 우리 당의 역사를 아직은 잊지 않고 있겠지.

-그럴-지도요 -니코가 말했다.

-그럼, 매달 두 번, 둘째 목요일과 넷째 목요일에, 이 부서의 당원들에게 그 역사를 이야기해 줄 수 있겠네. -

-불가능합니다. -그 퇴역대령의 명령과도 유사한 목소리를 흉내내면서 니코가 말했다. -제겐 당이 부여한 임무가 있습니다. 저는 후원 학교에서 아이들과 함께 일하고 있습니다.

-그건 중요하지 않네, -니코의 비웃는 듯한 흉내를 무시했거나 아니면 이해하지 못하고, 마테이추크는 계속 불평했다. -내가 주요 비밀을 말하지 않았군. 자네 수강생들이나 자네 자신도 그런 이야기는 필요 없을 거야. 왜냐하면, 지난 몇 년간

---

23) 역주: 니코를 말함.

그들은 이미 여러 번 반복해서 "당 역사에 대한 간략한 강습"을 들어왔으니까. 하지만 당의 정관에선 공산주의자라면 모두 지속적 학습을 하도록 요구해 놓고 있지. 그러니, 당이 운영하는 학교는 늘 기능을 해야 하지.

-그게 비밀인가요? -놀라며 니코가 멍하니 바라보았다.

-서둘지 말게. 그 비밀이란 이런 걸세. 야금 공장 안의 당콤(partikomo)이 점검자가 온다는 통지를 할 때만, 자네가 당의 역사 강좌를 조직하면 되네. 그 점검자는 우리가 1년씩 반복되는 학년에 2번 이상은 오진 않아. 그러니, 여타 다른 일은 걱정하지 않아도 되지 -지나이다가 직접 그 반의 수강생들을 모아 줄 것이고, 그녀 자신이 직접 보고서를 작성할 거니. 그러니 그게 서류를 말하는 것이지.

그는 니코에게 두꺼운 서류뭉치를 내어주고 나가 버렸다. 그리고 정말 가을이 되자, 한 번만 지나이다 알베르토프나가 신호를 보내 알려 주었다. 그 신호에 따라, 그 당운영 회의실에 12명의 하품하는 사람이 모였고, 또 도시위원회에서 파견된 낯선 여성이 참석했고, 니코는 그들에게 충분히 활달하게 또 계속해서 우리 당이 "볼셰비키"와 "멘셰비키"로 갈라선 둘째 대회에 대해 이야기를 들려주었다. 지금 이번에도 그게 2번째였다.

당운영 위원회에서 니코를 기다리고 있는 이는 8명의 당원이었다. 그런데 그는 빅토르 이바노비치와 함께 왔다. -그래서 이제 10명이 되었다. 모두는 조용히 앉아 있었다. 태양은 이미 건물의 서편으로 사라졌고, 그래서 작은 창들이 열려있는 위원회 사무실은 온화하면서 그늘이 져서 차가움이 자리하고 있었다. 그리고 지루함도. 모두는 여전히 앉아 있었다. 15분 뒤, 그 사무실에 지나이다 알베르토프나가 나타났다.

-후-푸! -그녀가 말했다. -콜레니카, 또 동무들, 여러분은 이

제 자유입니다. 점검하는 분은 오늘은 오지 않아요.

니코는 쉽게 숨을 내쉬고는, 그 종이들을 모으기 시작했다. 하지만 갑자기 나이 많고 뚱뚱한 쁘라솔로프가 저음의 목소리로 말을 꺼냈다.

-헤이, 안되어요, 지나이다 동무! 우린 아무 곳으로도 안갈 거요. 당신이 사람들을 모았으니, 뭔가 이야기를 들려 줘요. 나는 이곳에서 쉬는 것이 더 좋아요. 잠시 조는 것도!

-그래요, 그래요!- 몇 명의 다른 사람의 목소리들이 들렸다.

-버스도 이미 시내로 떠난 뒤입니다. 다음 버스는 한 시간 뒤에 옵니다.

-동무들! - 그 당 여성책임자가 혼비백산해 말했다. - 그럼 니콜라이 그리고르예비치가 여러분에게 이야기를 들려 줄 겁니다.....에-에- 에스페란토 이야기를요. 그의 대단한 취미이지요! 하지만 우달로프가 저를 이미 초대했으니, 저는 이만 가야 합니다. - 그리곤 그녀는 문을 통과해서 사라졌다.

-그럼, 에스페란토 이야기를 시작합니다. 콜랴!- 빅토르 이바노비치가 콜랴를 초대했다. - 우리 모두는 그 에스페란토란 것이 무엇과 함께 먹을 수 있는지 궁금해 하구요.

-기꺼이 하지요, -그러자 니코도 유쾌하게 말했다. -이 주제에 대해선 제가 곧장 여러분께 말씀드리지요. -그리고는 그는 잠시 생각한 뒤, 질문했다:

-자, 보세요, 안드레이 콘스탄티노뷔치, 말해 보세요, 당신은 어떤 외국어를 알고 있나요?

- 시작해요, 시작해, 하지만 나는 깨우진 말고! -쁘라솔로프는 자기 옆에 앉은 사람이 슬쩍 건드리자, 그는 불평하면서 중얼거렸다. -나는 "헨데 호흐"[24]를 제외하고는 아무 말을 알

---

24) 주: 제2차 세계대전 중에 전쟁을 중지하고, 포로가 되라는 "손들어!"라는 독일말.

지 못하지요.

-자, 이제......-니코가 한숨을 내쉬었다. 그는 자신의 두 손을 탁자에 지지하고는, 살짝 웃으며 말을 이어갔다. -제 할아버지는 온전히 작고 먼 시골에서 농사를 짓고 있었습니다. 그분도 아무 외국어를 배운 적이 없습니다. 하지만 에스페란토는 알고 있었답니다.

-하, 하지만 자네의 존경하는 할아버지는 뭘하려고 그게 필요했지요? 퇴비를 갈아엎는 일에 그게 필요한가요?

니코는 자극을 받았지만, 바깥으론 이를 전혀 표시하지 않았다. -저희 할아버지는 에스페란토를 혁명 전에 배웠습니다. 독일군 포로수용소에서요. 에스페란티스토들이 할아버지 탈출을 도와 주었어요. 나중에 할아버지는 시민전쟁에 참여했고, 그 전쟁이 끝난 뒤, 편지 교환하는 친구들이 많았습니다. 수많은 나라와 말입니다...... 그럼에도, 에스페란토가 뭔지 아시는 분 있나요?

니코는, 같은 부서에서 공통의 설계 작업을 할 때 하도 많이 에스페란토에 대해 들었던 빅토르 아봐노비치를 제외하고는 모두 모르고 있음이 분명해졌다. 그래서, 니코는 바벨탑 역사부터 현대의 일까지 내달리며 이야기를 시작했다. 그는 언어 혼돈에 대한 수많은 예시와 사실들을 이야기해 주었다. 그는 에스페란토에 공감했던 유명 인사들의 이름을 들먹이기도 했다. 그는 에스페란토 문법을 간단히 소개하고, 충분히 국제화된 낱말들에 대해 암시를 해 주고는, 그 에스페란토 낱말들을 러시아어로 해석해 보라고 제안하기도 했다. 모두가 그 놀이를 받아들이는 것 같았다.

-하-하! 군인들이 용감하게 행진하는군요! 우리에게서도 마찬가지네! -적황색 머리의 용접사 쁘리빌리크가 놀랐다. -나는 이미 에스페란토를 이해하겠는데, 아하! 내가 프랑스...프랑스

아가씨와 편지 교환할 수 있나요?!

-프랑스 여성하고도 할 수 있지요, -니코가 강조했다. -수많은 아가씨와요. 이 언어를 제대로 배우기만 하면요. 두-세 달이면, 여러분이 성공할 것으로 보장합니다.

-하지만, 난 누구와 편지 교환하지요? - 그들 중 문서보관인이자 유일한 여성인 붸라 니콜라예프나가 편안하게 물었다. -난 젊지도 않고, 나는 서정적인 시를 좋아하는데. 그걸 좋아하는 이는 많지 않아요.

-붸라 아주머니는, 그런 걱정 마셔요, -그 적황색 머리의 용접사가 확신을 하게 해 주었다. -니코가 아주머니에 맞는, 서정적인 성품의 할아버지를 소개해 줄 겁니다. 남아메리카에 사는 그런 신같은 민들레같은 분을요.

-저기, 왜 적은 숫자의 사람들만 서정시를 좋아한다고요? 당신은 틀렸어요, 붸라 니콜라예프나, 자, 봐요, 에스페란토에서 푸슈킨이 어떻게 소리 나는지 들어 보세요.

나는 조용히 절망적으로 당신을 사랑했네,
질투와 두려움이 나를 자주 고통스럽게 하여도.
나는 그렇게 달콤하고도 진지하게 사랑했네-
그대를 그리 사랑하는 사람이 누가 또 있나요?

니코가 그 시를 러시아어로 반복하자, 사람들은 박수를 쳤다. 하지만 갑자기 대머리인 사드류노프가 말을 꺼냈다.

-그래요, 동무들, 모든 것은 아주 매력적이고 흥미로워요. 하지만 콜랴, 말해 봐요, 에스페란토의 저자라는 사람, 자네가 좀 전에 무슨 자멘호프프프 라고 한 사람은 어느 나라 사람인가요?

-그건 저도 자세히 모릅니다.- 당황해서 니코가 대답했다. -

그게 중요한가요? 아마 독일 사람25)입니다.

-하지만 아마 유대인이라는데? -사드루노프가 계속 질문했다.

-아마 유대인일지도요.- 간단히 니코가 대답했다.

-하, 그래 그 점은 아주 중요하지요. 당신은 젊으니, 아마 당신은 모를거요. 하지만 내 아버지는, 아버지를 위해선 이 땅이 솜털이 되기를 기도해요. 하지만, 아버지는 유대인들이 세상을 지배하려고 한다고 말하였어요. 아버지는 어느 공공의 책 어딘가에서 그걸 읽으셨다고 했지요. 그러니 만일 우리가 에스페란토를 배운다면, 그리고 또 모든 사람이 에스페란토를 배운다면, 그것은 유대인들이 우릴 지배하도록 맡기는 것에 다가가는 거라고 하던데요! 그것 웃기는 일 아닌가요?

그런 질문을 니코는 기대하지 않았다. 그는 약간 그 질문에 대한 대답을 좀 늦추고는, 갑자기 이런 아이디어를 생각해냈다.

-세미온 일리치, 정말 당신은 이 세계를 지배하고 싶으신가요?

큰 코의 턱수염을 가진, 인 장부 기장하는 노인에게 물었다.

-아닐세, 나는 단연코 이 세계를 지배하는 것을 거부하네,

그 장부담당하는 노인은 피곤하게도 분명히 말했다.

-하지만 미쉬카 샤드루노프는 야만인이라고!

이런 저런 말이 분명히 나오자, 큰 웃음이 모든 참석자들에게 나왔다.

-왜 여러분은 웃나요? 왜 비웃나요? - 자신의 벗겨진 머리를 쓸어내면서 샤드루노프가 고함을 질렀다. 내 아버지는, 이제, 신께서 아버지께 낙원을 주기를……

-자네 부친은 평화 속에 쉬시도록 놔 둡시다. 그분이 모든 걸 전부 다 잘 이해하셨다고는 할 수 없어요, 그러니 자네 부친은 자네도 잘못 가르쳤군, -쁘라솔로프가 저음으로 말했다.

---

25) 역주: 에스페란토 창안자 자멘호프는 폴란드인이고 유대인이었다.

하지만 니코는 잠자코 있지 않았다. 그는 모두를 큰 눈으로 바라보고는 말을 이어갔다.

-동무들! 정말 우리는 각자 뭔가 이상을 가지고 있답니다! 세계 지배를 위한 생각보다는 세계를 형제애로 대하는 이상을 가집시다. 프롤레타리아의 국제주의를 말입니다. 그렇지 않나요? 당신은 그 점을 믿지 않나요? 사람은 정말 악한이 될 수도 선한 사람이 될 수도 있지만, 온 민족 전체가 -러시아민족이나 타타르민족이나 유대민족이 될 수는 없지요! 정말 우리는 어찌 이해하면 될까요? 사람 대 사람으로, 친구이자 동무이고 형제이면 되지 않을까요?! 정말......

-우흐흐! -쁘라솔로프는 사드루노프의 벗겨진 머리 위에서 위협하듯이 손을 흔들었다. -자, 저 청년의 마음을 상하게 했네! 침이나 뱉어요, 콜랴, 우리는 자네의 에스페란토가 위풍당당한 물건임을 이해했다네.

하지만 내가 내일 우리 부서에서 샤드루노프를 만나면 좀 알려줄께요.- 세미온 일리치가 말했다.

-저도 불러 주세요, 저도 도울게요, -의자에서 자신의 무거운 몸을 힘들여 일으켜 세우면서 쁘라솔로프는 불평했다.

ĈAPITRO V

Proksimas fino de labortago. Nome tiun ĉi tagon, sunan kaj sufokan, Niko apenaŭ rimarkis. Ekde la komenco ĝis tagmanĝo li kuradis en velda metiejo — en fumego, en duonlumo. Li konvinkadis veldomajstron Dim Dimiĉ pri nepra bezono de la junto, indikita en desegnaĵo, pri neallasendo de iu alispeca. Li klarigis al du veldistoj kelkajn ligojn, apenaŭ videblajn en la desegnaĵkopio. Li eĉ mem iom veldis, gajninte laŭdon de la brigadestro Prasolov. Tamen, unu hazarda sparko falis sur la sintezitan pantalonŝtofon; en tiu braĉo, do, restis nigra trueto — eh, insultos Olga pri ĝi...

Niko fintrinkis jam la trian glason da teo. Kulpas la "fiŝa tago" — dum ĵaŭdoj en la uzina manĝejo akireblas nur fiŝaĵoj. Pro tiu, do, trosalita vosto de mintaj-fiŝo kun same salita terpomaĵo li trinkemas dum tuta posttagmezo. Nu, tamen. La desegnaĵoj estas jam kolektitaj kaj kaŝitaj ŝranken, krom unu, nefinfarita, kiun Niko streĉe okulumas sen forto kaj sen emo pensi pri ĝi. Nur sola penso zorgigas lian kapon: tuj post la fina sonoro li veturos en la urbon, saltos en universalan magazenon por aĉeti novan naĝpantaloneton, kaj — kun Olga, kun Vovĉjo, jes, — al la rivero! Sed...

- Nikolaj, al telefono! — vokas la kolego Viktor Ivanoviĉ.

- Kolenjka, knabo mia! — miele diras la aŭskultilo. Estas Zinaida Albertovna, partiestrino de la fako. — Kolenjka! — mielverŝas ŝi. — Supozeble vi planis naĝi post la laboro, ĉu ne?

- Vi pravas. Kiel ĉiam vi plene pravas, Zinaida Albertovna, kaj mi admiras tion, — malĝoje respondas Niko. — Ĉu io serioza?

- La kontrolanto venos, Kolenjka. Hodiaŭ estas la dua ĵaŭdo. Mi jam avertis la homojn... ankaŭ vian Viktoron.. Do, prokrastigu la riverumadon, Kolenjka. Por mi. Lastfoje en la lernojaro. Ĉu?

- Malĉu! — murmuras Niko kaj akurate metas la aŭskultilon.

- Kaptiĝis ni, Viktor Ivanoviĉ, — morne proklamas li. — Partia lernado!

Al tiu ĉi okupaĉo Zinaida Albertovna svatis Nikon antaŭ jaro, kiam pensiuliĝis la eterna faka propagandisto, ekskolonelo Matejĉuk. Ŝi vokis la freŝbakitan pensiulon kaj Nikon al la partia kabineto kaj komencis mielverŝi kutime:

- Kolenjka, vi bone konas kamaradon Matejĉuk, ankaŭ vi, karestimata Vasilij Aleksandroviĉ, konas la junulon, do, transdonu al li la raportan revuon, la taglibron... la liston de aŭskultantoj... ankaŭ la "koncizan kurson". Kaj klarigu ĉion, ĉu vi komprenas? Li ne kontraŭos.

- Kion klarigi? Kion mi ne kontraŭos? — mire balbutis Niko, sed la partiestrino nur glatis lian ŝultron kaj forkuris.

- Kion klarigi, kion klarigi... — grumblis kamarado Matejĉuk. — Ne infano vi jam estas, do kelkaj vortoj sufiĉos. Vi antaŭnelonge finis instituton.

- Jes... — konfirmis Niko.

- Vi ankoraŭ ne sukcesis forgesi la historion de nia partio.

- M-mm, — diris Niko.

- Do vi kapablas rakonti ĝin al komunistoj de la fako dufoje ĉiumonate — la duan kaj la kvaran ĵaŭdon.

- Ne kapablas, — imitante ordonsimilan voĉon de la ekskolonelo, diris Niko. — Mi jam havas partian taskon, mi laboras kun infanoj en la patronata lernejo.

- Ne gravas, — preterlasinte aŭ ne kompreninte la mokimitadon de Niko, plu grumblis Matejĉuk. — Mi ne diris la ĉefan sekreton. Nek viaj aŭskultantoj, des pli ne vi mem bezonas tiun rakontadon. Ĉar dum pluraj jaroj ili jam aŭdis la refoje ripetatan "Koncizan kurson pri historio de KPSU". Sed la partia statuto postulas konstantan lernadon de ĉiu komunisto. Do la partia lernejo devas funkcii.

- Ĉu ĝi estas sekreto? — mire gapis Niko.

- Ne hastu. La sekreto estas jena. Vi organizas lecionojn pri la historio de la partio nur, kiam la uzina partikomo avertas, ke venos kontrolanto. Tiu aperas ne pli ofte ol dufoje dum la lernojaro. Pri ĉio cetera ne zorgu — Zinaida mem kolektos la aŭskultantojn kaj mem verkos la raporton. Jen la paperoj.

Li ŝovis al Niko dikan paperujon kaj iris for. Kaj vere nur unu fojon aŭtune signalis Zinaida Albertovna. Laŭ tiu signalo venis al la partkabineto dekduo da oscedantaj homoj, ankaŭ nekonata virino el la urba komitato, kaj Niko rakontis al ili sufiĉe vigle kaj kontinue pri la dua kongreso, kiam la partio disiĝis je "bolŝevikoj" kaj "menŝevikoj". Nun do estis la dua fojo.

En la partikabineto Nikon atendas ok komunistoj. Ĉar

li venis kun Viktor Ivanoviĉ, — estas jam dek. Sidas ĉiuj silente. Suno jam foriris al okcidenta flanko de la konstruaĵo, do en la kabineto kun ovritaj vazistasoj regas agrabla ombra malvarmeto. Kaj enuo. Ĉiuj plu sidas. Post kvaronhoro aperas en la kabineto Zinaida Albertovna.

— F-fu! — diras ŝi. — Kolenjka, kamaradoj, — vi estas liberaj. La kontrolanto ne venos.

Niko ekspiras facile kaj komencas kunmeti la paperojn. Sed subite la olda korpulenta Prasolov proklamas basvoĉe.

- He, ne, kara Zinaida! Nenien ni foriros. Vi kunvokis la homojn, do rakontu ion. Mi ŝatas ripozi ĉi tie. Dorrneti!

- Jes, jes! — sonas kelkaj voĉoj. — La busoj jam estas foririntaj en la urbon. La sekvaj venos post horo.

- Kamaradoj! — konfuze diras la partiestrino. — Jen Nikolaj Grigorjeviĉ al vi rakontos... e... e, pri Esperanto. Estas lia granda hobio! Sed min invitis Udalov, mi devas iri, — kaj ŝi malaperas transporde.
-Nu, eku pri Esperanto, Kolja! — invitas Viktor Ivanoviĉ. — Ni ĉiuj scivolas, kun kio oni ĝin manĝas?

- Volonte, — diras gaje Niko. — Tiun ĉi temon mi tuj aranĝos por vi, — Li iom pensetas kaj demandas:

- Jen vi, Andrej Konstantinoviĉ, diru, kiun fremdan lingvon vi posedas?

- Eku, eku, sed min ne veku! — malkontente grumblas Prasolov, batita de sia najbaro. — Neniun lingvon mi posedas, krom "Hende hoh".

- Nu jen... — suspiras Niko. Li apogas sin ambaŭmane sur tablon kaj kun rideto daŭrigas. — Mia avo estis kamparano en tute malgranda kaj fora vilaĝo. Li ankaŭ posedis neniujn lingvojn fremdajn. Sed Esperanton — jes.

- Ha, sed por kio bezonis tion via estimata avo? Ĉu por sterkon renversadi? — Mokridas kalva, pufvanga ekonomiisto Sadrunov.

Niko incitiĝas, sed de ekstere neniel montras tion.

— Mia avo ellernis Esperanton antaŭ la revolucio. En la germana tendaro por militkaptitoj. Esperantistoj helpis al li fuĝi. Poste li partoprenis la civilan militon, kaj post la milito havis multajn korespondamikojn. En multaj landoj... Tamen, ĉu iu scias, kio estas Esperanto?

Evidentiĝas, ke krom Viktor Ivanoviĉ, kiun Niko satinformis dum komuna desegnado en la fako, neniu scias. Do, Niko kure komencas ekde la Babelturo ĝis la tempo nuna. Li rakontas anekdotojn kaj faktojn pri lingva ĥaoso. Li prezentas nomojn de la eminentuloj, simpatiintaj al Esperanto. Li skize rakontas la gramatikon, aludas pri la vortoj, kiuj iĝis plene internaciaj, kaj proponas traduki el Esperanto. Ŝajnas, ke ĉiuj akceptas la ludon.

- Ha-ha! Soldatoj brave marŝas! Samkiel ĉe ni! — miras rufa veldisto Pribiliĥ. — Mi jam komprenas Esperanton, aha! Ĉu mi povas korespondi kun... kun franca belulino?!

- Ankaŭ kun la franca, — asertas Niko. — Eĉ kun multaj belulinoj. Nur la lingvon ellernu. Du-tri monatojn, kaj mi garantias, ke vi sukcesos.

- Sed kun kiu mi korespondu? — demandas serene la sola virino inter ili, arkivistino Vera Nikolajevna. — Mi estas jam ne juna, kaj mi ŝatas lirikan poezion. Tion nemultaj ŝatas.

- Onjo Vera, ne ĉagreniĝu, — konvinkite diras la rufulo. — Niko trovos por vi la lirikeman avoĉjon, tian dian leontodon ie en Sudameriko!

- Nu, kial do nemultaj ŝatas lirikon? Vi ne pravas, Vera Nikolajevna. Jen aŭskultu, kiel sonas Puŝkin en Esperanto:

Mi amis vin silente, senespere,
Ĵaluz' kaj tim' turmentis ofte min.
Mi amis tiel dolĉe kaj sincere —
Ĉu povas iu tiel ami vin?

Niko ripetas la samon en la rusa kaj eĉ aplaŭdojn gajnas. Sed subite levas voĉon la kalva Sadrunov.

- Jes, kamaradoj, ĉio estas tre loga kaj interesa. Sed diru, Kolja, de kiu nacieco estas la aŭtoro de Esperanto, tiu, kiel vi diris... Zamenhofff?..

- Mi eĉ precize ne scias... — Embarasite respondas Niko. — Ĉu tio gravas? Eble germano.

- Sed eble judo? — Plu demandas Sadrunov.

- Eble judo, — simple respondas Niko.

- Ha, do tio tre gravas. Vi estas juna, do eble vi ne scias. Sed mia patro, estu la tero por li lanugo, diris, ke judoj volas regi la mondon. Li legis tion ie en oficiala libro. Do, se ni lernos Esperanton, kaj se ĉiuj lernos Esperanton, tio plipproksimigos judojn al la

- 97 -

regado! Jen ruzaĵo, ĉu ne?

Tiun demandon Niko ne atendis. Li iomete prokrastigas la respondon, sed jen — trovas la ideon.

- Semjon Iljiĉ, ĉu vere vi volas regi la mondon? — Demandas li la libroteniston, oldan lipharulon kun ampleksa nazo.

- Ne, mi solene rifuzas regi la mondon, — prononcas lace la librotenisto. — Sed Miŝka Ŝadrunov estas sovaĝulo!

Iel tiel sonas la prononcitaj vortoj, ke ridego ekskuas ĉiujn.

- Kial vi ridas? Kial vi ridaĉas? — krietas Ŝadrunov, viŝante sian kalvaĵon. — Mia patro, jen, paradizon donu al li dio...

- Lasu vian patron ripozi en paco. Ne ĉion li bone komprenis, do ankaŭ vin li fuŝe instruis, — basas Prasolov.

Sed Niko malkvietas. Li rigardas ĉiujn larĝokule kaj parolas plu.

— Kamaradoj! Ja ankaŭ ni havas iajn idealojn! La

- 98 -

idealojn de monda frateco, ne de monda regado. La internaciismon proletan, ĉu ne? Ĉu vi ne kredas tion? Ja kanajlo aŭ bonulo povas esti homo, sed ne tuta nacio — rusa, tatara, hebrea! Ja kiel ni komprenu: hom' al hom' estu amiko, kamarado kaj frato?! Ja...

- Uhh! — minace mansvingas Prasolov super la kalva kapo de Sadrunov. — Jen, la knabon ofendis! Kraĉu, Kolja, ni komprenis, ke via Esperanto estas digna aĵo.

Sed Ŝadrunov-on mi morgaŭ iom klerigos en la fakejo, — diras Semjon Iljiĉ.

- Voku min, mi helpos, — grumblas Prasolov, pene levanta sian pezan korpon de sur la seĝo.

제6장

"우리가 소속 클럽 단체들에게 그 단체의 기념일이나 주요 행사, 혹은 실내 장식 행사가 있을 때 특별한 유명 인사(작가, 국가지도자, 학자나 이와 유사 공헌자)들에게 훈장이나 메달 등으로 지속적인 축하 행사를 제안해보지 않겠나요?
우리 소속 클럽에서는 언론 정보나 다양한 다른 근거를 기초로 그런 축하 행사를 주관할 책임자가 있으면 좋겠습니다...
(SEJM-위원회 회원들의 개인 편지 중에서)

"한 유명시인이 이렇게 썼습니다:
존경하는 B. G! 기쁘게도 나는 당신이 주신 선물을 잘 받았습니다. 당신께 감사드립니다. 저는 스페인어와 이탈리아어는 할 줄 아니, 에스페란토가 제게 어렵지 않을 겁니다. 존경으로 이만 줄입니다.
예브그 옙투셴코[26] 드림.(Jevg. Jevtuŝenko).
  (콜케르(B.G. Kolker)가 자신이 지은 에스페란토 교재를 옙투셴코에게 보낸 것에 대한 회신)

(정보서신 "Kurte" 중에서)

분명히, 솔제니친[27]을 니코는 알고 있었다, 하지만, 그리 많이

---

26) **예브게니 알렉산드로비치 옙투셴코**(Евгéний Алексáндрович Евту шéнко, 1932~ 2017)는 러시아 시인이자 영화감독이다.

27) 역주: 알렉산드르 이사예비치 솔제니친(러시아어: Алексáндр Исáеви ч Солженѝцын,영어: Aleksandr Solzhenitsyn, 1918~2008)은 러시아의 소설가, 극작가 및 역사가이다. 제2차 세계 대전에서 소련군 포병 장교로 근무하던 중 스탈린의 분별력을 의심하는 내용을 담은 편지를 친구에게 보냈다가 1945년에 투옥되어 10년 동안 수용소 생활을 했다. 1970년에 노벨 문학상을 수상하였다. 소비에트 러시아 키슬로보츠크에

는 아니다. 아베르얀 이봐노비치의 서재에서 그는 『이반 데니소비치의 하루』라는 책과, 60년대의 《로만 잡지 Roman-Gazeto》"를 발견했다. 그는 그 책자를 처음엔 읽고 싶지 않은 것 같다. 왜냐하면 그 책자 겉표지의 저자 얼굴이 맘에 들지 않았기 때문이었다. 그 얼굴 표정이 너무 상심한 채, 심지어 악의에 차 있는 얼굴 표정인 것 같았다. 그럼에도

서 출생하여 로스토프 대학에서 물리·수학을 전공하면서 모스크바에 있는 역사·철학·문학 전문 학교의 통신 과정을 이수하였다. 제2차 세계 대전이 일어나자 소련군에 자원 입대하여 포병 장교로 참전하였다. 1962년 소련 문학 잡지인 <노비 미르> 편집장이었던 알렉산드르 트바르돕스키의 적극적인 후원을 받아 스탈린 시대 강제 노동 수용소의 비참한 현실을 다룬 <이반 데니소비치의 하루>를 연재하여 세계적인 명성을 얻었다. 소련의 관료주의를 비판한 <유익한 사업을 위하여>를 발표하여 논란의 초점이 되었다. 두 번째 단편이 발표되면서부터 보수파 평론가들은 "역사적 진실을 잘못 이해한 작품"이라고 비난했으나, 이어 스탈린 시대를 주제로 한 <암병동>과 <연옥 1번지>를 완성하였다. 두 작품 모두 국내 출판이 금지되어 외국에서 출판하였다. 위의 작품들이 서방에서 출판되자 정부와 소련 작가 동맹은 그에 대해 집중적인 공격을 퍼부었고, 그역시 이에 맞서는 공개 서한을 두 번에 걸쳐 작가 동맹에 보낸 바 있다. 1969년 11월에 반소련 작가라는 낙인이 찍혀 작가 동맹에서 추방되었으나, 1970년 러시아 문학의 훌륭한 전통을 추구해 온 윤리적인 노력을 높이 평가받아 노벨 문학상을 받았다. 1971년 제1차 세계대전을 무대로한 역사 소설 <1914년 8월>을 파리에서 출판하여 세계적인 화제가 되었다. 1973년 유형지에서의 잔학상을 폭로한 <수용소 군도>가 해외에서 발표되자 1974년 2월 13일 서독으로 추방되었다. 소련 붕괴 후 1994년에 러시아로 다시 돌아왔고, 같은 해 시베리아 과학 예술 아카데미의 언어, 문학 분과 회원으로 선출되었다. 그의 아들 익나트 솔제니친은 작곡가 겸 피아니스트로 활동 중이다. 솔제니친은 물질주의와 구 소련 체제 등을 함께 비판하며 전통적인 애국주의로의 회귀를 촉구해왔으며, 2008년, 90세의 나이로 지병으로 별세하였다. 러시아 언론들은 솔제니친은 러시아를 대표하는 양심적인 지식인 가운데 한 사람이었으며 조국 러시아를 향한 긴 발걸음이 이제 멈추게 됐다며 애도하였다. 다른 작품으로 <자히르칼키타>, <사슴과 라겔리의 여인>, <오른손> 등이 있다.
(출처:
https://ko.wikipedia.org/wiki/%EC%95%8C%EB%A0%89%EC%82%B0%EB%93%9C%EB%A5%B4_%EC%86%94%EC%A0%9C%EB%8B%88%EC%B9%9C)

니코는 아베르얀 이봐노비치가 책에 밑줄을 긋고는 옆에 써놓은, 수 많은 코멘트에 매료되었다. 그날 저녁, 니코는 이 모든 것에 매료되었다: 일상적이지 않은 내용에 또 논리적으로 전개하는 말에 대해. 유배를 당한 주인공이 다른 사람을 -꿈 없고, 일적인 사람들을 - 아주 사소하지만 중요한 사실을 들먹이면서 때론 수정하고, 때론 덧붙이여서 자각하게 만든다. 니코는, 갑자기, 주인공인, 정직한 러시아 농민 이반 데니소비치가 수용소에서 살아남기 위해 자신의 매 순간의 투쟁하면서 또, 동시에, 수용소에서의 극한 상황에서도 위엄을 잃지 않았음을 보고는 자신에게도 그 주인공이 더욱 가까이 느껴지고, 이해될 수 있음을 느꼈다. 마찬가지로 나도 그리 행동하리라, -니코는 스스로 다짐했다.

아버지 그리고리이 이라토프는 남부 우랄의 시골 학교 교사다. 그는 모든 남녀학생에게 농촌 사람들의, 손으로 하는 노동에 대해 자신의 깊은 존경심을 전해 줄 의무감을 느꼈다. 그래서, 맨 먼저, 4자녀 중 첫째인 니코에게 이를 알려줄 그 의무감을 느꼈다. 니코는 농민인 자기 조상이 물려 준 강하지만 짧은 손가락들은 그가 기타를 배울 때 정말 힘들었다. 그러나 그 손가락들은 모든 집안 노동을 신속하고 또 능숙하게 처리하는 데는 익숙했다. 모든 가족 구성원들이 유심히 관찰해 본 바로는, 볼가 강 인근의 타타르 민족이 니코의 조상임을 의심할 필요 없는, 많은 특색을 얼굴에 지닌 진짜 농부이자 할아버지인 아르트욤을 많이 닮았다.

그 할아버지인 아르트욤이, 자신의 오른팔에 "덤덤" 총알을 맞은 흔적을 보여주기 전에는, 독일군 전쟁포로수용소에서 어느 프랑스인을 통해 자신이 에스페란티스토가 된 그 낭만적인 역사를 말하면 그 이야기를 듣던 사람들은 거의 믿지 않았다. 아르트욤 아이라토프는 그런 상처를 안고, 또 에스페란티스토로서의 역사를 안고, 또 1921년 훈장을 하나 받아 들고, 붉은 군대를 제대한 뒤, 프랑스, 영국, 스페인......등지의 에스페란티스토들과 편지교환을 정말 많이 했다. 그런데 그의 그런 편지교환이 나중에, 그 빌어먹을 그 저주의 38년째 되던 해에 **내무 인민위원회**(NKVD)[28] 지역 지부로 보내진, 간첩행위를 했다며 고발당하게 되었다. 그런 아르트욤을 구한 사람은 자신의 친구인 집단농장(콜호즈)대표였다. 그 친구가 그 NKVD의 지역지부의 책임 감찰관에게 설득하기를, 농부인 아르욤 아이라토프는 군 복무를 마친 이후, 즉, 1924년부터 그 도시를 한 번도 떠난 적이 없으니, 정부의 어떤 비밀도 갖고 있지 않다고 하자, 그 말이 먹혀서 그 고발 사건은 그리 피해를 입지 않았다. 그럼에도 아르트욤은 자신과 외국의 모든 서신교환을 하는 사람들과의 관계를 중단하라는 "지속적 추천"이라는 요구에 동의할 수밖에 없었다. 진실을 말하자면, 그는 자신의 첫 손자가 태어날 때까지 그 국제어를 사용하지 못했다. 그 손자에게 처음으로 에스페란토를 가르치기 시작한 시점은, 그 손자가, 소문엔, 이미 2살 때부터였다고 했다. 적어도 니코 자신은, 할아버지가 언제나 에스페란토로 말했다는 것을 기억하고 있다고 말할 수 있다.

아마 네다섯 살 때, -니코가 기억하기로는- 니코는 영광의 스탈린에 대해, 비열한 베리야(Berija)[29]에 대해, 또 그 자로 인해 고통을 입은 수백만 명의 정직한 당원들에 대해 자신의 할

---

28) 주:내무(부)인민위원회: 국내 관련 행정(때로는 사법)위원회
29) 역주: 부총리 지낸 소련 정치가 라브렌티 파블로비치 베리야
    (1899-1953)

아버지가 들려주신 이야기를 자주 들어왔다. 나중에 어느 시대에는 잡지들에서 스탈린도 나쁜 사람이었다고 적기도 했다. 좀 더 나중에 스탈린은 다시 좋은 정치를 하였다고 했다. 요즘 니코는 트럭 운전자들 사이에 스탈린 초상화를 자기 차량 앞 유리창에 걸어두는 것이 유행이라는 것에 주목하였다. 위대한 승리를 기념하는 30주년에, 그 도시[30]는 다시 스탈린그라드[31]로 옛 이름을 되찾을 것이라는 소문들도 돌았다.

그런데 오직 솔제니친만 스탈린이 독재자이며, 더 나아가, - 그 폭정은 끝나지 않고, 지금까지도 지속하고 있다고 주장했다. 니코는 자신이 구독하는 신문인 "이즈베스티야"지에서 솔제니친이 소련에 반하는 행동을 했다며 소련에서 추방[32]되었다는 기사를 읽었다. 가족 전체가 그 대원수를 존경했지만, "니코"만이 그 죽은 대원수를 존경할 수 없다고 할만큼 용감했다고 어머니는 늘 말해 왔다. 그러나 니코는 두 가지 이유로 온 가족의 의견을 부정했다.

첫 이유는, 체코에 사는 편지 교환하는 친구가 그에게 귀중한 책을 선물로 보내왔다. - 『전망 속의 에스페란토(Esperanto

---

30) 역주: 스탈린그라드 전투(러시아어: Сталинградская битва, 독일어: Sclaĉt von Stalingrad, 문화어: 쓰딸린그라드 격전)는 1942년 8월 21일부터 1943년 2월 2일까지 스탈린그라드(현재 이름은 볼고그라드) 시내와 근방에서 소련군과 추축군 간에 벌어진 전투를 말한다. 이 전투는 제2차 세계 대전의 가장 중요한 전환점이었다. 이 전투에서 약 200만 명이 죽거나 다쳤으며, 인간사에서 가장 참혹한 전투로 기록되고 있다. 이 전투는 독일 제6군과 다른 추축국 군대의 스탈린그라드 포위와 이후의 소련군의 반격으로 이루어져 있다. (출처: https://ko.wikipedia.org/wiki/%EC%8A%A4%ED%83%88%EB%A6%B0%EA%B7%B8%EB%9D%BC%EB%93%9C_%EC%A0%84%ED%88%AC)
31) 역주: 볼로그라드의 옛이름.
32) 역주: 1974년 2월 13일

en Perspektivo)』33). 그 백과사전 같은 큰 책에서 니코는 에스페란티스토들이 탄압을 당한 사례들을 써 놓은 부분을 발견해 읽었기 때문이었다. 니코는 생각했다: 이 모든 것을 정당화시킨 그 탄압이, 또 자기 할아버지를 탄압했던 그 일도. 스파이들을 색출해 국가를 지키는 일로, 또 당연한 일로 받아들였구나 하고.

둘째로, 마리나가 있었기 때문이었다. 그녀가 레닌그라드에서, 또 그곳뿐만 아니라 다른 곳에서 탄압 받은 "배교자(자기나라 국교를 배교한자)"들에 대해 이야기를 해 주었다. 그녀로부터 니코는 그 나라의 모든 언론이 합동으로 비난했던, 그 신비의 "굴라그 군도"에 대해서도 들었다.

-그것에 대해 그만 말해!- 니코가 간혹 간청했다. - 내가 보기엔, 마리나, 네가 나를 마치 비난하는 것 같아.

-그래도 들어봐, 당원 동무, 들어봐. - 씁쓸한 미소가 "당원"이라는 말에 강조되었다. -너는 진실을 스스로 판단하려면 양쪽 의견을 다 들어 봐야 해.

그녀는 "첫 바퀴에서"라는 충분히 읽을 만한 복사물을 가져왔다. 그건 그 교수가 그녀에게 주었다. 이틀간만. 그 책은 충분히 니코의 영혼에 이념의 상처가 아픔과 고통으로 커갔다는 것을 알려 주었다. 니코는 그 상처를 안고서 뭘 해야 하는지 몰랐다. 정말 그는 진실로 스스로가 그 당에 입당했는데. 다른 많은 선한 사람들과 함께.

그러나 정말 그녀는 말하지 않았다. 그녀는 그를 나쁜 사람이라고 말하지 않았다. 그는 당 안의 재앙이 어디에 도사리고 있는지, 또 언제부터 웅크리고 있는지 이해해 주기만을 말하

---

33) 역주: 이 책은 1974년 세계에스페란토협회가 발간하였고, 편저자는 이보 라펜나(Ivo Lapenna), 타지오 까를로봐로(Tazio Carlevaro)와 울리히 린스(Ulriĉ Lins)이다. 845쪽.

고 있었다, 또 그가 그 부당한 행동에 가담하지 않기를 고대
했다.

하지만 그는 아무런 부당한 일을 하지 않았다. 또 당 밖으로
그는 도피하고 싶지도 않았다. 그 스스로 당원이 되었으니-
그 스스로 떠날 것이다. 발걸음이 필요하다고 인지할 때가 되
면......하지만 지금, 예를 들어, 그가 자신의 의견을 동등한
권리로 방어하기 위해 자신의 당원성을 사용할 수도 있다. 예
를 들면- 사람들이 스몰리니에 안에 그녀를 자유로이 놔두지
않을 것이지만, 그는 -자신의 당원증을 갖고- 그곳에서 자유
롭게 있을 수 있을 것이다. 그곳에서 그는 중요한 정보를 받
을 수도 있다......
-쉬티르릭처럼! -마리나가 웃었다.

하지만, 그 교수님은. 그녀는 그분을 사랑했다. -니코는 그 점
을 질투할 정도로 주목하고 있었다. 그도 분명히 그 점을 알
았다. 만일 그분이 그네에게 가까이 오기만 하면, 그녀의 작
은 행동 하나하나에서, 또 그녀의 눈길 하나하나에서 보이는
그녀의 꿈을, 그녀의 고무됨을 바보가 아니라면 알아차렸을
것이다. 확실히, 그분은 그녀의 그런 사랑을 받을 만하다고,
니코는, 그 교수의 서양문학 강연을 여러 차례 들어보려고 시
간 내어 레닌그라드로 오면서도 생각했다.

그 강연들은 동화 같았다! 소개할 목적으로 책 1권만 달랑
들고 강당에 들어선 그 교수는 곧장 모든 남녀학생들을, 주로
젊은 여학생들을 매료시켰다. -언어과학대학의 수강생들에겐
늘 있는 일이다, 큰 목소리에, 분명한 저음으로 그 키가 큰
남자 교수는 러시아어, 프랑스어, 스페인어를 똑같이 매력적
으로 구사하면서 믿을 수 있도록 강의를 풀어 갔다. 그는 장
중한 목가(마드리갈)를 외워 낭송했고, 웃음이 이는 곳에서는

적절히 쉬고, 자신이 가져 온 책은 강연하면서 거의 두세 번 정도만 열어보았다. 그 교수의 두뇌 노동은 마치 보이는 듯 하고, 그 검은 곱슬 머리카락은 다시 빛났고, 금테 안경 너머로 깊이 말하는 눈길이 때로는 니코를 향하기도 했다.

그 교수는 그녀를, 자신의 가장 재능 있는 열성적 여성 제자로, 니코의 의견에 따르면, 사랑하기도 했지만, 그것은 부성애였다. -다정하고도 부드러운 사랑. 그런 그녀가 니코를 그 교수에게 소개했다는 그 점 때문에, 그 교수는 동정적인 웃음으로 니코의 손과 악수를 했다.

-이상한 사람은 니코, 자네일세. 오늘날 기술자들은 언어와 문학에 대해 그만큼 자주 알기를 원하지 않거든요.

4개월 전이었다. 다정한 행복감의 눈길로 매력적이었던 그녀가 '작가의 집' 회관에서 에스페란토로 된 시의 진수들을 가장 감명을 잘 받는 청중들에게 소개했다. 분명히, 그 교수 덕분에, 또 그가 마리나에게서 함께 느낀 감동 덕분에, 레닌그라드 대중들에게는 정말 특별한 행사였다. 수많은 질문은 진짜 전문가들 -유명 작가들과 번역가들- 에게서 나왔다. 그들은 박수를 아끼지 않았다. 니코도 행복하게 그런 박수치는 참석자들 가운데 한 사람이었다......

그런데 지금 그녀는 울고 있다. 괴로움으로. 의지와는 달리. 처음으로 니코는 그녀가 우는 것을 보았다. 1년도 더 되었대. -마리나는 눈물 속에 말을 꺼냈다. -1년도 더 몰래 그분을 관찰하여 오고 있었고, "굴라그 군도"[34]의 독특한 원고들 중 하나를 가진 그를 몰래 관찰하여 오고 있었대. 또 그분만 감시한 것이 아니라, 다른 사람들도 말이야. 이젠 똑같이 그분을 이 나라에서 추방을 결정해버렸어.

---

34) 역주: 솔제니친의 작품 『수용소 군도』를 빗댄 책명

7월의 푸른 하늘에서, 얌부르그 교회 위로 조용히 비둘기
떼가 날고 있었다. 이 고요함에서, 이 조용한 아가씨의 울음
에서 멀리 100킬로미터 떨어진 곳에, 먼지로 질식할 그 대도
시에서 그 멍청한 권력은 가장 설득력 있는 문학교육기관 중
하나를 폐허로 만드는 일에 열중하고 있었다. 자신의 조국에
서 쫓겨난 그 교육기관 지도자는 지금 서방으로 비행기로 날
아갔다. 그 이후 그분의 추방 원인과 전혀 무관한 그의 책들,
문학 연구 자료는 모조리 야만적으로 없애졌다. 더구나 그는,
공식적 국가라는 그 기관이 증오하는 그 작가를 지지하면서도
아무 불명예스런 행동을 하지도 않았다. 그러나, 그 기피 인
물을 추방시킨 뒤, 그 국가 기관은 실제로 그분에게서 배우는
200명 제자의 운명을 파괴하고 또 상처를 입혔다! 무슨 이유
로- 그 교재들을 불태우는가 -정말 니코는 이유를 이해할 수
없었다.

　마리나도 그 200명 사이에 있었으나, 그녀의 불행, 그녀의
아픔은 이제 여기 있다, 옆의 니코에겐 가장 중요하고 가장
마음 상하게 보이는 것 같았다. 그가 그녀를 좀 안정시키기
위해 무슨 말을 해줄 수 있을까?
-마린카[35], - 니코는 부드럽게 그녀의 머리카락을 건드렸다.
-그분은 죽지 않았고, 실종되지도 않았어. 그분은 돌아올 거
야. 네 자신의 일이고 또 그분의 일은 계속되어야 돼!
-누가 그걸 여기서 필요하대? -울먹이며 그녀가 한숨을 내쉬
었다.

---

35) 역주: 마리나와 마린카는 동일인물

ĈAPITRO VI

"Ĉu ni ne rekomendu al la kluboj gratuladi apartajn famajn personojn okaze de iliaj jubileoj, promocioj, ornamoj per ordenoj, medaloj k.s. (verkistojn, ŝtatajn gvidantojn, sciencistojn k.s.)?

En klubo povas esti respondeca persono, kiu faru tion laŭ gazetaraj informoj, laŭ diversaj aliaj fontoj..."

(El privataj leteroj de SEJM-komitatanoj)

"Skribis la fama poeto: Kara B. G! Kun ĝojo mi akceptis Vian donacon. Mi estas dankema al vi. Mi scipovas la hispanan, la italan, kaj mi esperas, Esperanto ne estos malfacila por mi. Kun estimo, Jevg. Jevtuŝenko. (B. G. Kolker sendis al Jevtuŝenko sian lernolibron).

(El informletero "Kurte ")

Certe, pri Solĵenicin sciis Niko; nemulton, tamen. Iam en la biblioteko de Averjan Ivanoviĉ li trovis "Unu tagon de Ivan Denisoviĉ", la "Roman-Gazeton" de la sesdekaj jaroj. Li ne legus ĝin, ĉar la vizaĝo de aŭtoro en la kovrilpaĝo ne ekplaĉis al li. Tiu vizaĝo ŝajnis tro ofendita, eĉ malica. Nikon logis multaj substrekitaj lokoj kaj marĝenaj komentoj de Averjan Ivanoviĉ, semitaj tra tuta novelo. Dum unu vespero Niko ensorbis ĉion: la nekutiman tekston kaj la logikajn komentojn. Unu eksekzilito perceptis la alian, — sen ravo, aferece, — foje aprobante, foje korektante aŭ aldonante fakteton tre gravan. Niko subite trovis, ke ankaŭ por li estis proksima kaj komprenebla tiu Ivan Denisoviĉ, honesta rusa muĵiko, en sia ĉiumomenta lukto por resti vivanta, kaj, samtempe, ne perdi la dignon en ekstremaj kondiĉoj de koncentrejo. Same mi agus, — Niko agnoskis por si mem.

Grigorij Ajratov, la patro, instruisto de vilaĝa lernejo en Suda Uralo sentis la devon transdoni sian profundan estimon por kamparanaj manlaboroj al ĉiuj gelernantoj kaj, unuavice, al Niko, la plej aĝa inter kvar gefiloj. La hereditaj mallongaj potencaj fingroj de kamparano ĝenis Nikon nur iam, kiam li sen rimarkebla sukceso studis gitarludon. Ĉiujn mastrumajn laborojn ili kutimis plenumi rapide kaj lerte. Niko, laŭ aserto de ĉiuj hejmanoj, similis la avon Artjom, kiu estis vera kamparano, konservinta en la vizaĝo multajn trajtojn de sendubaj praparencoj el apudvolgaj tataraj gentoj.

La romantikan historion pri esperantistiĝo de la avo en germana koncentrejo por militkaptitoj pere de unu franco apenaŭ kredis aŭskultantoj, antaŭ ol Artjom estis montrinta cikatrojn de la kuglo "dumdum" en la dekstra brako. Reveninte el la Ruĝa Armeo kun la cikatroj, kun la historio pri sia esperantistiĝo, ankaŭ kun ordeno, ricevita jam en 1921, Artjom Ajratov vere ekkorespondis kun esperantistoj en Francio, Britio, Hispanio...Nome lia korespondado kaŭzis ies denuncon pri spionado, senditan al loka filio de NKVD en la damnita tridek oka. Artjomon savis la amiko, kolĥoza prezidanto, kiu sukcesis konvinki la ĉefan inspektoron de loka NKVD, ke la kamparano Artjom Ajratov post liberiĝo de militservo, do, ekde la mil naŭcent dudek kvara neniam forlasis la vilaĝon kaj ne posedis ŝtatajn sekretojn. Artjom tamen estis devigita konsenti kun la "insista rekomendo" pri ĉesigo de ĉiuj korespondligoj kun eksterlando. En vero, li ne uzis la internacian lingvon ĝis naskiĝo de la unua nepo, kiun li komencis instrui, onidire, jam dujaran. Almenaŭ mem Niko opinias, ke Esperanton li posedis ĉiam.

Estinte eble kvar- aŭ kvinjaraĝa, — memoras Niko, — li aŭdis rakontojn de la avo pri la glora Stalin, pri la fiulo Berija kaj pri milionoj da honestaj komunistoj, suferintaj pro la lasta. Poste gazetaro skribis dum iom da tempo, ke Stalin ankaŭ estis malbona homo. Iom poste li denove boniĝis, kaj nuntempe Niko rimarkis, ke iĝis eĉ moda inter ŝoforoj de ŝarĝaŭtoj kroĉi portreton de Stalin al la antaŭa vitro. Cirkulis onidiroj, ke al la tridekjariĝo de la Granda Venko rericevos sian nomon la urbo Stalingrad...

Kaj nur Solĵenicin insistis, ke Stalin estis tirano, eĉ pli — ke ne finiĝis la tiranio, sed daŭras ĝis nun. En "Izvestija", la abonata ĵurnalo, Niko legis, ke pro la kontraŭsovetia agado Solĵenicin estis pelita el Soveta Unio. Kvankam la tuta familio estimis la Generalisimuson, eĉ la panjo, kiu diradis, ke "Nikita" estas kuraĝa nur kontraŭ la mortinto, Niko neis la familian opinion pro du kaŭzoj.

Unue, ĉar de ĉeĥa korespondamiko venis valora donaco — "Esperanto en perspektivo"; en tia enciklopedia libro Niko trovis la ĉapitron pri persekutoj kontraŭ esperantistoj. Pensis Niko: ja ankaŭ kontraŭ la avo, kiu tamen ĉion ĉi pravigis, kiel bezonon defendi la ŝtaton kontraŭ spionoj kaj akceptis kiel aferon naturan.

Due, ĉar estis Marina. Ŝi rakontis pri "disidentoj", persekutataj en Leningrado kaj ne nur tie. De ŝi Niko aŭdis pri tiu mistera "Arkipelago Gulag", kiun kondamnis unisone ĉiuj ĵurnaloj de la lando.

- Ĉesu paroli pri tio! — fojfoje petis Niko. — Al mi ŝajnas, ke vi kvazaŭ min akuzas.

- Aŭskultu, kamarado komunisto, aŭskultu, — amara rideto substrekis la vorton "komunisto", — vi devas esti informita de ambaŭ flankoj por mem elekti la veron.

Ŝi venigis sufiĉe legeblan kopion de "En la cirklo unua". Ĝin donis al ŝi la Instruisto. Por du tagoj nur. La libro sufiĉis por ke la ideologia vundo en la animo de Niko kresku ĝis doloro kaj turmento. Niko ne sciis, kion fari kun tiu vundo. Ja li honeste mem venis en la partion, samkiel multaj aliaj, bonaj homoj.

Sed ja ne, ŝi ne diris, ke li estas fiulo; li nur komprenu, kie kaj kiam nestiĝis plago en la partio kaj ne partoprenu la maljustajn agojn!

Tamen li neniun maljuston faris. Kaj el la partio li ne emas fuĝi. Mem aniĝis — mem foriros. Kiam ekkonscios la neceson de tiu paŝo... Sed nun, ekzemple li povas uzi la partianecon por egalrajte defendi sian opinion. Ekzemple — oni en Smolnij ŝin ne enlasos, sed lin — kun la partia bileto — libere. Tie li povas ricevi gravajn informojn...

— Kiel Ŝtirlic! — ridas Marina.

Tamen, la Instruisto. Ŝi amis lin — Niko ĵaluze notis tion. Ankaŭ li certe rimarkis. Nur idioto ne rimarkus tiun ravon, tiun inspiron, aperantan en ĉiu ŝia moveto, ĉiu rigardo, se li apudis. Certe, li dignas tiun amon, pensis Niko, venanta Leningradon speciale por aŭdi liajn prelegojn pri la okcidenta literaturo.

Tiuj prelegoj estis fabelaj! La Instruisto, eniranta aŭditorion kun ununura libro por prezento, tuj kvazaŭ ensorĉis gestudentojn, ĉefe junulinojn — tute kutiman aŭskultantaron por lingvoscienca fakultato. Per laŭta klara baso la altstatura viro rakontis egale ĉarme kaj kredinde en la rusa, la franca, la hispana. Li recitis parkere majestajn madrigalojn, konvene paŭzis ĉe ridindaj lokoj, apenaŭ pli ol du- aŭ trifoje malfermante la alportitan libron dum prelego. Laboro de lia cerbo ŝajnis videbla, la nigra krispa hararo rebrilis kaj depost ora rando de okulvitroj ankaŭ Nikon atentis la profundiranta rigardo.

Ŝin, sian plej talentan aspirantinon li, laŭ opinio de Niko, ankaŭ amis, sed ĝi estis patra amo — karesa kaj tenera. Ŝajne nur pro tio, ke Nikon prezentis ŝi, li kun simpatianta rideto premis la manon de Niko:

— Stranga estas vi, Nikolaj. Modernaj teknikistoj neofte tiom scivolas pri lingvo kaj literaturo. Tamen, via strangeco estas laŭdinda!

Nur antaŭ kvar monatoj ŝi, ĉarma en sia okulkaresa feliĉo, prezentis al la plej impona aŭditorio en la Domo de Verkistoj perlojn de Esperanto-poezio. Certe, dank'al li okazis tiu evento, tute nekutima por leningrada publiko, dank'al impono, kiun li sentis al Marina. Multis demandoj de veraj profesiuloj — famaj verkistoj kaj tradukistoj, abundis aplaŭdoj. Ankaŭ Niko feliĉe aplaŭdis inter la ĉeestantoj...

Nun ŝi ploris. Ĝene, kontraŭvole. La unuan fojon Niko vidis ŝin plori. Jam dum pli ol jaro, — rakontis kun larmoj Marina, — dum pli ol jaro oni kaŝe observis lin, havantan unun el la unikaj manuskriptoj de "Arkipelago Gulag". Kaj ne nur lin, ankaŭ aliajn. La samaj oni nun devigis lin forlasi la landon.

En julia blua ĉielo, super la Jamburga preĝejo trankvile ŝvebis kolombaro. Cent kilometrojn for de ĉi tiu trankvilo, for de la silenta knabina ploro, en la polva sufoka urbego la stulta potenco estis okupata pri ruinigo de unu el la plej prudentaj literaturaj edukejoj. Ties gvidanto, pelita for el sia patrolando, flugis nun okcidenten per avio. Dumtempe estis barbare neniigitaj liaj libroj, la literaturaj esploraĵoj, havantaj nenian rilaton al la kaŭzo de lia forpelo. Cetere, nenion malhonestan li faris, subtenante la verkiston, kiun malamas la oficiala ŝtata maŝino. Sed, forpelinte sian malamaton, tiu maŝino fakte detruis aŭ vundis la sorton de ĉu ne ducent liaj lernantoj! Pro kio — bruligi la lernilojn — jen kion ne povis kompreni Niko.

Marina estis inter tiuj du centoj, sed ŝia malfeliĉo, ŝia doloro estis jen tie ĉi, apude, kaj ŝajnis la plej grava, la plej ofenda por Niko. Kion li devus diri por iom trankviligi ŝin?

- Marinka, — Niko tenere tuŝis ŝiajn harojn, — li ne mortis, ne pereis. Li revenos. Vi devas daŭrigi vian, kaj lian aferon!

- Kiu tion bezonas ĉi tie? — Singulte elspiris ŝi.

제7장

'자주 우리는 신문 지면의 기사에서, 또 강연이나 대화에서, 또 다른 곳에서 온전히 운동 용어를 언급해 왔습니다. 하지만, 아쉽게도, 때로는 그 용어들이 러시아어에 똑같은 낱말을 찾을 수 없는 경우도 있습니다. 그래서 나는 여기 아래에 일반적인 또 통일된 사용을 위해 받아들일 만한 몇 가지 대응 용어를 제안합니다.

소련에스페란티스토청년운동(SEJM)-Sovet molodjoĵniĥ esperantistskiĥ klubov SSSR:)
세계에스페란토협회(UEA) 지역대표-predstavitel Vsemirnoj Associacii Esperantistov
공식기관-partijnije, komsomolskije, profsojuznije, sovetskije instancii
E-강습(E-kurso)- kruĵok po izuĉeniju esperanto
동지(samideano)-tovariŝĉ..."
(<Aktuale>,197.년 9월호)

"-지역 신문인 "다르바스(Darbas)"(특히 편지교환과 아동그림 전시에 관해)가 쓴 '우호와 평화를 위해'라는 기사에서는 에스페란티스토가 하는 일을 언급했지만, '에스페란토'라는 낱말은 그곳에 실리지 않았습니다: 편집부 의견에 따라, 그 말이 실리지 않았다고 합니다."
-지역 신문 "레닌스코에 즈남야"에 '에스페란토' 문예란이 있는데, 그 속에서 에스페란토와 자멘호프를 비난하는 불쾌한 인상을 주는 글이 실렸습니다.
(소식지 "Kurte"에서)

그 학교의 친절한 여성 교감 선생님은 어떤 청년이 무료로 뭔가를 지도하러 온다는 것을 얼핏 들었기에 학생들을 대상으로 하는 무슨 모임인지도 크게 관심이 없었다. 니코의 이야기를 듣고, 그의 격려로 시작했던, 38명의 청소년 중에서 강습이 끝날 무렵에는 8명만 남았다, 하지만, -그들은 훌륭한 학생들이다! 연말에 니코는 이제 그 학생들의 학부모들을 알게 되었다; 그들은, 니코 선생님과의 만남이 있는 경우, 자기 자식들이 저녁에 방황하지 않고, 이 에스페란토 학습에 열중하고 있음을 보고서 만족해하고서는 -고맙습니다, 아주 고맙습니다 라고 -니코 선생님에게 정중히 고마움을 표시했다.

여름에는... 오, 여름에는 그 학부모들은 자기 자식이 "포스포릿"에서 한 달간 일할 수 있다 하니 더욱 놀랐다. 또 그렇게 아르바이트해서 번 돈으로 그들 자녀가 가정을 떠나 인근 에스토니아로 여행갈 수 있다고 하니 더욱 놀라워했다. 아, 얼마나 그해 여름은 아름다웠던가! 그들이 난생 처음 보고 좋아라 했던 그 바다하며, 니코 주변에서 서늘한 저녁 물보라 속에서 즐거이 뛰놀기도 했다. 그 저녁마다 불을 지핀 캠파이어, 평생 자신들이 처음으로 직접 만들어 먹었던 죽, 발틱 연안의 숲에서 따보기도 한 월귤나무, 귤나무와 나무딸기 열매들, 그리고 마지막 일정으로, 그 **에스페란토 나라**는- 매력적이고도, 수많은 감동을 준 **SEJT**[36] 행사였다. 그 여행에 참가했던 소년소녀 모두는 그해 방학이 끝나, 개학 때의 소감문 제출에서 그렇게 쓰고(아니, -즐거이 노래하고) 있었다. 그 교감 선생님은 니코에게 그 소감문들을 모두 보여주고는, 그 두 사람은 즐거이 그 찬사를 보내도 아깝지 않을 참가 학생들이 써놓은 진실된 체험을 읽어 갔다. 그렇게 배출된 첫 강습수료생들은, 그의 기쁨이자 자랑스러움인 동시에, 좀 더 나중에

---

36) 주: 소련에스페란티스토청년캠프

생길 동아리의 핵심 활동 멤버가 되었다,

 그런 적도 있었다. 어느 날, 에스페란토 강습생 중 여학생들은 선생님이 그 선생님의 여자친구인 올가를 학교에 오게 하자 질투를 약간 하기도 했다. 올가가 그들과 비슷한 또래의 아가씨인데도, 왜 올가가 그 여학생 아가씨들이 똑같이 존경하는, 공통의 니코를 자기 자신들보다 더 많은 만날 수 권리를 가져야 하는가 하면서 질투심을 보였다!? 그러나 그렇게 올가가 참석한 일주일 뒤에는, 올가가 나서서 협력적인 분위기를 만들어 준 덕택에, 온전한 질서를 다시 회복하게 되었다. 그러고 나서 좀 더 나중에는, 그 여학생들은 니코 선생님이 올가와 결혼식을 올릴 때, 유쾌하게 춤추고, 노래하고, "씁쓸해!"라고 외쳤다. 더 나중에는 사쉬카가, 우달로프가 서명한 당위원회 이름의 축하 편지와, 그 신랑신부를 위한 야금 공장의 선물을, -호화스런 크리스탈 꽃병을 -들고 그 결혼식에 참석했다. 아, 아름다운 날들이었으니!

 그 도시의 작은 규모의 신문에서도, '공산주의의 길'이라는 호화스런 제목 아래 발행되는, 그 기관의 무미건조한 기사와는 비교가 안 될 정도로, '토끼 같은 스테파쉬카가 전 세계와 소통하다'라는 기사로 그 동아리 활동을 열렬히 소개해 주었다. 그들의 휘장도 인쇄되었다: 가장 좋아하는 국영 텔레비전의 아동프로그램에 가슴에 영웅 같은 작은 별을 달고 토끼 같은 스테파쉬카가 소개되기도 했다. 동료이자 신문사 여기자(정말 니코도 한때는 아마추어 신문기자였다)에게 그와 같은 기사를 쓸 재료를 말해준 니코는, 그 기사로 인해 뭔가 낭패감을 당하리라고는 전혀 생각하지 않았다. 그런데 그 낭패감은 기다리지도 않았는데도 와버렸다.

 일주일 전, 니코는 레닌그라드에 사는 자신의 오랜 지인이자 유명 영화감독인 졸로타레프스키이에게 얌부르그에 와서 에스페란토에 대해 강연해 달라고 요청하였는데, 마침내 해주겠다는 답을 얻었다. 보쵸 졸로타레프스키이는 아무 댓가를 요구하지 않고, 다만, 적당한 호텔방이 있었으면, 또 그 초대가 적어도 어느 정도는 공무적 성격이었으면 하는 요구만 했다. 니코는 곧 사쉬카에게 달려갔다. -그는 우달로프에게 "포스포릿"의 이름으로 공식 초청장에 서명하여 주도록 요청했다. 그레닌그라드 영화감독이 정말 에스페란토에 대해서 뿐만 아니라 많은 이야기를 강연에서 해 주도록 요청했다.

-아-아, 가벼운 일이네! -사쉬카가 말했다. -여기에 백지가 있으니, 직접 타자기로 편지를 작성해 줘요. 내가 우달로프에게 가서 서명을 받아 줄께.

니코는 타자기 옆에 자리를 잡았다. 10분 뒤 사쉬카는 이미 준비된 편지를 들고 갔다. 그런데 곧장 그는 이상한 표정으로, 뭔가 좀 두려움 속에 돌아왔다.

-서명 안 해 주던데! - 그가 말했다. -정말 이해가 되지 않아. 정말로, 뭔가 벌어졌어. 그가 내게 한 말이 뭔지 알겠어? 그가 이렇게 말하더군. "우리에겐 사명을 전할 사람은 필요하지 않네!", 그리고... - 사쉬카가 잠시 가만히 있었다. 왜냐하면, 우달로프는 이 일이 중요하다면서, 집에 가면 사쉬카 아버지가 그 점을 사쉬카에게 따로 말해 줄거라고 했다.

-뭐라고 또? - 니코가 조급해하였다.

-...그리고... 그리고... 그리고 서명도 하지 않았어. -샤쉬카가 그 문장을 그렇게 마쳤다.

-그럼, 내가 직접 그에게 가볼게, -니코가 결정했다.

- 그러든지. 하지만 그는 당신을 받아들이지 않을 걸.

-내가 내일 그와의 면담시간에 가보겠어요. 그는 나의 면담 요청을 당연히 받아줘야 할 걸... 하지만, 무슨 일이 일어났는지 아는 것이 좋을 것 같아. 아니면 네 아빠에게 물어볼까?

사쉬카는 마치 질식당한 듯이 공기를 집어삼켰다.

-저기 분명한 것은... 내가 아버지께 여쭈어볼게. 큰 비밀이 아니라면.......

집에 갔더니, 사쉬카 아버지는 아들에게 질문조차 못하게 하고는 평소의 아버지 방식대로 "교육시간"을 받게 되어 버렸다. 사쉬카는 아들인 자신에게 퍼부어지는 강조와, 경고성의 교육에 대해 뭔가 대항해보려고 낑낑대며 시도해보았지만, 아버지가 덧붙이길, 사안에 따라서는 자기 자신조차도 이 일이 아들 사쉬카의 경력에 치명적인 문제를 만들 수 있을지도 모른다며, 그는 이 모든 것을 동의했다. 그 "교육시간"의 내용에 대해서는 니코에겐 알지 못하게 했다.

니코가 사쉬카를 통해 들을 수 있었던 것은, 그 **옵콤 (opkomo)**에서 그런 에스페란토 선전과 같은 강연은 추천할 만한 일이 못된다고 전화했다는 것만 알게 되었다.

우달로프는 니코를 기다리지 않은 것 같은 분위기였다. 하지만 보통 때의 과장스런 친절함은 이미 보이지 않고, 그의 눈길에서는 "활동적인 청년"을 향한 매력적인 관심도 보이지 않았다. 니코가 인사를 하자, 우달로프는 자신의 벗겨진 머리를 숙이고는, 입이 마른 채, 말을 꺼냈다.

-그래요, 니콜라이 그리고르예비치, 나는 자네가 필요한 것이 뭔지 알고 있어요. 자네 딸은 이제 몇 살이지요? -아흐, 미안, 아들이었지...그러니, 그 아이는 아마도 충분히 컸겠지요! 더구나, 자네는 우리의 행동가이거든요. 우린 자네를 위해 방 2개짜리 아파트를 제공하는 일을 도와야 합니다. 그런 아파트를 제공하는 일은 조합에서 하는 일이니, 공식업무이니 등록 순번이 있지요. 자네도 알지?. 하지만 당위원회는 못하지만.

-그 안건을 우리가 서명해 줄게요. 그건 도움이 될 겁니다.

그는 매끄럽게, 천천히, 하지만, 단숨에, 니코에게 대답 기회도 주지 않은 채로 말했다. 하지만 니코는 이 모든 것을 끝까지 침착하게 들으려고 자신을 잘 지탱했다.

-알렉세이 필리포비치, 저는 당신에게 개인 용무로 오지 않았습니다. 저는 우리의 국제우호클럽에 대해 말씀드리려고 왔습니다. 마침내 니코가 말했다.

-나는, 오늘은, 사적 질문이 필요한 사람들을 면담하려고 시간을 내고 있어요.

아주 진지한 표정으로 알렉세이 필리포비치가 강조했다.

-내일 내가 시간 내어 볼게요, 자네 클럽에 대해서는 내일 우리가 대화합시다.

-알렉세이 필리포비치. 니코가 끈질기게 말했다.

-저도 당원입니다. 그러니 나는 어느 때라도 당위원회에 들어와서, 말할 권리가 있습니다. 제 일은 많은 사람에게도 중요하지만, 제가 당신에게서 시간을 많이 뺏지도 않아요.

-아흐, 현대적인 청년들이네!

그 당지도자(위원회대표)는 목소리를 높였다. 배우가 자신의 어깨를 들고, 자신의 두 눈을 천장에 매달린 상드리에의 크리스탈에 달린 방울방울을 일일이 보며 말하듯이 목청을 높였다.

- 정말 자네 외에도 맞이해야 할 손님들이 있다구요. 그들은 저 문밖에서 기다리고 있어요. 개인 질문도 있고, 중요한 질문도 있지요, 안 그런가요?

-아무도 기다리지 않거든요, 알렉세이 필리포비치, 전혀 아무도 없다구요, 니코가 온전히 믿음이 가도록 알려주었다.

-그건 어떻게? 멋진 말이네, 멋진 말이군요... 그럼, 내 말을 들어 봐요, 니콜라이 고리고르예비치. 자네는 아직 젊어요. 자네는 당원이구요, 자네는 우리 당의 정관을 학습하기도 했구요. 자네는 알고 있어요, 혹은, 자네는 민주적 중앙주의의 원칙, 즉 우리 당의 주요 조직원칙인 민주적 중앙주의의 원칙도

알아야할 의무가 있어요.

-하지만 그게 무슨 연관성이...

우달로프가 달콤하게 말하는 동안, 니코가 말을 꺼냈다.

-내 말 들어 봐요, 들어보라니까, 자네에게 이 모든 것을 기억하게 할 겁니다! 이 원칙에 따르면, 자네는 당의 규율을 받아들여야만 합니다. 당의 최고기관들이 이미 받아들인 결정을 자네는 완수하기만 하면 됩니다. 안 그런가요? 내 말 중간에 끼어들지 말아요! 그러니, 레닌그라드의 **옵코모**는 그 인조어 에스페란토에 너무 많은 관심을 갖는 걸 동의하지 않았습니다.

-저는 그 문건을 본 적이 없습니다. 니코가 평화롭게 말했다.

- 당신은 그것을 보여줄 수 있나요?

-모든 당의 서류라고 뭐든 아무나에게 제시될 필요는 없는 법이네요. 내부의 사용을 위해서 비밀문건으로만 존재합니다. 더구나, 자네는 내 말을 지금 믿지 않는군요? 그래요, 동무, 자네가 유용한 일도 많이 한 걸 압니다. 그래요, 자네가 에스페란토를 이용해서 그 클럽이 소비에트 공화국의 새로운 평화를 위한 시도를 잘 선전했다고 보고 받기도 했어요. 그건 정말 잘한 일이네! 자네가 자본주의 질서의 억압과 비교될 정도로 우리 시민들을 위한 우리 사회의 정의로운 장점들을 자네와 외국에 편지 교환하는 이들에게 이야기하고 있다고 들었어요. 잘 한 일이구요. 하지만 외국 사람들도 자네와, 자네 클럽의 회원들에게 그들 자신의 삶을 이야기하고 있네. 자네는 외국에 가 본 적이 있나? 아니지. 자네는 그곳에 있지 않았지. 그럼 자네는 그것을 어찌 비교할까요? 자네 클럽의 회원들도 그곳에 가 본 적이 없으니... 젊은이, 내 말을 믿어요, 자본주의 사회가 만들어 놓은 가짜의 장식물들이 여러분을, 경험 없는 여러분을 유혹할 수 있다구. 더구나 오늘날, 소위 말해 배교자들이 생겼어요. 자네도 그에 대해 기사를 읽었지요? 내

말을 중간에 끊지 마세요. 그들은 여우처럼 조국을 증오하니, 그들은 매국노이라구요. 예를 들어, 전쟁기간에는 솔제니친이 게쉬타포와 협력하기도 했다구요.

-그런 말을 저는 들어본 적이 없습니다.

니코가 자리에서 일어났다.

-그런데 무슨 연관성을...

-단도직입적으로 말해 볼까요, 동무! 에스페란토는 우리 사회의 입장에서 보면 시대에 뒤떨어지고 불필요한 것입니다. 아쉽게도 우리를 에워싸고 있는 것은, 적의 악의적인 힘입니다! 하지만 자네의 국제우호클럽은... 그게 기능은 하지요. 자네는 우리나라 친구들과도 서신교환을 할 수 있습니다. 하지만, 자네의 주요 임무는... 우리 야금 공장에는 32개 민족의 대표자들이 와서 일하고 있다는 점을 알지요? 그들을 모아요. 그들에게 국제주의와, 소련에서의 자유로운 민족들의 번영을 가르쳐주세요. 그게 주요 임무입니다.

-우리 클럽엔 참여자들의 민족성에 상관없이 누구나 원하는 사람이라면 들어올 수 있습니다. 우리는 코카서스 민족, 러시아민족, 우크라이나민족, 에스토니아민족, 히브리민족을 구성원으로 하고 있습니다... 어느 민족성을 가진 것인지는 중요하지 않습니다.

-우리 모두는 그럼에도 친구처럼 잘 지내고 있습니다.

-하지만, 자네 모두는 이미 공통어를, 즉, 러시아어 말입니다. 우린 이 러시아어를 갖고 있다구요. 그걸 자네의 그 우호적인 모임에서도 사용하세요.

-우리를 하나로 모은 것은, 이름하여, 에스페란토라는 것입니다, 알렉세이 필리포비치!

-내가 자네에게 되풀이해 말하고 싶은 것은, 우리 소비에트 인민들을 하나로 만드는 것은 우리 국어인 러시아어입니다!

자네는 이런 이야기를 생각해보지 않았나요? 에스페란토를 가르치면서 자네가 러시아어 역할을 수치스럽게 여기는 것 아닌가요?

-오해입니다! 에스페란토를 잘 배우면 러시아어를 더 잘 활용하게 됩니다, 또 다른 모든 외국어 학습도 더 쉽게 합니다. 그것은 전적으로 여러 언어에 흥미를 가져다줍니다! 그렇다구요!

-자넨 너무 거만하군요, 니콜라이! 우린 이젠 그 토론을 중단합시다. 자네 클럽은 계속 업무를 추진하세요. 우리가 그 클럽을 중단시킬 계획은 없습니다. 조합에 도움도 요청하세요. 그들의 일입니다. 하지만, 당원으로서 자네는 이 모든 것에 책임을 져야 함은 기억하세요. 첫 단추가 잘못된 일이면, 개인적으로 다음 일도 더욱 잘못된다는 것을 기억해 주길 바래요!

-저는 그런 일엔 대답할 준비가 되었어요, 감사합니다.- 니코가 대답하고는 밖으로 나갔다.

-거만한 청년이군! -우달로프는 재킷호주머니에서 손수건을 꺼내 머리가 벗겨진 부분을 닦았다. -가족명(성명 중 성)도 타타르 민족과 비슷하네...

그는 **신디코모(sindikomo)**에게 전화를 걸려고 전화기 버튼을 눌렀다:

-아파나시이 마트베에비치, 멋진 친구... 어떤 이유인지 모르지만, 당신 목소리가 오늘은 내 맘에 들지 않네요... 코의 염증 때문인가? 자, 내가 추측해 내는데 성공했지요! 그러니, 6시 넘겨서 우리가 잘 가는 사우나에 와요, 내가 당신을 좀 치료해 줄께요... 그래요, 200그램도 쓸모없지 않아요. 그리고 할 이야기도 좀 있어요, 흥미로운 주제가 있어요. 에스페란토에 대해...

ĈAPITRO VII

"Ofte ni surpaĝe de ĵurnaloj, en prelegoj, konversacioj kaj aliloke mencias pure movadajn terminojn. Bedaŭrinde, fojfoje por ili estas donataj netrafaj rusaj ekvivalentoj, kio ne utilas por nia afero. Ĉi-sube mi proponas kelkajn akceptindajn ekvivalentojn por ĝenerala kaj unueca uzado:

Sovetia Esperantista Junulara Movado (SEJM) — Sovet molodjoĵniĥ esperantistskiĥ klubov SSSR;

delegito de UEA — predstavitel Vsemirnoj Associacii Esperantistov;

oficialaj instancoj — partijnije, komsomolskije, profsojuznije, sovetskije instancii;

E-kurso — kruĵok po izuĉeniju esperanto;

samideano — tovariŝĉ..."

(Aktuale — 9—197...)

"— Pri la laboro de esperantistoj en la artikolo "Por amikeco kaj paco" skribis la loka ĵurnalo "Darbas" (speciale pri korespondado kaj ekspozicio de infandesegnaĵoj). La vorto "esperanto" tie mankas; laŭ

- 126 -

la redakcio, oni ne rekomendas ĝin uzi.

— Felietono "Esperanto" kun krudaj kalumnioj kontraŭ E. kaj Zamenhof aperis en la distrikta ĵurnalo "Leninskoje znamja".

(El la informilo "Kurte")

Afabla vicdirektoro de la lernejo apenaŭ kredis, ke venis jen junulo por senpage gvidi ian, ŝi eĉ ne interesiĝis kian, rondeton por lernejanoj. El trideko da adoleskuloj, agititaj de Niko, al fino de la kurso restis nur ok, tamen — bonegaj geknaboj! Jarfine Niko jam konis ĉies gepatrojn; tiuj, ĝentile salutante lin ĉe renkontoj, kontentis, ke iliaj infanoj ne vagadas dum vesperoj, sed okupiĝas pri la afero — dankon, multajn dankojn!

Somere... ho, somere la gepatroj miris eĉ pli, kiam la infanaro eklaboris por monato en "Fosforit" kaj, je la mono perlaborita, forvojaĝis el la hejmo al la proksima Estonio. Ahh, kia somero ĝi estis! La maro, kiun ili unuafoje ekvidis kaj ekĝuis, rave saltante ĉirkaŭ Niko en varmeta vespera ondaro. La fajraj vesperoj, la kaĉo, kuirita memstare la unuan fojon en la vivo. La paŝtado tra helaj ĉebaltaj arbaroj, plenaj da nuksoj, vakcinio, mirtelo kaj frambo. Kaj finitinere, la Esperantujo — rava, multimpresa SEJT. Ĝin ĉiu el la geknaboj priskribis (ne — prikantis!) en la postferiaj ekstemporaloj. La vicdirektorino montris tiujn al Niko, kaj ili kun plezuro legis la admirindajn infanajn sincerajôjn. Tiuj unuaj kursfinintoj, lia ĝojo kaj fiero, iĝis kerno de la klubo, aperinta iom poste.

Jes, la knabinoj iom ĵaluzis, kiam li venigis Olga. Ŝi ŝajnis samaĝulino egala al ili, kial do ŝi havu pli da rajtoj je ilia komuna Niko!? Post semajno ĉio denove venis al plena ordo, dank'al konforma konduto de Olga. Ankoraŭ iom poste la infanoj gaje dancis, kantis, kriis "Amare!" en la edziĝfesto. Ankaŭ Saŝka ĉeestis, alportinta gratulleteron de la partia komitato, subskribitan de Udalov, kaj uzinan donacon por la novgeedzoj — luksan kristalan vazon. Ehh, belaj tagoj estis!

Eĉ la urba ĵurnaleto, tute senviva kompare al tiu instituta, aperanta sub pompa titolo "La vojo al komunismo", reeĥis pri agado de la klubo per artikolo "Leporeto Stepaŝka parolas kun tutmondo", Presita estis eĉ ilia emblemo: la heroo de la plej ŝatata porinfana televida programo, leporeto Stepaŝka kun steleto surbruste. Rakontinte ĉion al la kolego-ĵurnalistino (ja ankaŭ li iam amatoris), Niko neniel atendis ian plagon pro tiu artikolaĉo. La plago, do, venis neatendita.

Antaŭ semajno Niko finfine konvinkis sian antikvan konatulon, fametan leningradan filmreĝisoron Zolotarevskij, prelegi pri Esperanto en Jamburg. Boĉjo Zolotarevskij postulis nenian pagon, nur ke estu oportuna hotelĉambro kaj la invito estu almenaŭ duone oficiala. Niko tuj kuris al Saŝka — li petu Udalov-on subskribi oficialan invitleteron de "Fosforit". Ja ne nur pri Esperanto povus prelegi la leningrada gasto.

— A-a, bagatelo! — diris Saŝka. — Jen la blankfolio, tajpu la leteron mem. Mi iros al Udalov por subskribi.

Niko instaliĝis ĉe tajpilo, kaj post dek minutoj Saŝka jam portis pretan leteron. Revenis li preskaŭ tuj, strangmiena, eĉ iom timigita.

Ne subskribis! — diris li. — Nekompreneble. Verŝajne, io okazis. Ĉu vi scias, kion li diris al mi? Li diris: "Misiistojn ni ne bezonas!", kaj... — Saŝka eksilentis, ĉar Udalov ankaŭ diris, ke la afero estas serioza, kaj ke la patro parolos kun Saŝka pri ĝi hejme.

- Kion kaj? — senpaciencis Niko.

- ...kaj... kaj... kaj ne subskribis. — Finis la frazon Saŝka.

- Do, mi mem iros al li, — decidis Niko.

- Provu. Sed li vin ne akceptos.

- Mi iros morgaŭ dum liaj akceptohoroj. Li devos min akcepti... Tamen, bonus ekscii, kio okazis. Ĉu pere de via paĉjo?

Saŝka englutis aeron, kvazaŭ sufokiĝante:

— Nu certe... Mi demandos. Se ne estas granda sekreto...

Hejme eĉ sen demandoj li ricevis "edukhoron", kiel ŝatis diri la paĉjo. Saŝka provis ion jelpeti kontraŭ la asertoj kaj avertoj, fluantaj torente al li, sed, kiam la paĉjo aldonis, ke aliokaze eĉ li ne sukcesos savi la karieron de Saŝka, tiu konsentis pri ĉio. Tiu "edukhoro" restis ekster scio de Niko: li nur sukcesis eltiri el Saŝka, ke la obkomo telefonis, malrekomendinte propagandi Esperanton.

Udalov kvazaŭ atendis Nikon. Sed jam mankis la troa afablo kaj ravo pri "aktiva junulo" en lia rigardo. Post saluto de Niko li ekparolis sekete, klininte la kalvaĵon:

— Jes, Nikolaj Grigorjeviĉ, mi scias pri viaj bezonoj. Kiom da jaroj havas via filino? — ahh, pardonu, filo...

Nu, jen kia li jam estas granda! Certe, vi estas nia aktivulo kaj ni devas helpi al vi per duĉambra apartamento. Sed apartamentojn prizorgas la sindikata komitato, tie estas oficiale registrita vico, ĉu vi scias? La partia komitato ne povas, — sed la karakterizon ni certe subskribos. Tio helpos.

Li parolis glate, malrapide, sed senpaŭze, ne donante al Niko eĉ momenton por respondi. Tamen Niko igis sin finaŭskulti ĉion trankvile.

- Aleksej Filippoviĉ, mi venis al vi ne kun privata afero. Mi volus paroli pri nia klubo de internacia amikeco, — diris li fine.

- Mi akceptas hodiaŭ nur la homojn kun privataj demandoj, — gravmiene prononcis Aleksej Filippoviĉ, — afablu trovi min morgaŭ, kaj ni parolos pri via klubo.

- Aleksej Filippoviĉ, —insistis Niko, — ankaŭ mi estas komunisto, do mi rajtas veni en la partian komitaton iam ajn. Mia afero estas grava por multaj, sed la tempon prenos de vi ne multan.

- Ahh, tiu nuntempa junularo! — altigis voĉon la partiestro, aktore levante la brakojn kaj la okulojn al kristalaj gutoj de lustro. — Ja krom vi estas la vizitantoj. Ili atendas trans la pordo. Kun personaj, sed ankaŭ gravaj demandoj, ĉu ne?

- Neniu atendas, Aleksej Filippoviĉ, absolute neniu, — plenkonfide informis Niko.

- Jen tiel? Ĉarme, ĉarme... Do, aŭskultu min, Nikolaj Grigorjeviĉ. Vi estas ankoraŭ juna. Via tamen estas komunisto kaj vi studis la statuton de nia partio. Vi konas, aŭ almenaŭ devas esti konata kun la principo de demokratia centralismo, la ĉefa organiza principo de la partio, ĉu ne?

- Sed kian rilaton... — komencis Niko, dum Udalov daŭrigis dolĉe:
- Aŭskultu, aŭskultu, mi ĉion memorigos al vi! Laŭ tiu ĉi principo vi devas obei la partian disciplinon. Vi devas plenumi la jam akceptitajn decidojn de superaj partiaj instancoj, ĉu ne? Ne interrompu min! Do, Leningrada obkomo ne aprobas troan intereson al la artefarita lingvo Esperanto.

- Mi ne vidis tiun dokumenton, — diris Niko pace. — Ĉu vi povas montri?

- Ne ĉiuj partiaj dokumentoj estas montreblaj; ekzistas ankaŭ sekretaj, por interna uzo. Cetere, ĉu vi ne kredas al mi? Jes, kara mia, vi faras ankaŭ utilajn aferojn. Jen, vi raportas, ke per Esperanto la klubo propagandis novajn porpacajn iniciatojn de la soveta ŝtato. Belege! Vi rakontas al viaj eksterlandaj korespondamikoj pri la avantaĝoj de nia justa socio por niaj civitanoj kompare al subpremo de la kapitalisma ordo. Bone. Sed ankaŭ eksterlandanoj rakontas al vi kaj al viaj klubanoj pri sia vivo. Ĉu vi estis eksterlande? Ne, vi ne estis tie. Kion vi povas kompari? Ankaŭ viaj klubanoj ne estis... Kredu min, junulo, la falsaj ornamaĵoj de kapitalisma socio povas delogi vin, nespertajn. Des pli, nuntempe aperis tiel nomataj disidentoj — ĉu vi legis pri tiuj? Ne interrompu. Ili lupe malamas la patrolandon, ili estas perfiduloj. Ekzemple, Solĵenicin dum la milito kunlaboris kun Gestapo!

- Jen tion mi ne aŭdis, — leviĝis Niko, — sed kian rilaton...

- La plej rektan, kara mia! Esperanto estas antaŭtempa kaj malutila por nia socio. Bedaŭrinde, nin ĉirkaŭas malamikaj potencoj! Sed via klubo de internacia amikeco... ĝi funkciu. Vi povas korespondi en Esperanto kun amikoj de nia ŝtato. Sed la ĉefa via tasko... Ĉu vi scias, ke en nia uzino laboras reprezentantoj de tridek du nacioj? Kolektu ilin. Instruu al ili internaciismon kaj la disfloron de la liberaj nacioj en Soveta Unio. Jen la ĉefa tasko.

- En nian klubon venas ĉiu deziranto, sendepende de nacieco. Ni havas kartvelojn, rusojn, ukrainojn, estonojn, hebreojn... Ne gravas nacieco — ĉiuj ni amikas!

- Sed vi ĉiuj jam havas komunan lingvon — la rusan. Uzu ĝin por viaj amikaj kunvenoj.

- Nin kunigis nome Esperanto, Aleksej Filippoviĉ!

- Mi ripetas al vi, ke nian sovetian popolon unuigas nia ŝtata lingvo! Ĉu vi ne pensis pri jeno: instruante vian Esperanton vi humiligas rolon de la rusa?

- Miskompreno! Studado de Esperanto ĝuste plibonigas posedon de la rusa, ankaŭ faciligas studadon de ĉiuj fremdaj lingvoj. Ĝi vekas intereson al lingvoj entute! Jen!

- Tro aroga vi estas, Nikolaj! Ni ĉesu tiun diskutadon. Via klubo laboru, ni ne planas fermi ĝin. Helpon petu de la sindikato — estas ilia sfero. Sed memoru: vi, kiel komunisto, respondecas pri ĉio. La unua malagrabla okazo portos tre gravajn sekvojn por vi persone!

— Mi pretas respondeci, dankon, — respondis Niko kaj eliris.

- Aroga bubo! — Udalov prenis naztukon el jakpoŝo, viŝis la kalvaĵon. — Ankaŭ la familinomo similas tataran... — li premis la butonon por sindikomo:

- Afanasij Matvejeviĉ, karulo... ial voĉo via ne plaĉas al mi hodiaŭ... ĉu nazkataro? Jen, mi divenis! do, aperu post la sesa en nia saŭno, mi vin kuracos... jes, ankaŭ ducent gramoj ne malutilos. Kaj por babileti estas interesa temo — pri Esperanto...

제8장

"......제 의견은, 우리 에스페란토클럽의 성공은, 거의 모든 공식기관들 측으로부터의 지원은, 심지어 지역당 위원회로부터의 지원은, 원칙적으로 이런 이유 때문입니다. 즉, 우리가 이렇게 지원하는 것이 **국제우호에스페란토클럽(EKIA)**이라는 단체를 소개하는 것이지, 우리 클럽이 에스페란토 어를 보급하고 있음을 선전하는 게 아닙니다. (물론, 그럼에도 우리는 그것을 합니다. 왜냐하면, 에스페란토의 사용 없이는 우리 클럽이 기능을 제대로 할 수 없기 때문입니다.). 공무원들은 우리가 그 언어에 종사하고 있음을 알지만, 그걸 반대하지 않는 것은, 그 공무원들은 우리가 우리의 언어지식을 개선해야만 하고, 우리 차례들을 더 많이 해야 함을 알고 있기 때문입니다.

그 때문에 저는, 모든 에스페란토클럽이 공무원들을 위해서는 EKIA와 같은 형식의 이름만 쓰기를, 제안합니다. 왜냐하면, 단체 이름 중에 우리의 "두 개의 연결된, 단순한(para)" 이름 -에스페란토클럽- 은 공무원들에겐 자주 이해되지 않고, 맘에 들지 않습니다. 따라서 제 의견으로 보면, 그 쬐그만 재치를 활용하면 크게 도움이 될 겁니다."
(<Aktuale>, 197.년, 8월호)

"... 우리는 공식기관들과 좋은 관계를 유지하고 있습니다; 우리가 클럽의 업무 계획을 세울 때, 우리는 늘 콤소몰의 옵콤과, 또 콤소몰의 시위원회의 비서와 접촉해 왔습니다. 우리 클럽에는 "지식"이라는 사회단체에서, 또 공식기관들에서 파견된 강연자들이 자주 방문합니다: 그 사람들이 와서는 우리에게 정치적 안정성에 대해, 외국 청년들의 평화를 위한 투쟁에 대해 이야기합니다......"

(<Aktuale>, 197.년, 6월호)

-안녕하세요, 마리나 르보프나 학생. 마리나 학생을 이미 오래 전부터 여기저기 찾고 있었어요. 학장님이 마리나 학생을 학장실에 왔다 가길 요청합니다. 그래요, 가능하면 지금요.

몇 번, 마리나는 그 아주 큰 학장실에 가본 적이 있었다. 그 대형 학장실에는, 커튼이 햇살을 좀 가려주고, 선풍기들이 안정적으로 서늘한 바람을 가져다주고, 이사회와 같은 회의를 할 수 있는 7미터 짜리 긴 탁자가 비치되어 있다. 그 학장의 책상 위 네다섯 대의 회색전화기와 백색 전화기가 마치 초록의 길로 연결되어 있었다. 그러나 그 전화기들은 한 번도 소리를 내지 않았다. 왜냐하면, 외부로부터의 모든 연결을 옆방의 여비서가 받아주고 있기 때문이다. 그 여비서의 목소리는 때로는 사무책상 아래 어딘가에서 달그락거림이 있고 난 뒤, 목소리가 들려왔다: "아나톨리이 미카일로비치 학장님, **옵콤**의 전화입니다!", - 혹은: "세르야긴이 학장님을 찾고 있습니다!" 그러면 그 사무책상의 주인인 학장은, 깡마르고 좀 벗겨진 머리의, 쉰 살의 나이로, 참석자들에게 "미안합니다"라고 말하고는, 그 수화기들 중에 이것 또는 저것을 집어든다. "필라토프가 듣고 있습니다", -언제나 그는 아무 뉘앙스 없이 분명히 말하고는, 한편으로 그의 볼록한 회색 두 눈은 그 테이블 길을 따라 끝까지 갔다.

이번에 그 학장은 자신의 자리에 있었다: 옆에는 친절하게 살짝 웃고 있는, 낯선 남자 한 사람이 앉아 있었다. 그 학장은 마치 낯설고, 더 높은 직급의 위원회에 자신이 출석해 있는 것처럼 좀 당황해 하는 모습이었다.

-아하, 여기 해당 학생이 왔습니다,

-저 학생이 마예르입니다! 마리나 르보프나... 여기는 -동무...

세디크 동무입니다. 이분께서 우리 학생과 대화를 좀 했으면 합니다... 그럼, 저는 두 분이 여기서 대화하도록 하고...아무 방해도 하지 않을 겁니다.

-저희 여비서에게도 그렇게 지도해 놓겠습니다.

-고맙습니다, 아나톨리이 미카일로비치, 친절하게 그 세디크 동무가 자신의 넥타이를 고쳐 매면서 대답했다.

-30분 이상은 제가 학장님을 불편하게 하지는 않겠습니다. 분명히, 학장님도 참석할 권한이 있습니다...

-미안합니다, 미안합니다... 방금 로만어 강단에서 방금 회의가 시작되었습니다. 저는 그곳에 참석해야만 합니다. -그 학장은 친절하게 고개를 한 번 숙이고는 그 학장실을 나갔다.

-그럼, 앉으세요, 마리나 르보프나, -그 낯선 사람이 맞은편 의자를 가리켰다. 그는 아주 친절하고 상냥해서, 뭔가 봉사할 준비가 되어 있는 것처럼 보였다. -마리나 학생은 좀 피곤하게 보이는요, 무슨 문제라도 있나요? 내가 학생을 그렇게 불러도 되겠지요? 나이가 좀 더 많다는 그런 권리로......

-그리 관심을 가져 주시니 감사합니다. 그녀는 자리에 앉고서 대답했다.

-제겐 풀리지 않는 문제는 없습니다. 그런데, 아마도- 시험 때문에. 부성(父性)으로 저를 부르셔도 됩니다. 교수들 사회에서는 보통 그리 부릅니다. 그런데, 제가 어떤 분과 이야기하는지는 알고 싶습니다만...

-아하, 용서하십시오! 내가 그 점을 즉시 했어야 했군요. 그럼, 내 소개를 하겠습니다. 국가보안국 소속의 중령 세디크 콘스탄틴 세르게에비치입니다. 마리나 르보프나, 당신을, 우리가 분명히 오라고 할 수도 있지만, 우리에게 말입니다. 하지만, 내가 직접 여기로 오는 것이 당신이 이해하는데 맞겠다 싶어 그렇게 결정했습니다. 우리 대화가 심문은 아닙니다. 간

단한 대화입니다.

-제가 국가안전국 소속의 중령과 무슨 주제로 대화를 할 수 있는지를 이해할 수 없습니다. 긴장한 마리나가 대답했다.

-이야기할 주제야 많지만, 내 말을 믿어주세요. 당신은 다양한 분야에서 흥미 있는, 지적이고도 고급 지식을 갖춘 여성입니다. 이 기회에, 기쁘게도, 내가 많은 일에서 당신 의견을 듣게 되겠습니다. 그래서, 당신이, 말하자면, 국제어 에스페란토에 관심이 있다고 나는 알고 있습니다. 따라서 당신은 언어학자이니, 그런 당신의 관심은 당연합니다. 우리 청년 중에 일부가 에스페란토를 배워, 여름에 아무렇게나 조직된 캠프장에서 회합을 가지기도 있다는 것도 압니다. 그들이 우리의 전국청년조직인 **콤소몰**의 관심을 벗어나 활동하고 있다는 점도 주목해 주십시오. 만일 그들이 언어학자들이 아닌데도, 왜 그들이 한 곳에 모여서 활동하나요? 우리 레닌그라드 지역에서조차도 얼마 전에 그런 회합이 열렸습니다. 마리나, 당신도 그곳에 참석했지요?

-예, 저도 참석했습니다. 하지만, 그곳의 콤소몰 지도자들이 그 조직을 돕는 것을 간단히 거부했다고 나는 알고 있습니다.

-그게 정말인가요? 아흐, 우리 청년지도자들은 합리적인 결정을 늘 받아들이지는 않는군요... 그런데, 보세요, 그 캠핑 행사에 다양한 사람들이 모입니다. 많은 사람들이 외국과 편지교환을 하고 있지만, 그들이 거짓과 진실을 구분할 능력을 늘 갖추고 있다고는 볼 수 없습니다; 서방에 사는 외국 사람들이 우리나라에 관해 말하는 수많은 것이, 말도 안 되는 거짓말입니다. 의도적이지 않지만 우리 청년 중에 어떤 청년은 그 제국주의 선전을 진실인냥 받아들이고는. 그 점을 자기 친구들에게 퍼뜨리고 있다고 나는 믿고 있습니다. 분명히. 당신도 그 캠프 행사장에서 유사한 말이 나오는 것을 들었지요?

-아뇨, 나는 그곳에서 그런 비슷한 말을 들어 본 적이 없습니다.

-당신은, 나와 함께 대화하면서 완전히 진지하지 않네요, 마리나 르보프나, 우리는 우리나라의 질서에 대해, 또한 우리의 선의에 대해 관심을 갖고 있습니다. 모든 정직한 시민이라면 우리를 도와야만 합니다. 우리는 정말 자본주의를 옹호하는, 그런 중상비방을 퍼뜨리는 자들을 잡아들이지 않습니다, 감옥으로도 보내지 않습니다. 우리는 예방 업무만 수행합니다: 대화를 하고, 설명을 하고, 경고를 하고 있습니다......

-정말로, 당신은 저의 진지함을 의심하고 있는 다른 정직한 시민들을 알고 있나 보네요.

-그렇습니다. 마리나 르보프나, 나를 돕는 사람들이 많지요. 그리고 생각해 보세요, 온전히 자발적으로. 하지만, 우리는 에스페란티스토들에 관한 주제에 대해선 그 정도만 하지요...... 우리는 다른 대화를 합시다. 예를 들면, 문학에 대해서요. 그것이 더 유익한 주제이겠지요.

-문학에도 당신은 관심을 가지고 있나요?

-그럼 안 되나요? 최근에 전 세계가 우리 문학에 관심을 갖고 있습니다. 정말이지요. 그것을 입증하게 해주는 것이, 적어도, 노벨상 수상자들 중 몇 명은 러시아사람들이라는 것입니다. 당신은, 의심의 여지없이, 그분들을 알고 있지요. 예를 들어, 파스테르나크37), 숄로코프38)- 모두가 거장이지요! 당신은

---

37) 역주: 보리스 파스테르나크(1890-1960)는 국제적인 베스트셀러가 된 소설 『의사 지바고』로 1958년도 노벨 문학상 수상자로 결정되자 소련 내에서 커다란 반대가 야기되어 수상을 거부한 작가이다.1913년 첫 번째 시집을 낸 이후 『장벽을 넘어서』(1917), 『누이, 나의 삶』(1922)을 출간하면서 역량 있는 신인 서정시인으로 주목받았다. 그러나 1933~43년의 작품은 사회주의 리얼리즘과는 거리가 있어 출판하지 못했다. 1956년 모스크바의 월간지에 소설 〈의사 지바고〉를 기고했으나 "10월 혁명과 혁명의 주역인 인민, 소련의 사회건설을 중상했다"는 비방과 함께 거부당했다. 1957년 이 소설은 이탈리아의 출판사를 통해 서유럽에 알려지게 되었고, 영역본이 출간된 1958년에는 18개 국어로 번역되었다. 노벨

『의사 지바고』를 읽어 봤지요?

-애석하게도 아직은 아닙니다. 파스테르나크의 시는 몇 편을요. 『의사 지바고』는 제가 찾을 수가 없었어요. 그런데 내가 그걸 지금 듣고 있네요...

-그래요.....아직 못 읽었다니 안타깝군요. 지금 그 새로 수상자가 된 알렉산드르 솔제니친이 있습니다. 당신은 그의 작품 중 뭔가를 읽었지요?

-우리는 지난 수십 년간 발행되어 온 <노브이 미르>39)를 구독해 왔어요. "이반 데니소비치의 하루"는 그 안에 있습니다. 1956년도 1년 합본호에서 말입니다. 나는 그것을 읽었습니다.

-그렇군요. 그가 꾸준한 관심을 갖는 주제입니다. 그는 수용소 외에는 거의 아무것도 모르는 것처럼 행동하고 있습니다. 마치 더 나은 것이, 더 활력적인 생기있는 뭔가가 우리 역사

상 수상 소식이 알려지자 소련에서는 파스테르나크 탄핵운동이 일어났고 작가동맹에서 제명되었다. 1987년에 사후 복권되었다.
(출처:http://100.daum.net/encyclopedia/view/b23p0815a)

38) 역주: 미하일 쇼콜로프(1905~1984)는 돈 강 중류 지역의 작은 마을에서 태어났다. 볼셰비키 혁명과 내전으로 인해 학업을 마치지 못하고 교사, 회계원, 사무원, 저널리스트로 일하다가 1922년에 모스크바로 가서 주택 관리부 회계원이 되었다. 독학으로 문학을 공부하여, 1923년 9월 19일자 <청년 프라브다>에 소품 「시험」을 처음으로 발표했다. 1925년에는 「배냇점」을 비롯하여 자기가 태어난 돈 강 유역을 배경으로 주로 내전의 비극을 다룬 단편들을 발표했다. 그 후 1차 세계대전, 볼셰비키 혁명, 내전에 휩쓸린 돈 강 카자크들의 비극적인 운명을 그린 4부작 <고요한 돈 강>(1928-1940)과 볼셰비키 혁명 이후 농촌의 집단화 과정을 그린 <개간된 처녀지>(1932~1960)를 완성했다. 2차 세계대전 중에는 종군 기자로 전선을 누비면서 많은 기사를 썼고, 이때의 경험으로 르포 소설 <그들은 조국을 위해 싸웠다>(1943~1969)와 <인간의 운명>(1957)을 썼다. 1965년에 <고요한 돈 강>으로 노벨 문학상을 수상했다. 1932년 이후 공산당원이 된 숄로호프는 현실 정치에서도 큰 영향력을 행사했으며, 1984년 암으로 사망했다.
(출처:http://blog.aladin.co.kr/Cronicle/@15314)

39) 역주: <신세계>라는 소련의 진보적 문학지. 1962년 11월 솔제니친의 작품 『이반 데니소비치의 하루』가 출간되었다.

에는 없는 것처럼 말입니다……하지만, 정말 당신은 그것 말고 다른 것은 읽지 않았나요? 이상하군요. 나는 당신 친구가 당신에게 뭔가를 준 걸로 알고 있는데요...

-무슨 친구를 말하는지 제겐 이해가 되지 않습니다.

-나는 당신의 그 멀리 가버린 친구를, 당신의 연구지도자를 말합니다. 정말 당신은 친하게 지냈더군요. 그가 당신 집도 자주 방문했구요. 안 그런가요?

-그럼, 당신은 나를 몰래 살펴보고 있었나요? 무슨 이유지요?!

-당신을 사찰한 것이 아닙니다. 마리나 르보프나, 침착해 주세요. 그 사람을요. 우리는 그 점을 사찰해야만 합니다. 악의적인 반공주의자 솔제니친을 도와준 그의 행동이, 국가의 입장에서 보면, 그를 위험 인물로 만들어 버렸습니다.

　회의실의 상쾌하고 다정한 냉기 속에서 마리나는 내부적으로는 갑작스런, 물결처럼 닥쳐온 뜨거움을 느끼기 시작했다. 그 뜨거운 기운은 그녀 얼굴에 흘러 와, 손가락들을 떨게 만들었다. 그녀는 무릎 위에 두 손을 꽉 쥐고는 날카롭게 대답했지만, 거의 평정심으로 말했다.

-당신의 염려 덕분에, 이 나라는, 당연하게도, 아무 위험한 일을 벌이지도 않은, 명석한 대체할 수 없는 학자 한 사람을 잃었어요. 하지만 더는 그분은 여기에 없다구요. 아직도 당신은 뭘 더 필요로 합니까?

　세디크의 경험이 묻어나는 말 속에는 같은 투로 지나친 상냥함을 보이는 것 이외에는 아무 감정이 없다.

-우리가 예방 업무를 하고 있다는 점을 당신에게 나는 이미 말했습니다. 그렇습니다. 그는 추방되었습니다. 하지만 그의 학생들, 그의 친구들, 그의 친척들은, 아마도 무의식적으로나 의식적으로 그의 행동에 찬동할 가능성이 있습니다. -그래서

보세요, 당신처럼, 예를 들어 말입니다. 우리는 그런 사람들과 대화를 했으면 합니다. 단지 대화를요 -그것이면 충분합니다.....당신은 당신 친구에 대해 내가 한 말을 너무 아프게 받아들이고 있구나 하고 내겐 보이는군요. 왜 당신은 그렇게 그를 열렬히 방어하려고 합니까? 우리는 정보를 갖고 있지는 않아요, 용서하세요, 아마... 아마 당신의 우정이 우리가 예측하는 거보다 더 친밀하였지요?...

그녀에게는 자신이 뭔가 공포스런 행동을 할지도 모른다고, 곧장 옆에 놓인 어느 전화기를 집어, 이를 냅다 던지고 싶은 감정이 갑자기 생겨났다. 눈물이 어디선가 나왔고, 온전히 가까이서 멈춰, 곧 흘러내릴 것만 같았다.

그럼에도 그녀는, 천천히 자리에서 일어나, 의자를 정리하고는 아무 말을 하지 않은 채, 그 회의실에서 나왔다. 세디크 동무는 가장 상냥하고도 주목하는 눈길로 그녀를 배웅했다.

ĈAPITRO VIII

"...Mi opinias, ke sukceso de nia Esperanto-klubo, subteno flanke de preskaŭ ĉiuj oficiaiaj instancoj, eĉ de la regiona partia komitato, estas precipe tial, ke ni prezentas ĝin kiel Esperanto-klubon de Internacia Amikeco (EKIA), sed ne reklamas, ke la klubo disvastigas la lingvon Esperanto (kvankam, kompreneble, ni tion faras, ĉar sen tio la klubo ne povas funkcii). La oficialuloj scias, ke ni okupiĝas pri la lingvo, sed ne kontraŭas, ĉar ili komprenas, ke ni devas plibonigi nian lingvoscion kaj plimultigi niajn vicojn.

Tial mi proponas, ke ĉiuj Esperanto-kluboj nomiĝu por oficiaiuloj nur kiel EKIA, ĉar nia "para" nomo — Esperanto-klubo — al ili ofte ne estas komprenebla kaj ne plaĉas. Laŭ mia opinio, tiu malgranda ruzo donos grandan utilon".

(Aktuale — 8— 197...)

"...Ni havas bonajn rilatojn kun oficialaj instancoj: ni konstante kontaktas kun la obkomo de komsomolo, kun la sekretario de urba komitato de komsomolo, ĉe kiu estas plano de nia kluba laboro. Nian klubon ofte vizitadas prelegantoj el la societo "Scio" kaj el oficialaj instancoj; oni rakontas al ni pri politika sekureco, pri batalo por la paco de eksterlanda junularo..."

(Aktuale — 6— 197...)

— Bonan tagon, Marina Lvovna. Mi vin jam delonge serĉas ĉie. La rektoro petis vin veni al lia kabineto. Jes, laŭeble tuj.

Kelkfoje Marina vizitis tiun ĉambregon, kie kurtenoj iom estingis sunlumon, kie ventumiloj produktis konstantan malvarmeton kaj sep metrojn longa tablo por estrarkunsidoj estis, kvazaŭ dense verda vojo, kondukanta al kvar aŭ kvin grizaj kaj blankaj telefonoj sur la rektora skribotablo. La telefonoj neniam sonoris, ĉar ĉiujn ligojn akceptis sekretariino en apuda ĉambro. Ŝia voĉo fojfoje sonis post klaketo ie sub la skribotablo: "Anatolij Miĥajloviĉ, obkomo!" — aŭ: "Serjagin vin petas!". Tiam la mastro de la skribotablo, sengrasa kalveta kvindekjarulo, dirinte al ĉeestantoj "pardon", kaptis tiun aŭ alian aŭskultilon. "Filatov vin aŭskultas," — ĉiam prononcis li sennuance, dum liaj konveksaj grizaj okuloj sekvis la tablovojon ĝis rando.

Ĉi-foje la mastro estis surloke; apude sidis afable ridetanta nekonata viro. La rektoro aspektis iom konfuziĝinta, kvazaŭ en fremda, multe pli altranga kabineto.

- Ahh, jen — ŝi estas Majer! Marina Lvovna... jen — kamarado... kamarado Sediĥ. Li ŝatus interparoli kun vi... Nu, mi lasas vin ĉi tie... neniu malhelpos — mi avertos la sekretariinon.

- Dankon, Anatolij Miĥajloviĉ, — afable respondis kamarado Sediĥ, ordigante sian kravaton, — ne pli ol duonhoron ni vin ĝenos. Vi, certe, rajtas ĉeesti...

- Pardonu, pardonu... Ĵus komenciĝis kunsido ĉe la romanlingva katedro. Mi devas ĉeesti tie, — afabla kapoklino, kaj la mastro eliris.

- Bonvolu sidiĝi, Marina Lvovna. — Montris la nekonatulo al la kontraŭa seĝo. Li aspektis tre afabla kaj ĝentila, eĉ servopreta. — Vi aspektas iom laca, ĉu estas iuj problemoj, Marina? Ĉu mi rajtas nomi vin tiel? Je la rajto de pli aĝa...

- Dankon pro via atento, — respondis ŝi, sidiĝante. — Mi ne havas nesolveblajn problemojn. Nu, eble — ekzamenoj. Afablu nomi min kun la patronomo — en instruistaj rondoj ni kutimas tion. Kaj, cetere, mi scivolas, kun kiu mi estas parolan-ta...

- Ahh, mi petas pardonon! Mi devus tion fari tuj. Do, permesu, ke mi prezentu min. Subkolonelo de ŝtata sekureco, Sediĥ Konstantin Sergeeviĉ. Ni povus, certe, inviti vin, Marina e-e.. Lvovna, al ni. Tamen, mi decidis veni mem, por ke vi komprenu: nia interparolo ne estas enketado. Simpla konversacio.

- Mi ne komprenas, pri kiu temo mi povus konversacii kun subkolonelo de KSHS, — streĉe diris Marina.

- Temoj multas, kredu al mi. Vi estas diversflanke interesa, inteligenta kaj altklera virino. Mi kun plezuro aŭdos vian opinion pri multaj aferoj. Jen, mi scias, ke vi interesiĝas pri tiel nomata intemacia lingvo Esperanto, Vi estas lingvisto, sekve, via interesiĝo estas natura. Certa parto el nia junularo lernas Esperanton, eĉ kunvenas somere en sovaĝe organizitaj tendaroj, Notu, ke tion ili faras ekster zorgoj de nia tutlanda junulara organizaĵo, komsomolo. Kio ilin kunigas, se ili ne estas lingvistoj? Jen, antaŭ nelonge eĉ en nia Leningrada regiono okazis tia kunveno. Ĉu vi estis tie?

- Jes, mi estis. Sed mi scias, ke komsomolaj gvidantoj tie simple rifuzis helpi la organizon.

- Ĉu vere? Ahh, niaj junularaj gvidantoj ne ĉiam akceptas prudentajn decidojn... Sed vidu, en tiun tendaron venis diversaj homoj. Multaj korespondas kun eksterlando, sed ne ĉiam kapablas distingi veron de mensogo; multaj aĵoj, kiujn oni diras en okcidento pri nia lando, estas fia mensogo. Mi kredas, ke ne intence, sed iuj niaj gejunuloj kaptas tiun imperialisman propagandon, kiel veron, eĉ vastigas ĝin inter siaj amikoj. Certe, vi aŭdis similajn eldirojn en la tendaro, ĉu ne?

- Ne, mi aŭdis nenion similan tie.

- Vi ne estas plene sincera kun mi. Komprenu, Marina Lvovna, ni zorgas pri ordo en nia lando, do ankaŭ pri via bono. Ĉiu honesta civitano devas helpi al ni. Ni ja ne arestas, ne prizonigas tiujn disvastigantojn de porkapitalismaj kalumnioj. Ni faras nur profilaktikan laboron: konversacias, klarigas, avertas...

- Verŝajne, vi havas aliajn honestajn civitanojn por dubi pri mia sincero.

— Jes, Marina Lvovna, multaj helpas. Kaj, imagu, — tute libervole. Tamen, ĉesu ni pri esperantistoj... Ni parolu, ekzemple, pri literaturo. Ĝi estas pli agrabla temo.

- Ĉu vin ankaŭ literaturo interesas?

- Kial ne? Lastatempe tuta mondo interesiĝas pri nia

literaturo. Jes — tion atestas nu, almenaŭ, kelkaj Nobel-premiitoj — rusoj. Vi, sendube, konas tiujn — Pasternak, Ŝoloĥov — kiaj gigantoj! Ĉu vi legis "Doktoron Ĵivago"?

- Bedaŭrinde ne. De Pasternak — nur poemojn. "Ĵivago"-n mi ne povas trovi. Sed mi aŭdis pri ĝi...

- Jes... domaĝe. Nun ankaŭ tiu nova premiito — Aleksandr Solĵenicin. Ĉu vi legis ion de li?

- Ni dum jardekoj abonas "Novij mir". Ankaŭ "Unu tago de Ivan Denisoviĉ" estas tie. En la jarkolekto de 1956. Mi legis ĝin.

- Jen. Estas lia konstanta ŝatata temo. Li ŝajnas nenion pli scianta krom koncentrejoj. Kvazaŭ nenio pli bona, pli vivĝoja estis en nia historio... Sed ĉu vere nenion pli vi legis? Strange. Mi opiniis, ke via amiko donis ion al vi...

- Mi ne komprenas, pri kiu amiko temas.

- Mi parolas pri via forveturinta amiko, pri via studgvidanto. Ja vi amikis. Li eĉ vizitadis vian hejmon, ĉu ne?

- Do, vi kaŝobservis min? Kiakaŭze?!

- Ne vin, Marina Lvovna, trankviliĝu. Lin. Ni devis tion fari — li iĝis danĝera por la ŝtato pro sia helpo al la malica kontraŭkomunisto Solĵenicin.

En la agrabla karesa malvarmo de la kabineto Marina eksentis interne subitan, tajde venintan varmegon. La varmega ondo fluis al la vizaĝo, ektremis la fingroj. Ŝi kunplektis la manojn sur la genuoj kaj respondis akre, sed preskaŭ trankvile:

— Dank'al viaj zorgoj la lando perdis brilan scienciston, neanstataŭigeblan instruiston, kiu, memkompreneble, nenion danĝeran faris. Sed li ne plu estas ĉi tie. Kion ankoraŭ vi bezonas?

Neniu emocio, krom la sama troa afablo sonis en la sperta parolo de Sediĥ:

—Mi jam diris al vi, ke ni faras profilaktikan laboron. Jes, li estas forveturinta. Sed restis liaj lernantoj, liaj amikoj, parencoj, kiuj eble senkonscie aŭ konscie aprobas liajn agojn — jen, kiel vi, ekzemple. Ni dezirus kun ili paroli. Nur paroli — tio sufiĉas... Ŝajnas al mi, ke vi tro dolore akceptis miajn vortojn pri via amiko. Kial vi tiel arde defendas lin? Ni ne havas la informojn, pardonu, — eble... eble via amikeco estis pli intima ol ni supozis?..

En ŝi leviĝis la sento, ke tuj ŝi faros ion teruran, eble kaptos kaj ĵetos iun telefonon, apude starantan. Larmoj venis de ie kaj staris tute proksime, pretaj aperi. Ŝi, tamen, malrapide levis sin, movis la seĝon kaj, nenion dirinte, iris for el la kabineto. Kamarado Sediĥ akompanis ŝin per la plej afabla kaj atenta rigardo.

제9장

"우리 언어에 대한 언급이 V. I. 레닌[40])의 저작집에서조차 빠져버렸습니다. 그리고 그가 동의한 5권짜리 기념물 발간에서도 사라져버렸어요. 마르크스[41])주의-레닌주의 연구소는 에스페란티스토들이 제기한 질문에 답하면서, 공식적으로 여러 번 반복해서 그 점을 확인해 주었습니다. 그럼에도, 에스페란토를 옹호한 의견을 말한 유명인사들 명단에는 아직도 레닌의 그 사라져버린 언급이 다시 보이고 있습니다. 바로 그 점 때문에 그 온전한 명단도 믿지 못하게 될 수도 있습니다. 비슷한 가짜문건이 에스페란토를 반대하는데 작동된다는 점을 나는 이젠 말하지도 않습니다."

(<Aktuale>, 197.년, 1월호)

---

40) 역주: 블라디미르 일리치 레닌(러시아어: Влади́мир Ильи́ч Ле́нин, 문화어: 울라지미르 일리이츠 레닌;(1870년~1924년)은 러시아 제국과 소비에트 연방의 혁명가, 정치경제학자, 정치철학자, 정치인, 노동운동가로 볼셰비키의 지도자였다. 공산주의자이면서도 특별히 마르크스의 과학적 사회주의 사상을 발전시킨 레닌주의 이념의 창시자이다. 알려진 니콜라이 레닌이라는 이름은 혁명가로서 그가 사용하던 가명이다. 본명은 블라디미르 일리치 울리야노프이다. (출처:
https://ko.wikipedia.org/wiki/%EB%B8%94%EB%9D%BC%EB%94%94%
EB%AF%B8%EB%A5%B4_%EB%A0%88%EB%8B%8C)
41) 역주: 카를 하인리히 마르크스(독일어: Karl Heinriĉ Marx(1818년 5월 5일~1883년)는 후대에 큰 영향을 끼친 라인란트 출신의 공산주의 혁명가, 역사학자, 경제학자, 철학자, 사회학자, 마르크스주의의 창시자이다. 1847년 공산주의자동맹을 창설했다. 1847년 프리드리히 엥겔스와 공동집필해 이듬해 2월에 발표한 《공산당 선언》과 1867년 초판이 출간된 《자본론》의 저자로 널리 알려져 있으며, 러시아의 10월 혁명을 주도한 블라디미르 레닌은 마르크스를 이론적 기반으로 삼았다.
(출처:
https://ko.wikipedia.org/wiki/%EC%B9%B4%EB%A5%BC_%EB%A7%88
%EB%A5%B4%ED%81%AC%EC%8A%A4)

...에스페란토운동을 가장 위협하는 것은, 내가 보기엔, 우리의 한 베테랑의 "고정된 생각(아이디어)"인 것으로 보입니다. 그분은 말하길, 만일 우리가 매일 최고위 기관을 두들긴다면, 우리는 그 기관의 최고 책임자가 자신의 마술 같은 지팡이로 모든 우리 문제들을 해결해줄 수 있도록, 그 최고책임자가 승인해 주도록 하는 것입니다.

"제가 보기로는, <Aktuale> 정기간행물을 (필시, 우편으론 아니지만), 1년치 모둠 호가 아닌, 웃기는 가사나 또 누군가를 위험에 빠뜨릴 기사들을 삭제한, 몇 호를 선별적으로 선택해서 샘플로 외국에 공급하는 것은 가능할 것입니다. 혹시 오해를 살만한 것을 피하려고, 저는 편집부 주소를 삭제하는 것을 제안합니다."

"지역 회합의 주제를 '에스페란티스토들이여, KPSU[42] 제 25차 대회로"라는 걸로 하자는 제안이 왔습니다. 그것의 중요성은 분명히 의심의 여지는 없을 겁니다."

(SEJM-위원회 위원들의 개인 편지 중에서)

-ㅎㅎ-후! 정말 심각하게 더워요! 알렉세이, 조정기기는 잘 돌아가나요? 아니면 오늘 당신이 여기서 나를 구워서 요리라도 하고 싶은 것인가요, 고백해 봐요, 나쁜 사람! 그걸 허용하기엔 힘이 부족해요...사탄, 이미 116도($°$)로 만들어 놨네요! 그건, 기다려요, 만일 내가 산 채로 기어갈 수 있다면, 내가 당신에게 'kuzjkinu matj!'를 보여줄게요.

-아포니아, 여보세요, 콘돔이 끼워져 있다구요! 모든 것이 완벽한 질서 속에 있어요. 늘 우리는 그만큼 주고 있어요.- 그에게 말해줘요. 아르카쉬카! 당신이 기어오르고 또 다시 기어

---

42) 주: 소련 공산당

내려 온다면요. 그것도 여러 번... 물구덩이가 준비되어 있어요, 그 물은 정말 얼음같이 차갑다구요! 말해 봐요, 아르카쉬카!

-하, 알렉세이 필리포비치, 내가 맹세하지요! 정말 얼음같이 차네요, 영혼을 찢는 정도로요. 그리고 당신, 아파나시이 마트베이치, 평정심을 찾아요- "포솔스카야"도 그새 탁자 위에 없었지만, 냉장고 안에 두었어요. 좋은 맛을 유지하기 위해서요! 오늘 후식으로 먹을 음식을 보시면 호사를 누릴 겁니다. - 나는 연어조차도 신선한 소금을 친 것을 찾아냈어요. 인근 어딘가에, 카렐리오[43)]에서 그 연어를 잡아와요!

-용감도 하여라, 당신, 아르카샤! 절대적으로 믿음직한 용감한 사람이네! 그러니, 이 모든 것을 준비할 수 있겠네요, 개자식 같으니... 곧장, 아포냐, 당신이 그의 마사지를 즐겨 봐요- 이게 정말 쾌락이네! 이 술장식을 갖고 있으면요.

-그래요- 그래요... 저는 오늘 치료용 약초 5가지를 데워 왔어요. 돌들 위에 몇 방울만 던지는 것만으로도 효과 만점입니다.- 이 대단한 향기를 레닌그라드 사람들은 느낄 수 있을 겁니다요!

-어딜 가요, 아포냐? 두려워하지 말아요, 지금 당장 한다는 것은 아니니. 처음 들어서서는, 사람들의 몸을 따뜻하게 또, 살갖을 물렁하게 해야 합니다. 그것이 나중에 치료제처럼 됩니다요. 가만히 앉아 있어요, 앉아 있어요, 2분간은 더 참아야 합니다. 그리고 나중엔 탕으로 들어가면 됩니다!

-그리고 나중에 백오십씩 말입니다, 아료샤, 어때요? 연어와 함께!

---

43) 역주: 카렐리아 공화국: 면적은 17만 2400㎢이다. 러시아 북서쪽에 위치해 있으며, 서쪽은 핀란드와 국경을 접하고 있다. 북쪽은 무르만스크 주, 남쪽은 레닌그라드 주와 볼로그다 주, 동쪽은 아르한겔스크 주에 접해 있다.

-당신은 나를 마음 상하게 하는군요. 아파나시이, 당신의 경험없음으로 인해서. 당신은 배고프지 않나요? 몇 번이나 나는 당신에게 되풀이해야 하나요? : 첫 회초리 맞은 뒤엔, 뭘 마셔야만 합니다. 다른 경우엔, 온전한 치료는 -음경으로 갑니다! 하-하! 그럼, 지금 기어서 가요, 탕 안으로 출발! 용기를 내요, 사나이들이여!

-마-아-바-바! 아-정-말-차-가-워! 나쁜 사람들! 살인자들이네! 인정사정없는 사디스트들! 얼음물 안으로 나를 밀쳐넣다니- 어-어이-차가워!

-용기를 내요, 아포냐! 자 봐요, 우리도 뛰어 봅시다. 브르-르! 이제 당신은 나가요, 이제 나가라니까요, 아파니이, 그리고 그 증기탕으로 다시 뛰어가요.

-아파나시이 마트베예비치, 준비되었지요? 이제 작은 대야-냄새를 맡아 봐요, 이 **술장식-회초리**들이 어떻게 향기가 나는지. 즉시 내가 이 작은 대야에서- 저 돌들 위로- 하!

-아흐, 파라다이스의 진한 향기! 하지만 서두르지 말아요, 아르카샤. 내가 사형집행을 지도하지요. 땀낼 때와 침대에서는 서두름은 피해야 합니다. -제 할아버지가 말씀하셨어요.

-나를 용서해주세요, 알요샤! 나는 무슨 이유로 오늘은 술장식 마사지를 받고 싶지 않아요.. 기분이 좀 나쁩니다.

-그 입 좀 닫아요, 아포니카, -언제나 당신은 똑같이 말하네요, 토끼같으니. 이제 하나가 되어요! 당신은 배를 아래로 하고 누워요. 그리고 이집트 미라처럼 편안히 누워요. 걱정은 말아요 -당신의 영웅적 상처를 나는 여러번 보았으니까요. 그러니, 벌어지고, 또 벌어지고- 당신은 그 전쟁터에서 달아났지요... 그리고 당신에게 어떤 빌어먹을 파시스트가 그 엉덩이에 구멍을 더해 주었지요. 하지만 정말 지금, 그 상처 때문에 당신은 전쟁 베테랑이 되었어요, 존경하는 인물이 되었네요!

-알렉세이! 나는 요청합니다, 그걸 건드리지 말아요, 왜냐하면 우리는 싸울 겁니다! 그것말고 약속한 그 화젯거리에 대해- 에스페란토에 대해 먼저 거론해봅시다...

-위협적인 그 입 닫아요, 해마의 귀두같으니! 이제 교활하네요- 우리를 유혹해 보려고 하네요! 아르카샤- 시작해요.

-곧, 알렉세이 필리포비치... 처음엔 마시지를!

-우-우-우! 간지러워! 간지럽다고! 아주 좋아! 아-아-아르카샤!

-아하, 아포니아, 당신은 삶의 아름다움을 느꼈어요! 계속해요, 아르카샤! 그 척추는 움직이도록 해 주세요... 그래요. 이 허리를 연금을 받기 전에... 또 이젠 당신의 그 치료용 물을 붓고, 그 술장식들을 집어들어요.

-깊이 숨을 쉬어요, 아파나시이 마트베예비치, 냄새 맡아봐요! 특별히 당신을 위해 내가 유칼립투스를 찾아냈지요. 두려워하지 마요, 흔들지도 마요- 내가 처음엔 건드리기만 할 겁니다...나중엔 살짝 때리고... 그 다음엔...

-오-오-오! 말도 안돼! 유쾌-하게! 오흐히! 오흐히!

-그를 때려, 그를 회초리질 해, 아르카샤! 나는 그에게 에스페란토를 보여줄거야, 호-호! 허리를! 허리를 주의해- 내가 너에게 말했지.

-더-는 더-는 이상 참을 수 없-어-요!

-그래, 충분해, 아르카샤가 나에게 똑같이 처방하는 동안, 당신은 저 탕으로 뛰어 들어가요......

-동무들! 이게 닦는 수건입니다, 그리고- 탁자-로 가까이 와욧! 이미 "포솔스카야"가 준비되었어요.

-당신이 내 기쁨이요, 아라카샤! 그래 부어 줘요...우리 인생이 충분하도록 가득 채워요. 그래요, 여러분, 우리가 행운을 위해 한 잔씩 마십시다- 내 할아버지가 말씀하셨어요.

-아르카디이이, 음-음-음 당신은 어디서 그 매력적인 샐러드

를 준비하는 걸 배웠나요?

-할머니가 제게 가르쳐 주셨어요,- 그녀에게 축복을, -어느 레스토랑에서 샀는가 하면...

-아주 맛있어요, 그래요, 알렉세이, 에스페란토에 대해 당신이 무슨 약속...

-아폰유쉬카, 내 고양이같으니라고, - 우리는 아직 성공할 겁니다. 자 봐요, 아르카쉬카가 언제나 신선한 재담거리를 가지고 오지요, 이야기 하나 해 봐요, 아르카샤, 바실리이 이바노비치에 대해 뭔가 말해 봐요!

-아뇨, 알렉세이 필리포비치, 나는 가장 새로운 것, 새끼고양이들에 대해서 기억하고 있어요, 한 악한이 내게 말해 주었어요. 내가 당신에게도 한번 되풀이해서 들려드릴까요?

-시작해 봐요, 당신이.

-그럼, 한번은 어느 유치원에 장학사들이 방문했어요. 그들이 아이들에게 물었어요, 그러자 갑자기 어떤 페초라는 이름을 가진 아이가 말했어요: "나는 이야기를 할 수 있어요: 이웃의 어느 암고양이가 방금 새끼 4마리를 낳았어요. 그게 우리, 당으로 들어왔고, 그들은 원해서 왔어요. 모두 넷이라고요!" 그 장학사들이 박수를 치고는 떠났지요.

 2주일 뒤, 다른 검열관들이 왔고, 그 유치원 원장은 지난 번에 박수받았던 그 아이를 몰래 추켜세워 말하게 했다. "페쵸, 네가 한 번 이야기를 해 봐요." 그러자 그 아이가 말했어요. "이웃의 어느 암고양이가 방금 새끼 4마리를 낳았어요. 그게 우리, 당으로 들어왔고, 그들은 원해서 왔어요. 그런데 그들 모두가 셋이요!"

"왜 셋이지?" - 그 검열관들이 놀랐다. 그러자 그 아이가 대답했다: "네째는 이미 눈을 떴어요......"

-흐하-흐하-흐하! 용감한 친구네, 아르카샤!

-흐하-흐하-흐하! 전에 나는 그런 걸 들어본 적이 없었다네! 하지만, 알료샤, 당신은 어떻게 허락하나요?...

-저기, 아포냐... 그녀의 사람들은 여기에 앉아 있지요, 안그런가요? 아직 일백그램을 더요! 건강을 위해!

-에흐흐! 알요샤, 하지만 그 에스페란토. 정말 내 친구 중 좀 멍청한 이가 있는데, 그는 그 학교의 작은 동아리에 참여하고 있어요. 유쾌하게 돌아 왔어요: "할배, 우늘 우리가 새 노래를 배웠어요!" 내게 번역해 주었거든요. 그 노래가 어느 아가씨에 대한 노래 같았는데, 끝에 가서야 당신은 내가 한 말이 그 말(馬)에 대한 것임을 이해할 수 있었어, 흐하-흐하-흐하! 재치있네! 저어, 그걸 지도한 그 청년을, 당신이 알고 있지요, 분명히, - 그 콜랴 아이라토프...

-아파나시이! 당신은 너무 잘 믿는 사람이군요. 너무, 나는 그 에스페란토에 대해선 지금 말하고 싶지 않아요! 그걸 악마에게나 줘요! 내가 당신에게만 말해 주지. 그 **옵콤**이 그걸 지원하는 그 추천을 이젠 취소했다구요. 시온주의자의 창안물이라고! 하지만, 그 추천을 취소했단 사실은 비밀이야, 꼭 기억해 줘! 외국에 어떤 빌미를 제공하지 않으려면....그러니- 츠-츠! 그리고 지금, 여러분, 마시는 걸 중단하고 파라다이스로 다시 가요. 아르카샤- 술장식으로!

ĈAPITRO IX

"Mencio pri nia lingvo forestas eĉ en la plena verkaro de V.I. Lenin, kaj en la aprobita kvinvoluma rememoraĵa eldono de li. La instituto de marksismo-ieninismo kelkfoje oficiale ripetis tion en respondoj al esperantistoj. Tamen, en la listo pri famaj homoj, kiuj opinias pri Esperanto, denove figuras neekzistanta eldiro de Lenin. Nur tiu povas malfidigi la tutan liston. Mi jam ne parolas, ke simila falsaĵo laboras kontraŭ Esperanto".

(Aktuale—1 —197...)

"...La plej minaca por la Esperanto-movado ŝajnas al mi la "fiksideo" de unu nia veterano. Li diras: se ĉiutage frapi al la plej supera instanco, ni iufoje atingos akcepton fare de la pleja ĉefulo, kiu per sia magia bastono solvos ĉiujn niajn problemojn".

"Laŭ mi, eblas liveri eksterlanden (certe, ne poŝte) "Aktuale", tamen ne jarkolekton, sed specimene kelkajn elektitajn numerojn, kie forestu ridindaj kaj kompromitaj materialoj. Pro kompreneblaj kaŭzoj mi proponas fortranĉi la redakcian adreson".

"Venis propono priparoli dum Regionaj Renkontiĝoj la temon "Esperantistoj — al la XXV-a kongreso de

KPSU". Pri ĝia indeco evidente ne povas esti duboj".

(El privataj leteroj de SEJM-komitatanoj)

— F-f-fu! Varmeg-ego kia! Aleksej, ĉu regulilo malfunkcias? Aŭ vi decidis kuiri min hodiaŭ tie ĉi, konfesu, fiulo! Forto mankas tion toleri... Satano, jam cent dek ses gradojn donis! Nu, atendu, se mi nur elrampos viva — montros mi al vi kuzjkinu matj!

- Afonja, kara mia, kondomo flikita! Ĉio estas en plena ordo. Ĉiam ni tiom donas — diru al li, Arkaŝa! Elrampos vi kaj enrampos denove. Eĉ plurfoje... Ankaŭ baseno pretas, la akvo — glacia! Diru, Arkaŝa!

- Ha, Aleksej Filippoviĉ, mi ĵuras! Vere glacia. Animonŝira. Kaj vi, Afanasij Matveiĉ, estu trankvila — ankaŭ "Posolskaja" dume estas ne sur la tablo, sed en fridujo. Por bona gusto! Postmanĝaĵoj hodiaŭ luksas — mi eĉ salmon freŝsalitan trovis. Ie apude, en Karelio ĝin oni kaptadas.

- Bravulo vi estas, Arkaŝa! Absolute fidinda bravulo! Nu, ĉion kapablas aranĝi, hunda filo... Tuj, Afonja, vi gustumos lian masaĝon — jen plezurego! Kun venikoj.

- Jes-jes... Mi hodiaŭ boligis kvin kuraĉerbojn. Sufiĉas kelkajn gutojn ĵeti sur ŝtonojn — odoregon oni en

Leningrado eksentos!

- Kien vi, Afonja? Ne timu, ne tuj ni tion faros. Dum la unua eniro oni devas nur varmiĝi, moligi la haŭton. Por ke ĝi poste akceptu kuracilojn. Sidu. Sidu, toleru ankoraŭ du minutojn kaj — en la basenon!

- Kaj poste po cent kvindek, Aljoŝa, ĉu? Kun salmo!

- Ofendas vi min, Afanasij, per via nesperteco. Ĉu vi malsatas? Kiomfoje mi al vi ripetadu: drinki vi devas nur post la unua vergado. Aliokaze, tuta kuraco — al kaco! Hha-ĥa! Nu, rampu nun, ek en la basenon! Kuraĝu, knaboj!

- Ma-a-va-va! Ma-al-varmeg'! Aĉuloj! Murdistoj! Sadistoj senkompataj! Puŝis en la glaciakvon — o-oj!

- Kuraĝu, Afonja! Jen vidu, ankaŭ ni saltas. B-r-r! Vi eliru, eliru jam, Afanasij, kaj kuru denove en la ŝvitejon.

- Afanasij Matvejeviĉ, ĉu vi pretas? Jen pelveto — flaru, kiel la venikoj-vergoj odoras. Tuj mi el tiu ĉi pelveto — sur la ŝtonojn — ha!

- Ahh, odorego paradiza! Sed ne hastu, Arkaŝa. La ekzekuton gvidas mi. Haston evitu dum ŝvito kaj en lito — diris mia avo.

- Indulgu min, Aljoŝa! Mi hodiaŭ ial ne volas
venikojn... malbone min sentas...

- Ŝtopu la faŭkon, Afonjka, — ĉiam vi la samon diras,
leporo. A-nu! Kuŝigu vin ventre malsupren kaj kuŝu
trankvile, kiel egipta mumio. Ne ĝenu — heroan vian
cikatron mi jam vidis plurfoje. Nu, okazas, okazas —
fuĝis vi de la batalkampo... Kaj faris al vi iu damnita
faŝisto aldonan truon en la postaĵo. Sed ja nun pro
tiu cikatro vi estas militveterano, estimata homo!

- Aleksej! Mi petas, ne tuŝu tion, ĉar ni kverelos!
Prefere komencu la promesitan temon — pri
Esperanto...

- Ŝtopu la faŭkon, balano rosmara! Jen ruzulo —
forlogi nin volas! Arkaŝa — komencu.

- Tuj, Aleksej Filippoviĉ... dekomence masaĝon!

- U-u-u! Tikle! Juke! Bonege! A-a-arkaŝa!

- Aha, Afonja, eksentis vi belecon de la vivo! Daŭrigu,
Arkaŝa! La spinon prilaboru... jes. La lumbon-ĉi,
antaŭpensian... Kaj nun verŝu vian kuracakvon kaj
prenu venikojn.

- Enspiru profunde, Afanasij Matvejeviĉ, flaru! Speciale por vi mi eukalipton trovis. Ne timu, ne skuiĝu — mi nur glatos komence... poste batetos.. poste...

— O-o-o! Terure! Agra-a-able! Ohh! Ohh!
— Batu lin, vergu lin, Arkaŝa! Mi montros al li Esperanton, ho-ho! Lumbon! Lumbon atentu — mi diris al vi.

- Plu-plu-u-u mi ne povas!

- Nu, sufiĉas, — kuru en la basenon, dum Arkaŝa same min priservos.

- Kamaradoj! Jen estas viŝtukoj, kaj — altab- liĝu! Jam "Posolskaja" pretas.

- Ĝojo mia vi estas, Arkaŝa! Verŝu do... plene verŝu, por ke vivo nia estu plena. Nu, karaj — drinku ni po unu por bona fortuno — diris mia avo.

- Arkadij, m-m-m de kiu vi lernis prepari tiun ĉarman salaton?

- Avinjo min instruis, — paradizon al ŝi, — en kiu restoracio aĉeti...

- Tre bonguste. Jes, Aleksej, pri Esperanto vi prome...

- Afonjuŝka, kateĉjo mia, — sukcesos ni ankoraŭ. Jen, Arkaŝa ĉiam freŝajn anekdotojn alportas. Rakontu, Arkaŝa, ion pri Vasilij Ivanoviĉ!

- Ne, Aleksej Filippoviĉ, mi rememoris la plej freŝan — pri kateĉjoj. Unu kanajlo rakontis al mi. Ĉu ripeti por vi?

- Eku, kara.

- Do, foje unu infanĝardenon vizitis inspekciistoj. Pridemandis ili la infanojn, kaj subite knabeto Peĉjo diras: "Mi verseton povas rakonti: La katino de najbar' naskis ĵus katidojn kvar, kaj en nian, la Partion, ili volas — ĉiuj kvar!" Aplaŭdas la inspekciistoj kaj foriras.

Post du semajnoj venis aliaj kontrolistoj, do la direktoro jam mem subŝovas la knabon: "Rakontu vian verseton, Peĉjo". Kaj tiu rakontas: "La katido de najbar' naskis ĵus katidojn kvar, kaj en nian, la Partion, ili volas, ĉiuj tri!". "Kial tri?" — miras la kontrolistoj, kaj la knabeto respondas: "La kvara jam okulojn malfermis..."

— Hha-hha-hha! Bravulo, Arkaŝa!

- Hha-hha-hha! Ne aŭdis mi tion antaŭe! Tamen, Aljoŝa, kiel vi permesas?..

- Nu, Afonja... Ŝiaj homoj sidas ĉi tie, ĉu ne? Ankoraŭ po cent gramoj! Je la sano!

- Ehh! Aljoŝa, tamen tiu Esperanto. Ja ankaŭ mia bubaĉo vizitas rondeton en la lernejo. Revenas gaja: "Avavĉj', ni hodiaŭ novan kanton lernis!" Tradukis al mi. Kvazaŭ pri junulino estas la kanto, nur fine vi komprenas, ke pri ĉevalo, hha-hha-hha! Sprite! Nu, la knabon, kiu gvidas, vi konas, certe, — tiu Kolja Ajratov...

- Afanasij! Tro fidema vi estas. Tro. Ne volas mi nun paroli pri tiu Esperanto. Al diablo ĝin! Nur mi diru al vi — la obkomo malrekomendas tion subteni — cionista elpensaĵo! Sed — estas sekreta la malrekomendo, memoru! Por ne doni kaŭzon al eksterlando... Do — ts-s! Kaj nun, knaboj, ĉesu drinki, iru ni denove en la paradizon. Arkaŝa — al venikoj!

제10장

아파나시이 마트베예비치가 주름진 얼굴 위의 희끗하게 된 머리카락들을 면도칼로 자르면서, 목과 오른뺨에 상처를 냈다. 분명히, 욕실 전등이 거울 오른편에 적절치 않은 장소에 매여 있지만, 그게 원인은 아니었다. 분명히, 면도칼은 새것이고, 아주 날카로웠지만, 그것이 원인은 아니다... 간단히- 우달로프와 어제 사우나를 함께 하고 난 뒤부터 그의 양손이 지금까지도 떨렸다. -우흐흐, 아일로쉬카, 무정한 당신이 원인제공을 했어, 특히 나에게 술을 많이 마시게 했어, 늙은이인 나를, 언제나 돼지새끼 목따는 소리가 날 때까지 나를 술 마시게 만들었구나. -그는 방금 생긴 상처에다 고약 조각들을 붙이면서 생각했다.

그는 어제 몇 시에, 또 어떻게 집에 왔는지 기억이 전혀 나지 않았다. 필시, 아르카샤 -그것이 그가 하는 일상적 의무였다. 류바, 그 전쟁부터 지금까지 삶의 반려자인 류바는 오늘 아침에 불만을 많이 드러냈다. 아무것도 기억 못 한다고, 거의 아무것도 이해하지도 못한다고 아파나시이 마트베예비치를 부끄럽게 하며 놀렸다. 하나님 덕분에, 아들 콘스탄틴의 가족은 어제 저녁에 오지 않았다. 그래서 그의 그 술취한 아름다운 모습은 류바만 보았다. 그래, 충직하고 이해심 많은 아내! 그 아내가 놀리고 또 놀렸지만, 남편에게 정신 좀 차리라며 맥주 2병을 냉장고에서 꺼내 주었다.

그럼에도, 그는 똑같이 벌을 받았다. 벌로 일을 해야 했다. 어제, 그가 거의 정신을 잃은 상태로 누워 있었는데, 그의 아들인 콘스탄틴이 전화로 할머니나 할아버지 중에서 한 분이 손자의 학부모 회의에 참석해 주셨으면 하고 요청했다. 왜냐하면, 아들 콘스탄틴과 며느리 아누쉬카는 이미 이전에 영화

보러 갈 계획을 세워 두었기 때문이었다.

-아하, 제 몸도 못 가누는 양반!- 류바가 아파나시이 마트베예비치의 머리 중앙의 대머리 부위에 키스했다. -어제 당신은 방탕스럽게 놀았지요, 안 그런가요? 그럼 오늘은 피신하는 것을 한번 해 봐요. 오늘 저녁 일곱 시까지- 학교로 한 번 가 봐요, 학부모 모임에 참석하러.

-여보, 학부모 모임인데 할아버지가 왜 가지요! 하지만 왜 가지요?- 거리엔 여름이고! 학교도 방학인데요.

-모두가 다 방학이 아님은 알아야지요. 또 모두가 다 흥청망청 놀지는 않지요! 당신 손자가 다니고 있는 그 언어 수업받는 학생들이 에스토니아로 여행을 간대요. 필시, 돈에 대한 뭔가 해결책을 찾겠지요.

-무슨 수업이라고요? 무슨 여행이라고? -그 할아버지는 뭔가 생각을 정리해 보려고 했으나, 그 빌어먹을 머리는 어떤 정보도 받아주지를 않았다.

-정상 수업이지요. 그 아이들이 무슨 언어를 배우고 있답니다. 보기엔, 에스페란토- 당신 자신도 기억하지 못하고 있네요, 머리가 희끗한 학습부진아인 당신도 기억하지 못하고 있네요? 우리 손자가 이미 그걸 귀에 못이 박이도록 말했거든요!

-에스페란토라....- 아파나시이 마트베예비치가 말을 더듬었다.- 에스페란토라...그는 어제 저녁의 일 중에서 어떤 기억을 힘들여, 아주 힘들여 되살렸다. 뭔가를 그곳에서 알요쉬카 우달로프가 말했다. 에스페란토에 대해 무엇인가를 이야기한 것도 같은데, 그래, 뭔가 나쁜.....아니면 나쁘지 않은 것인가를. 하지만, 뭔가 나쁜 소식 같았는데.

-그래, 좋아요, 할머니, 내가 그곳으로 가보리다.- 우리의 사랑하는 손자 놈이 관심을 가진 것이 뭔지에 대해 나는 이제

좀 알아야만해요, - 그는 이미 둘째 병의 맥주도 다 삼켜버렸다. 그의 두 눈은 류바를 향한 채, 맥주 더 없어요 하는 눈치였다.

-그만하면 충분, 충분하구요!- 그녀가 반박하자, 그는 일하러 갔다. 온전히 아무 생각 없고 아무 생각도 할 수 없는 머리로, 정신이 붕붕 뜬 상태로 **신디콤**으로 일하러 가고 있었다. 하지만 그 날은 평온하게 지나갔다. 다행하게도 세 시간 정도 그는 여자 비서인 카테니카가 지키고 있는 사무실 뒤편의 휴게실에서 잠을 청할 수 있었다. 그리고 거의 저녁 시간인, 지금 거의 완전히 정신이 정상상태로 돌아온 그는, 학교의 어느 교실에서 다른 학부모-조부모들 열 명 속에 함께 앉아 있었다. 그분들을 오게 한 것은 그 활동적이고, 친절한 청년인 니콜라이...아이라토브였다. 그랬다. 아파나시이 마트베예비치가 여러 번 신디콤에서 만난 적이 있었다. 그에 대해서는 대중문화 업무를 관장하는, 신디콤의 부대표인 마야 미카일로프나가 책임을 맡고 있었다.

-존경하는 학부모 여러분! - 좀 풀이 죽어서 니콜라이가 말했다. -여러분을 뵙게 되어 기쁩니다. 제가 올해, 한 학년 동안 여러분의 자녀들을 충분히 잘 알게 되었습니다. 그 아이들은 제게 아주-아주 마음에 들 정도로 잘 하고 있습니다.

-그 아이들도 선생님이 맘에 들어요. 제 자식이 선생님 이야기를 많이 했지요. -아파나시이 마트베예비치가 처음 보는, 좀 뚱뚱하지만 예쁜 얼굴의 어떤 여성이 말했다.

-알라 어머니 맞으시죠? -니콜라이가 응대했다. -그 아이가 어머니를 많이 닮았네요. 좋아요, 그럼 제가 여러분 자녀들이 배우는 과목인 에스페란토에 대해 좀 이야기해도 되겠지요? 아니면 여기 오신 학부모님들은 이미 들어 아시나요?

-우리는 들어 알고 있습니다! 충분히! -그 학부모-조부모들이

즐거이 웃었다.

-저는 이젠 그 말 할 줄도 알아요......- 키가 크고, 좀 바싹 마른 남자가 기쁜 목소리로 불평하는 듯 말했다. -안드레이가 나에게 하도 그 낱말들을 함께 배우자고 해서요.

-하하, 그럼 당신이 안드류쉬카 벨로코피토프의 할아버지 되시는군요,- 니콜라이가 기쁘게 말했다. -아주 재능 있는 손자를 두셨어요, 안드레이 바실리예비치 씨. 그 아이는 탁월한 할아버지를 두셨네요. -그는 할아버지에 대해 에스페란토로 글을 짓기도 했습니다. 아주 재미난 이야기였어요.

-과찬입니다. 틀림없이, 개구쟁이입니다... -만족한 듯이 안드레이 바실예비치가 중얼거렸다.

-그럼에도 저는 좀 더 자세히 알고 싶어요...- 아파나시이 마트베예비치가 좀 신경이 쓰이는 듯이 갑자기 말을 꺼냈다. -필시, 우리 손자가 그리 말했지만, 내가 아주 자세히는 듣지 못했네요......

-저기, 아닙니다. - 아파나시이 마트베예비치의 지인이자, 과인삼염 공장의 크레인 여성 기사인 니나가 참지 못하고 말을 꺼냈다. -아파나시이 마트베예비치, 당신 손자 파슈칸에게 물어 보세요, 그가 모든 것을, 나에게 슬라브카가 이야기를 늘해 주듯이, 이야기해 줄 겁니다. 많은 질문이 있습니다. -정말 우리 아이들은 2주일간 어디로 다녀온다고 합니다. 그럼, 그 말이지요, 니콜라이 그리고르예비치?

오호라, 아파나시이 마트베예비치가 생각했다, 그들은 이미 저 청년 선생님을 전체 성과 이름으로 부르는구나, 정말 저 청년은 그들의 아이보다 대여섯 살이나 나이 많은 것 같은데! 그 때 니콜라이는 침착하게 말을 이어갔다.

-아파나시이 마트베예비치, 정말로 우리는 의논드릴 일이 많습니다......파벨은 그 언어에 푹 빠져 있어요. 그는 그 언어를

- 169 -

혼자서도 독서를 많이 하고 있어요. 나에게 그 언어로 만들어진 문학 작품들을 줄 수 있는지 요청하기도 했어요. 그러니, 그는 분명한 이야기를 해 줄 수 있을 겁니다......저는 여러분의 아이들과 함께 한 달 뒤 에스토니아를 다녀올 계획입니다. 저는 학부모 여러분께서 많은 질문을 생각하고 계실 것으로 짐작합니다.

-그래요, 맞아요!- 중년 나이가 이미 오래전에 지난, 화장을 한 얼굴의 한 학부모가 곧장 갑자기 물어보려고 자리에서 일어섰다. -제 손녀는 이미 섬세해져 있어요. 그만큼 가정적이었어요! 그만큼 경험도 없지요! 그리고, 선생님, 니콜라이 그리고르예비치, 용서하세요, 당신은 그만큼 젊어요. 당신은 제 손녀 안젤라의 안전한 귀환을 완전히 책임지고 보장할 수 있나요?

 -그래요, 저는 할 수 있습니다. -니콜라이가 살짝 웃었다; 뭔가로 그가 웃자 아파나시이 마트베예비치는 그가 맘에 들었다. -당연히 그래야 합니다. 이 여행단은 이제 전통이 되어 있습니다. 앞선 학년들의 학생들과 함께 우리는 지난해와 그 전해, 두 번의 여름에도 성공적으로 해냈습니다. 저는 저희가 최근 이 도시를 떠나 시외로 가본 소풍에서, 안젤라가 정말 아주 가정적인 아가씨임을 알게 되었습니다. 그러나 그 아이는 여행자 생활도 맘에 들었다고 하더군요. 제가 보기엔 우리가 하는 2주일간의 여행단 속에서 그녀도 많이 배우는 시간이 될 겁니다.

-그럼, 그 여행단의 전체 비용은 얼마나 됩니까? 봐요, 나는 혼자서 일하고...아이가 넷이에요. 아내가 집에서 가장 작은 아이를 돌보고 있구요......-자리에서 일어나지 않고서도, 금발의 머리를 가진, 좀 피곤하게 보이는, 금발의 남자가 말을 분명하게 했다.

-당신, 세르게이 자카로비치는 알겁니다. -용감한 니콜라이가 모든 사람 이름을 다 외우고 있구나 하고, 아파나시이 마트베예비치는 기쁘게도 생각했다. -희망한 남녀 아이들은, 필시, -한 달 동안 철도에서 아르바이트를 했습니다. 그 일이란 게 너무 힘들지 않았지만, 그 봉사료도 그리 높지 않았지만... 그럼에도 저희는 우리 야금 공장의 **신디콤**에 고마움을 표시해야만 합니다. -그는 아파나시이 마트베예비치를 고개로 알려 주었다. -뭔가 추가적인 도움 때문에. 이 모든 것은 합치면, 우리 여행단에겐 충분합니다. 그러니 학부모님 여러분은 뭔가 더 내야 하실 것은 없습니다.

-그건, 내가 아니고, 신디콤이 결정했지요...- 아파나시이 마트베예비치가 고마움을 표시하는 눈길에 멍하니 바라보았다. 사실은, 그는 그런 돈의 도움에 대해선 모르기 조차했다. 정말로 마야 미카일로프나가 아파나시이 옆에서 문화 기금 중 뭔가를 지원했다. 하지만 지금 그는 그것에 만족했다.

-하지만, 저를 용서해 주세요. -여학생 안젤라의 할머니가 자리에서 다시 일어섰다. -아직 중요한 질문 하나가 나를 괴롭히고 있답니다! 2주일이라면 -밤이 열넷이네요! 저는 그들이 떨어져서, 남녀가 말입니다- 따로 자는 것을 희망합니다. -......그러면, 선생님은 성인이기 때문에, 그 말은 이해해할 겁니다. 제가 잘못 생각하고 있나요?

-저희는 텐트가 3개입니다. 4인용입니다.- 니코가 대답하고는 무슨 이유인지 자신의 곱슬머리를 매만지고 있었다.- 함께 할 전체 인원이 12명입니다. 저와, 11명의 학생입니다. 그들 중 여섯은 여학생, 다섯은 남학생입니다. 저희는 어떤 식으로든 떨어져서 자게 할 수는 없습니다. 벨라 비켄트예프나, 하지만, 저는 안젤라 학생의 할머니께, 경험 있는 여행자로서 확신시키고자 합니다. - 지난 두 번의 청년 여행단 동안에도 여학생

들과 남학생들은 떨어져 잔 적이 없습니다. 언제나, 섞여서. 그리고, 저를 믿어주세요, 아무 나쁜 일도 일어나지 않았구요. 우리 여행단에서는 아무 일도 일어나지 않을 겁니다...

-하, 쓸데없는 질문이었네요.- 안드레이 바실레비치가 불평했다. - 이젠 우리가 다음과 같은 것을 의논합시다.- 우리 아이들이 그곳에서 뭘 먹을지요?

-벨라 뷔켄트예프나가 좀 마음이 상한 채 자리에 다시 앉고는 더 이상 말이 없었지만, 다른 사람들은 죽이나, 찜요리용 고기, 국수와 돼지 비곗살은 얼마나 준비해야 하는지에 대해 아주 활발하게 토론했다. 하지만, 그 토론 중 우연히 쉬는 순간이 있었는데, 벨라가 갑자기 한숨을 내쉬었다.

-하지만 저희 손녀 안젤라는 전혀 요리할 줄 몰라요!

-여자 아이들이 가르쳐 줄겁니다! 여행단이 가르쳐 준다니까요! -몇 명이 메아리쳤다.

나중에 그들 모두는 똑같이 활발하게 그 밖에 가져가야할 용품들에 대해 활발하게 토론했다. -식기류, 의복, 모기 퇴치제까지. 심지어 아파나시이 마트베예비치는 꼭 지참해야 할 것으로 낚싯대를 제안했다. 적어도 파쉬카에게 그는 2개를 주겠다고도 했다. 전구, 양초, 성냥... 모두가 정말 활달하고 활기차게 토론했고, 아마 아이들 자신보다도 더. 그러나 갑자기 아파나시이 마트예비치에겐 어제 일이 생각났다. 그는 진실로 알요쉬카 우달로프가 에스페란토에 대해 말한 것을 기억해 냈다. 옵콤이 그 언어에 관심을 철회했다는 것을. 그리고 그는 자신이 앉은 책상에서 일어났다.

-용서하세요, 니콜라이 그리고르예비치, - 그가 말을 꺼냈다. -이제 제 질문입니다. 내 손자 파벨이 대답하는데 필시 성공하지 못하는 겁니다. 나는 당이 에스페란토를 널리 보급하고 선전하는 일에 추천을 취소했다는 소식을 들었습니다. 당신은

그 이유에 대해 뭔가 설명해 줄 수 있나요?

　모두가 그 청년인 선생님을 쳐다보며, 조용해졌다. 그 청년은 다시 자신의 머리를 매만지고는, 자신의 호주머니에서 손수건을 꺼내 목을 닦았다.

-당에서는, -그가 말했다.- 만일 전체 당에 대해 말하자면, 아무리해도 에스페란토 사용을 철회할 수는 없습니다. 정말 에스페란토는 고상한 일을 돕습니다.- 다른 나라에서 온 사람들과의 친교를 위해서라면요. 프롤레타리아의 국제주의를 향한 당의 노력이 그 같은 것을 요구하지 않았나요? 우리의 모든 신문이나 스포츠에서도 "모든 나라의 프롤레타리아여, 단결하라"라는 슬로건을 내걸지 않았나요?

-예, 그리되어 있지요... -당황해서 아파나시이 마트베예비치가 대답했다.- 하지만 저 고급기관들에서는... 옵콤이라든지... 중앙위원회에서는... 나는 그 기관들이... 아주 찬동하지 않는다는 정보를 갖고 있습니다. 그러니, 사실상 그런 추천을 하지 않는 거지요.

-그럼, 내가 정직하게 말할게요, 아파나시이 마트베예비치, -천천히 니콜라이가 그에게 다가서면서, 그러자 다른 모든 사람들도 다가왔다. 그래서 니콜라이가 발언했다. -제가 말하지요, 저는 어떤 종류의 문건도 본 적이 없습니다. 중앙위원회나, 그 옵콤이 이 바보같은 추천 철회를 알린다는 그런 문건 말입니다. 제 의견엔, 그것은 존재하지도 않고, 존재할 수도 없습니다. 왜냐하면, 그것은 당의 기본노선을 위반하기 때문입니다. 뭔가의 이유로 개별 사람들이 그런 고상한 일을 좋아하지 않을 수는 있습니다. 존경하는 학부모님들, 여러분의 아이들은 에스페란토를 배우고서, 다소 착한 사람이 되었다고 생각하시지요?

...그 늦은, 하지만 정말 투명하고도 맑은 저녁에 평화로운 아

파나시이 마트베예비치는 이웃의 5층짜리 건물에 사는 안드레이 바실예비치와 함께 아이들에 대해 이런저런 대화를 나누면서, 걷고 있었다. 그는 자신의 영혼이 좀 더 깨끗해져 있음을 느꼈다. 그러나 어딘가에, 가장 깊은 곳에서는 그 작은 목소리가 들려오고 있었다: 에흐흐, 알료쉬카 우달로프, 당신은 여러 번 악한이군요. 하지만, 안타깝게도 나는 당신과 술을 더 마셔야만 하네. 그게 나의 염원을 넘어서 있다구요..."

ĈAPITRO X

Afanasij Matvejeviĉ vundis la kolon kaj la dekstran vangon, forskrapante grizajn harstumpojn de sur la sulkoza vizaĝo. Certe, lampo en la banĉambro estas kroĉita nekonvene, dekstre de spegulo, sed ne ĝi estis la kaŭzo. Certe, razklingo estis freŝa, akrega, sed ne ĝi... Simple — ĝis nun tremis la manoj post la hieraŭa saŭnado kun Udalov. Ehh, Aljoŝka, senkora vi estas frukto, speciale drinkigas min, la oldulaĉon, ĉiam ĝis porkida jelpado, — pensis li, gluante plastropecetojn sur la freŝajn vundojn.

Li tute ne memoris, kiu kaj kiam venigis lin hejmen hieraŭ. Verŝajne, Arkaŝa — tio estis lia konstanta devo. Ljuba, la ekdemilita vivokunulino, tre malkontentis hodiaŭ matene, hontigis, mokis la nenion memorantan kaj apenaŭ ion komprenantan Afanasij Matvejeviĉ. Dank'al dio, familio de la filo Konstantin ne venis hieraŭ vespere, do vidis lian belstaton nur Ljuba. Jen — fidela, komprenema edzino! Mokis-mokis, sed du botelojn da biero tiris ŝi el fridujo por ke.li iom plibonigu sian humoron.

Tamen, punon li tutegale ricevis. La punlaboron. Hieraŭ, dum li kuŝis senkonscia, telefonis Konstantin kaj petis, ke la avino aŭ la avo tamen vizitu ian gepatran kunvenon pri la nepo. Ĉar mem Konstantin

- 175 -

kaj Annuŝka, lia edzino, jam antaŭe planis kinejon.

- Aha, malindulo! — kisis Ljuba kalvaĵeton en la kapmezo de Afanasij Matvejeviĉ. — Hieraŭ vi diboĉis, ĉu? Do hodiaŭ nur provu rifuzi. Al la sepa — en la lernejon, por gepatra kunveno.

- Mia bona, kia gepatra kunveno — geava! Sed kial do — somero surstrate! Lernejo ferias.

- Vidu, ke ne ĉiuj ferias. Kaj ne ĉiuj diboĉas! Tiu lingvo-kurso, kiun nia nepo vizitas, baldaŭ marŝos turiste al Estonio. Verŝajne, necesas solvi ion pri mono. Aŭ pri manĝo.

- Kiu kurso? Kia marŝo? — penis kapti la avo, sed la damnita kapo ne emis akcepti ian ajn informon.

- Normala kurso. Lingvon lernas la infanoj. Ŝajnas, ke Esperanto — ĉu vi mem ne memoras, marasmulo grizhara? La nepo jam orelojn trazumis pri ĝi!

- Esperanto... — balbutis Afanasij Matvejeviĉ. — Esperanto... Pene, tre pene tiris li el la memoro la hieraŭan vesperon. Ion tie Aljoŝka Udalov parolis. Ion tian pri Esperanto, jes. Ion malbonan... aŭ nemalbonan. Ne, tamen ion malbonan.

- Nu bone, avinjo mia. Iros mi tien — ja iam devas mi ekscii, pri kio sin okupas nia amata aĉulo, — li finglutis bieron el jam dua botelo. Petokule boris Ljuban.

- Sufiĉas, sufiĉas! — refutis ŝi, kaj li ekŝvebis al la laboro, en la sindikomon kun tute senpensa kaj nepensokapabla kapo.

Tamen, la tago pasis pace. Eĉ tri horojn li sukcesis tradormi en la ripozĉambro malantaŭ sia kabineto, gardata de Katenjka, la sekretariino. Kaj nun, preskaŭ plene refreŝiĝinta al la vespera tempo, li sidis kune kun deko da aliaj gepatroj-geavoj en lerneja klaso. Kunvenigis ilin tiu vigla, afabla knabo, Nikolaj... Ajratov, jes, kiun Afanasij Matvejeviĉ plurfoje renkontadis en la sindikomo, sed okupiĝis pri li Maja Miĥajlovna, la vicprezidantino sindikoma pri kulturamasa laboro.

— Karaj gepatroj! — iom ĝenite parolis Nikolaj. — Mi ĝojas konatiĝi kun vi. Viajn geknabojn mi dum la lernojaro jam ekkonis sufiĉe. Ili plaĉas al mi tre-tre.

- Ankaŭ vi al ili reciproke. La mia multe rakontis pri vi, — diris graseta virino belvizaĝa, kiun Afanasij Matvejeviĉ ne konis.

- Ĉu vi estas la panjo de Alla? — rediris Nikolaj. — Ŝi tre similas al vi. Bone, do ĉu mi devas rakonti al vi ion pri la okupo de viaj infanoj, pri Esperanto, aŭ vi jam estas informitaj?

- Estas ni informitaj! Ĝissate! — ekĝojis, ekridis la gepatroj-geavoj.

- Mi eĉ paroli povas... — plezurvoĉe grumblis alta, ostoza viro. — Andrej min igis lerni la vortojn kune.

- Ahha, do vi estas la avo de Andrjuŝa Belokopitov, — ekĝojis Nikolaj. — Tre kapablan nepon vi havas, Andrej Vasiljeviĉ. Ankaŭ la avon li havas elstaran — li verkis pri vi rakonton en Esperanto, bonegan rakonton.

- Tro laŭdis, verŝajne, bubaĉo... — kontente murmuris Andrej Vasiljeviĉ.

- Tamen mi scivolus iom pli detale... — kun ĝeno neatendita elparolis Afanasij Matvejeviĉ. — Certe, la nepo rakontis, sed ne tre atente mi aŭskultis...

- Nu, ne, — Nina, konata al Afanasij Matvejeviĉ arganistino el la superfosfata metiejo, senpacience elparolis. — Afanasij Matvejeviĉ, demandu vian Paŝkan, li ĉion povas rakonti, same kiel al mi Slavka

- 178 -

rakontadas. Estas multaj demandoj — ja niaj infanoj foriras por du semajnoj ien. Ĉu tiel, Nikolaj. Grigorjeviĉ?

Oho, pensas Afanasij Matvejeviĉ, ili jam la knabon plenanome vokas. Ja li estas nur verŝajne kvin-ses jarojn pli aĝa ol iliaj infanoj! Kaj Nikolaj pacience daŭrigas:

- Afanasij Matvejeviĉ, vere ni multon devas priparoli... Pavel estas eĉ tro ravita pro la lingvo, li eĉ legis multon pri ĝi memstare — petis min doni literaturon pri la temo. Do, li certe rakontos... Mi kun viaj infanoj piediras al Estonio post monato. Mi supozas, ke la gepatroj havos multajn demandojn.

- Jes, jes! — tuj haste leviĝis ŝminkita onjo delonge pasiginta sian mezaĝon. — Mia nepinjo estas tiom delikata. Tiom hejmeca! Tiom nesperta! Kaj vi, Nikolaj Grigorjeviĉ, pardonu, vi estas tiom juna. Ĉu vi povas plene respondeci kaj garantii sekuran revenon de mia Anĝela?

- Jes, mi povas, — ridetis Nikolaj; ial plaĉis al Afanasij Matvejeviĉ lia rideto, — certe jes. La marŝo estas tradicia, kun antaŭaj kursanoj ni efektivigis la similajn en pasintaj du someroj. Spertis mi dum nia lasta elurbiĝo, ke Anĝela estas vere tre hejmeca knabino.

Sed al ŝi tre plaĉas turista vivo; ŝajnas al mi, ke nia dusemajna marŝado instruos kaj edukos ŝin.

- Kiom kostos la marŝo entute? Vidu, mi laboras sola... kvar infanoj, la edzino sidas hejme kun la plej eta... — prononcas, ne leviĝante eĉ, tre laca laŭaspekte viro blondhara.

- Vi scias, Sergej Zaĥaroviĉ, — bravulo Nikolaj ellernis ĉies nomojn, pensas Afanasij Matvejeviĉ plezure, — la geknaboj, certe — kiuj volis, ricevis eblecon dum monato labori en la fervojo. La laboro ne estis tro peza, ankaŭ la salajro ne tro alta, tamen... Tamen ni devas danki la sindikomon de nia uzino, — li kapgestis al Afanasij Matvejeviĉ, — pro ioma aldona helpo. Ĉio kune sufiĉas por la marŝo, vi ne devas ion alpagi.

- Nu, ne mi, la sindikomo decidis... — gapis Afanasij Matvejeviĉ al la dankoplenaj rigardoj. En vero, li eĉ ne sciis pri tiu monhelpo, verŝajne Maja Miĥajlovna ion subvenciis el la kultura fonduso preter li. Sed nun li estis kontenta.

- Tamen, pardonu min, — denove leviĝis la avino de Anĝela. — Ankoraŭ unu grava demando min maltrankviligas! Du semajnoj — estas dekkvar noktoj! Mi esperas, ke ili dormos dise, knaboj kaj knabinoj —

aparte... Nu, vi estas plenaĝa homo, vi devas kompreni. Ĉu mi ne eraras?

- Ni havas tri tendojn, ĉiu — por kvar personoj, — informis Niko kaj glatis siajn nigrajn krispajn harojn ial. — Ni havas dekdu personojn en la grupo marŝonta; mi kaj dek unu geknaboj. Inter ili ses knabinoj kaj kvin knaboj. Neniel ni sukcesos dormi dise. Bella Vikentjevna, tamen mi volas vin konvinki, kiel sperta turisto — neniam dum junularaj turistaj marŝoj knabinoj kaj knaboj dormas dise. Ĉiam miksite, kaj, kredu al mi, nenia malbono okazas. Ankaŭ en nia kompanio ne okazos...

- Ha, neserioza demando estis, — grumblis Andrej Vasiljeviĉ. — Ni pridiskutu nun jenon — kion manĝos niaj infanoj tie?

- Bella Vikentjevna, iom ofendita, sidiĝis kaj ne plu parolis, dum la ceteraj aktivege diskutadis, kiom da kaĉo, stufviando, nudelo kaj lardo prenu la infanoj. Sed en hazarda paŭzo ŝi subite ekĝemis:

- Sed mia Anĝela tute ne spertas kuiri!

- La knabinoj instruos! La marŝo instruos! — kelkaj reeĥis.

Poste ili ĉiuj same vigle pridiskutis aliajn kunprenendaĵojn — manĝilaron, vestaĵojn, kontraŭkulaĵojn. Eĉ Afanasij Matvejeviĉ proponis nepre fiŝkaptilojn kunpreni, almenaŭ al Paŝka li certe donos eĉ du. Lanternojn, kandelojn, alumetojn... Ĉiuj vere viglis kaj aktivis, eble, eĉ pli ol la infanoj mem. Sed subite Afanasij Matvejeviĉ rememoris la hieraŭon. Li rememoris, kion en vero diris Aljoŝka Udalov pri Esperanto. Ke malrekomendas la obkomo okupiĝi pri tiu lingvo. Kaj li ekstaris de ĉe la lernobenko.

— Pardonu, Nikolaj Grigorjeviĉ, — elparolis li. — Jen estas la demando, kiun mia nepo Pavel certe ne sukcesos respondi. Mi havas la informojn, ke la partio ne rekomendas vastigi kaj propagandi Esperanton. Pro kia kaŭzo, ĉu vi povas klarigi?

Ĉiuj eksilentis, rigardante la knabon. Tiu denove glatis la harojn, tiris tuketon el poŝo kaj viŝis la kolon.

- La Partio, — diris li, — se temas pri la tuta Partio, neniel povas malrekomendi uzon de Esperanto. Ja Esperanto helpas la noblan aferon — amikigas homojn el diversaj landoj. Ĉu ne la samon postulas la partia strebo al proleta internaciismo? Ĉu niaj ĵurnaloj, eĉ sportaj, ne havas supre la sloganon "Proletoj de ĉiuj landoj, unuiĝu?"

- Jes, havas... — embarase reeĥis Afanasij Matvejeviĉ.
— Sed la superaj instancoj... la obkomo... la Centra
Komitato... mi havas la informojn, ke ili... ne tre
aprobas. Ne rekomendas do, fakte.

- Mi diru honeste, Afanasij Matvejeviĉ, — malrapide
prononcis Nikolaj, proksimiĝante al li, dum
alproksimiĝis ankaŭ ĉiuj ceteraj. — Mi diru, ke mi
neniam vidis ian ajn dokumenton, per kiu la Centra
Komitato aŭ la obkomo anoncu tiun ĉi stultan
malrekomendon. Miaopinie, ĝi ne ekzistas, ne povas
ekzisti, ĉar ĝi kontraŭas bazajn principojn de la
Partio. Nur apartaj personoj pro iaj kaŭzoj povas
malŝati tiun noblan aferon. Ĉu vi opinias, estimataj
gepatroj, ke viaj infanoj iĝos malpli bonaj, ellerninte
Esperanton?..

...En la malfrua, sed vere diafana, hela vespero paŝis
trankvila Afanasij Matvejeviĉ, babilante pri la infanaj
aferoj kun Andrej Vasiljeviĉ, kiu loĝis en la apuda
kvinetaĝa domo. Animon sian li sentis purigita, nur ie,
plej profunde zumis la voĉeto: "Ehh, Aljoŝka Udalov,
kanajlo vi estas multfoje. Sed, bedaŭrinde, kundrinki
mi devas kun vi. Estas ĝi super miaj deziroj...".

제11장

"외국용- 소련공산당청년조직(VLKSM)44)의 제17차 대회 자료들을!

7월에 청년조직위원회(KMO)는 VLKSM의 제 17차 대회 자료들을 에스페란토로 소책자 형태로 발간했습니다. 그 소책자를 탐색용으로 외국(스웨덴)으로 발송한다는 것은, 우리에게 정치적으로 우호적인, 상당한 수효의 에스페란티스토들이 그곳에 있음을 나타내어 주었습니다. 그들은 그 소책자를 자신들의 목적에 따라 유용하게 사용할 수 있을 겁니다, 또 그들은 나중에 KMO에 또 콤소몰의 CK에 그러한 에스페란토-자료들에 대한 자신의 관심을 나중에 표시할 수 있을 것으로 예상할 수 있습니다.

동지 여러분! 우리와 편지교환하는 사람들(특히 부르주아에 속하고 또 제3세계에 사는) 중에서 이 소책자를 받아서 자신의 사회활동에 이를 활용하려고 희망하는 정치적인 공감하는 이들을 찾아주길 부탁합니다."

(<Aktuale>. 197.년 12월호)

"제가 제25차 KPSU-대회 주제에 관한 기사를 몇 개 잡지들을 위해 편집해 놓았습니다. 그 기사에서, 분명히, 그 주요 요소는, 모두가 소련(USSR)과 공산당의 평화로운 정치(평화정치)를 지원한다는 것이 있을 것이고, 그리고, 이와 곁들여, 만일, 가능성이 있다면, 저는 많은 사람이 프롤레타리아 사이의 의사소통 도구로 에스페란토를 제안했다는 점을 언급할 예정입니다."

---

44)주: 소련 공산당 청년조직

(SEJM-위원회 위원들의 개인편지들 중에서)

-안녕하세요, 아뷔쇼뇨! 할머니는 잘 지내나요? 자, 이건 제가 할머니께 드리는 신선한 패랭이꽃입니다.

-아흐, 착한 니코샤[45], 자네가 우리 집을 방문하는 사람들 중 유일한 신사이네! -거의 마예르 가족의 완전한 가족구성원인 것 같은 니코가 할머니는 '아뷔뇨'이나 '아뷔소뇨'라고 친근하게 부르는 소피아 이고레프나가 키스하러 자신의 주름진 뺨을 니코의 뺨에 가까이 갔다.

-고마워요, 고마워... 꽃은 내가 좋아하지요. 하지만, 자네는 왜 더 젊은 여성을 위해 꽃을 따로 준비하지 않았지? -아뷔소뇨는 오른편의 방을 눈길로 가리켰다.

-더 젊은이를 위해서도 제가 준비했지요!- 니코는 자신의 가방에서 꽃다발을 꺼내고는 질문하듯 아뷔소뇨를 쳐다보았다. 여전히 웃으면서 한 번 더 그녀에게 키스한 뒤, 그는 곧 그녀의 행동거지에서 뭔가 긴장과 혼비백산함을 느꼈다.

아뷔소뇨는 거의 팔십의 나이이다. 그만큼 그녀의 몸을 땅으로 숙이게 하는 많은 나이에도 불구하고, 그녀는 니코와 거의 키가 비슷하다. 그녀는 애타는 듯한 눈길로 바라보는 그를 진지하게 또 똑바로 바라보면서, 약한 목소리로 말했다.

-뭔가 마리쉬카에게 나쁜 일이 있어요... 그녀와 이야기를 좀 해 봐요 -자네 스스로 살펴 보게나.

아뷔소뇨보다 두 배나 더 나이가 많이 들어 있는, 오래된 대형 벽시계가 좀 단조롭게 여섯 번 소리를 냈다. 신발을 슬리퍼로 바꿔 신은 니코가 닫힌 문을 똑-똑-하며 두들겼다.

-들어가도 되나요, 마린'?

-들어와요, 니코- 그녀 목소리가 들렸다. 정상적이다. 너무

_____

45) 역주: 니코의 애칭

정상적이다.

-용서해 -니코, 그동안 너를 만나지 못 했네...내일 내가 시험을 봐야 하거든. 그래서, 내가 지금 좀 뭔가를 쓰고 있다구.

그녀는 조용히 공책을 닫고, 탁자에서 일어선다. 니코가 건네 준 꽃을 받고는 니코에게 살짝 키스한다. 여느 때처럼.

-앉아, 니코!- 침착한 웃음과 함께 마리나는 안락의자에 둔 책 여러 권을 들어낸다. -피테르엔 오래 있을건가? 넌 우리 집에서 자고 갈려나?

'아뷔쇼뇨가 틀렸네.' -니코는 생각해 본다.- '모두가 정상인데.'

-아니, 여기서 자고 가진 않을 거야. 난 오늘 밤 기차로 모스크바로 가서, 스체르빈카의 인근 어디에서 하는 SEJM-콘퍼런스에 갈 예정이야. 우리가 함께 여행했으면 했는데, 아쉽게도

-네게 시험이 있구나...

-그래, 시험. 내가 다음번엔 가지. 하지만 그동안 그 마르크스주의-레닌주의 철학이 나를 괴롭히고 있네.....

-아, 나도 이해해. 우리 지도자의 마지막 발걸음들도 네가 연구해야 되는구나?

-오, 그래, 그걸- 맨 먼저.

-악마가 어서 그 늙은 말 많은 이를 데려가라지!

-니코, 그분은 정말 네가 속한 당의 대표라구!

-나는 그런 대표를 가질 것이라곤 꿈꾸지 않았는데....

-넌 당 회의에서도 그와 똑같이 말하니?

-아니지. 하지만 그곳에서는 온전히 다른 것에 대해 말하지: 완수되어야 하는 계획에 대해 말하지. 하지만, 그 사실 때문에 모든 공산주의자의 개인적 책임성에 대하여는 아니고....

-그게 도움이 되니?

-대화하는 것? 분명히, 아무 도움이 안 되지.

-그럼, 넌 이미 지루하지 않아?

-모두에게 지루하였지. 하지만, 우린 우리의 아주 옛 주제에 돌아가요.....주제를 다른 것으로 바꾸자, 어때?

-좋아, 말해 봐, 니코, 요즘 네가 사는 얌부르그에서 아무도 나에 대해 관심을 가지는 이가 없어? 아니면 그분에 대해서는 요?

-그동안 아무도 없었지. 올가가 나더러 널 방문할 것인지, 가게 되면 인사를 꼭 전하라고 하더군. 하지만 그분에 대해선 내가 누구와도 대화를 하지 않았지. 네 일이니: 용서해, 우리 일이지.

-지금은 수많은 사람이 우리 일에 관심을 가지는 시간이 되어 버렸어.

-무슨 일이 있었구나, 마린카?

-아주 나쁜 것은 그동안 전혀 없었지만. 그런 관심을 가진 사람 몇이 심지어 우리 집에도 왔다 갔어. 뭔가를 찾고 있어...

-아흐 그게 뭘까! 정말 그분의 모든 제자들을 찾아다니는 사람이 있네.

-모두에겐 아니야....부모님이 카렐리야46)에 휴양 중인게 다행이야. 아뷔소뇨가 "손님들"과 이야기를 나누었어...니코...

-말해.

-니코, 아마... 아마 넌 이젠 한 달 정도는 우리 집에 찾아 오지 마...아니면 두 달 정도. 왜냐하면, 네가 찾아오게 되면, 네게 해가 될 것이고, 네 명성에도 나쁘게 될거야... 예를 들어 네가 외국에 못 가게 할지도 몰라.

---

46) 역주: 카렐리야(러시아어: Карелия, 카렐리야어: Karjala, 핀란드어: Karjala, 영어: Karelia)는 북유럽의 넓은 지역에 걸친 카렐리야인들의 땅을 이른다. 역사적으로 핀란드, 러시아, 스웨덴 등의 지배를 받았다. 현재는 러시아의 카렐리야 공화국, 레닌그라드 주, 핀란드의 남카리알라 지역, 북카리알라 지역으로 나뉘어 있다.

-저런, 마린카! -그의 얼굴이 창백해졌다. -넌 정말 내가 한 순간이라도...라고 생각하니?...

-미안해, 니코, 나는, 정말로, 그 점을 말하지 않아. 피곤해졌어, 그런 것 같아. 너와의 우정은 내겐 아주 중요해. 또 나는 우리가 끝까지 그 우정을 유지하길 원한다구.

-아주 좋지. 그럼, 우리에겐 시간이 많아. 정말 그 끝은 아직 가까이 있지 않았으니.

-그래... 그럴지도... 넌 보로드스키[47] 시인에 대해 뭔가 들은 것은 없었니?

-아니, 아무 것도 듣지 못했어,- 니코가 사실대로 말했다.

-놀라운 시인이야. 나는 여자친구에게서 그의 시를 타이핑한 걸 얻어 왔어요. 자, 이걸 잠시 읽어 봐. 그건 너도 좋아할 거야....들어오셔요, 아뷔소뇨, 착한 할머니, 들어오셔요.

그 할머니는 조용히 들어섰다. 마리나를 유심히 쳐다보고는, 니코에게 몰래 눈을 한 번 껌벅하더니 초대한다.

-차가 준비가 되었어요, 손녀와 손자, 오세요!

-고마워요, 할머니, 제가 이곳으로 그 차를 들고 올게요. 하지만 할머니가 5분간만 니코와 좀 놀아 줘요.

-자네가 보기엔 좀 어때, 니코샤, - 반쯤 낮은 소리로 아뷔소뇨가 그들 둘만 남게 되자 말을 꺼냈다. - 그래 그런 농담에 그녀가 상처를 받는 것 같던가?

---

47)　역주:러시아의　다섯번째　노벨상　수상자　이오시프　브로드스키 (1940-1996)는 소련 정부의 탄압 가운데 정신병원에 수감되고 시베리아로 유형을 갔다가 1972년 조국 러시아를 뒤로 하고 원치 않는 망명길에 올랐다. 미국에 정착한 그는 대학에서 문학을 가르쳤고 미국 시인협회의 회원이 되었다. 그는 새로운 가정을 꾸리고 비교적 순탄한 삶을 살았으며, 아들과 부인을 남겨두고 떠나온 조국을 다시 찾지 않았다.
(출처:http://ysgradnews.tistory.com/205)

-걱정 마셔요, 할머니, 우리의 마린카는 정상적으로 보입니다. 하지만, -그 가택 수색이 -심했나요?

-츠츠. 내가 저 아이에게 모든 것을 말해주지 않았지. 생각해 보게, 그 사람이 특별히 방문했지, 그 작자 말이네, 나에게 그 교사에 대해 물어보러 특별히 왔다고 했어. 그가 우리 집을 자주 방문하였는지 물었어? 물론, 그렇지요. 하지만, 그렇게 자주는 아니라고 했어. 그는 진지한 학자이니. 아주 바쁜 사람이니까... 우리가 무슨 이야기를 했는지도 물었어, 정말! - 문학에 대해 주로, 예를 들어, 탁월한 번역가로서의 푸슈킨에 대해, 또 그밖에- 요리에 대해서도, 그래요, 그는 나의 요리에 대해 칭찬도 많았지. "함부르크의 화관"이라는 파이요리가 맛있다고 칭찬했지... 아니, 존경하는 시민 양반, 내가 주제에서 벗어났다고 말하지 마쇼. 당신이 상세히 답해 달라고 하니, -내가 그렇게 대답했지. 그랬더니, 그는 우리에게 책 몇 권을 선물로 주더군. 나에게, 개인적으로 -베르하에런[48]의 작품을. 누구라고요? 베르하에런이라고요? 존경하는 에...에...그는 더는 그곳에 살고 있지 않습니다. 그는 혁명 전에, 그래요, 1916년에 사망했어요. 그리고 러시아에서는 아니구요. 그러고... 마린카에겐 그 교사가 자신이 지은 책 2권을 줬다고 했네. 자. -그건 "나우카"출판사에서 발간했어요. 자, 이건 그의 자필 서명입니다. -아주 존경할만하고 상냥한 남자입니다! 아뇨, 난 그 책들을 당신에게 줄 권한이 없습니다. 만일, 당신, 시민이, 수색할 동기가 있다면- 그에 대한 서류를 내놔요. 서류를 안 갖고 있다고요. 좋아요. 그럼, 그가 불온서적들을 갖

---

48) 역주: Emile VERHAEREN (1855-1916). 벨기에 출신의 시인이자 극작가로 프랑스시단에서 활동했다. 그의 시풍은 "자유주의적"이다. 제1차 산업혁명에 대해 노래하면서 도시민의 목가주의를 나타내고, 또 평범한 사람들의 비참함에 대해서 글을 썼다. 상징주의 시인이었지만, 인간찬미를 주제로 신영역을 개척했다.

고 온 적은 있었나요? 하지만 그게 무슨 말인가요? 아니, 가지고 오지 않아요. 애석하게......애석하게도 당신이 베르하에런을 모른다니.....명석한 시인이지요. 그래요, 시민, 나는 늙은이입니다. 하지만, -여자라구요. 그리고 나는 만일 누가 내게 그런 식으로 말하면 난 좋아하지 않아요!- 그게, 내가 그 시민과 대화를 나눈 내용이지,- 아뷔소뇨가 웃으며 마쳤다. -정말 지금이 삼십팔년에 있는 것은 아니지. 마리쉬카[49]에 대해서만은 내가 가만히 있지 않을거야!

-아마 그녀는 최근 좀 피곤한가 봅니다. 하지만 그녀는 너무 조용하게 보여요.

-오호, 하느님이여 주소서! 자네는 아이들에게 계속 에스페란토를 가르치고 있지?

-아이들뿐만 아니구요, 아뷔소뇨, 제가 할머니를 저희 클럽에 초대하고 싶어요. 할머니는 그렇게 용감하게도 전쟁 이전의 'SEU'에 대해, 레닌그라드에서 열린 SAT-대회에 대해서 그 우호회관에서 이야기를 해주셨지요! 이 모든 것을 저희 강습생들을 위해 되풀이해서 말씀해 주시는데 동의하시죠?

-기꺼이 하지. 니코쉬카! 난 이제 지난 5년 전처럼 그렇게 잘 여행하지 못해. 하지만 내가 얌부르그로 갈 정도로 건강을 잘 유지하길 우린 희망해 보지. 그곳에서는 총성이 울리지 않는다고- 자네가 그리 말했지, 안그런가?

-바로 맞추었네요. 미리 감사드립니다. 그러니 저희가 아뷔소뇨 할머니를 기다리겠습니다! 쉬시구요, 저희들 옆에서 차를 드세요!

-고맙네. 아닐세. 나는 차를 많이 마시는 것은 피해야 하네. 자네가 뭔가, 내 없이도 지루하지 않게 해주는 뭔가 주제를 가져보게나.

---

49) 역주: 마린카의 애칭

할머니는 똑같이 놀라울 정도로 소리 없이 발걸음을 옮겼고, 니코는 다시 마린카와 둘만 남았다. 분명히 그들은 이야기할 것이 많았고, 또 그들은 대화했다. 니코는 자신의 대표들에 대해, 자신의 싸움들을 이야기했다. 마리나는 자신이 얼마 전에 알게 된 베르댜예프[50]의 철학에 대해 말했다. 니코는 열성적으로 토론해 보기도 하였지만, 논리가 이겼다. 그 논리는 그녀의 낱말 속에 들어 있었다……그리고 그 옛 시계는 분별력있게 30분마다 그르렁대며 소리를 냈다……

-마린카, 나는 그 때문에 아직 한 번도 물어보지 않았어…… 하지만, -왜 아이를 가지지 않아? 내가 아는 수많은 사람은 당신에게 장가들고 싶어 안달이 나 있다구.

그 짧은 순간에 이상한 얼굴 주름이 그녀 얼굴에 흐르다가 곧 사라졌다.

---

50) 역주: 니콜라이 베르댜예프(Николай А. Бердяев, 1874~1948)는 러시아의 사상가이다.1874년에 오늘날 우크라이나의 수도인 키예프에서 태어났다. 그의 가문은 전통적으로 군인을 배출해 왔기 때문에, 그도 유년 시절 사관학교에서 군인 교육을 받았다. 그렇지만 어린 시절부터 인문학적 주제에 관심을 가지고 있던 베르댜예프는 부모의 허락을 받아 사관학교 생활을 중단하고 키예프대학 법학부에서 공부하게 되었다. 그가 대학생활을 하던 1890년대는 러시아의 역사적 진로를 놓고 인민주의자들과 마르크스주의자들 사이에 일대 사상적인 대결이 벌어지고 있었다. 이때 베르댜예프는 마르크스주의 운동에 가담하여 반정부 투쟁을 벌이다가 체포되어 볼로그다에서 유형 생활을 하게 되었다. 그렇지만 그는 곧 유물론적인 마르크스주의를 비판하면서, 기독교를 기반으로 한 독창적인 사상을 발전시켜 나가게 되었다. 특히 그의 사상은 인격이 지닌 자유의 중요성을 강조하였다. 그리하여 그는 마르크스주의자들의 극단성과 파괴성을 우려하면서, 1917년에 발발하게 될 러시아 혁명의 성격을 예견하였다. ≪인텔리겐치아의 정신적 위기≫, ≪자유의 철학≫, ≪창조의 의미, 인간의 정당화 경험≫과 같은 책들은 바로 베르댜예프의 이런 사상의 초석을 놓은 저서들이었다. ≪역사의 의미≫, ≪새로운 중세≫, ≪러시아의 이념≫, ≪러시아 공산주의의 기원과 의미≫ 등과 같은 명저들이 출간되어 나오게 되었다.(출처:
https://ko.wikipedia.org/wiki/%EB%8B%88%EC%BD%9C%EB%9D%BC%EC%9D%B4_%EB%B2%A0%EB%A5%B4%EB%8C%9C%EC%98%88%ED%94%84)

-왜 오늘 그걸 내게 물어?

-왜냐하면, 오늘 네가 좀 불행해 보여서. 아이들이 있으면 행복해지거든.

-내가 불행해 보인다구? 하!- 그녀는 유쾌한 기분을 내보이려고 애썼지만, 갑자기 사라지고는, - 너무 복잡한 질문이군......내 의견은 이렇다구: 자신의 고유의 삶의 의미를 언제라도 이해하지 않고 있는 사람은 다른 사람에게 그 삶을 줄 권한이 없어요.

-하지만 아이는 스스로 삶에 대한 의미를 가진다구!

-늘 그런 것은 아니야. 내 생각엔, 아이가 그 어머니 때문에 불행할 수 있어. 그럼에도...넌 이젠 기차를 타러 달려가야만 하네. 안 그런가?

......이미 이즈마일로브스키이-가의 황혼 속에 '테크놀로지카' 전철 역으로 걸어가면서, 니코는 마리나의 외양에서 그녀를 괴롭히는 것이 무엇인지 이해가 되었다. 그녀의 두 눈은 대화 내내 아무것도 말하지 않았다. 그 두 눈은 아무 움직임이 없었다. 그래, 그녀가 자신의 처지를 부분적으로조차도 나타내는 것마저 두려워할 정도의 그만큼의 재앙이 닥쳤구나. 그런데 그는 그녀를 돕지도 못하고, 또 뭔가 변화시키지도 못했다.

ĈAPITRO XI

"Materialojn de la 17-a Kongreso de VLKSM — por eksterlando!

En julio la komitato de Junularaj Organizaĵoj (KMO) eldonis en esperanto materiaiojn de la 17-a Kongreso de VLKSM. Sonda ekspedo de la broŝuro eksterlanden (Svedio) montris, ke tie estas konsiderinda kvanto da esperantistoj, politike favoraj al ni. Ili povus utiligi la broŝuron laŭ ĝia destino, manifestonte poste sian interesiĝon pri tiaj esperanto-dokumentoj ĉe KMO kaj komsomola CK.

Karaj gesamideanoj! Eltrovu ni inter niaj korespondantoj (burĝa kaj tria mondo precipe) niajn politikajn simpatiulojn, kiuj dezirus ricevi la broŝuron kaj apliki ĝin en sia socia aktivado".

(Aktuale— 12— 197...)

"Mi kompilis artikolon pri la temo de la 25-a KPSU-Kongreso por kelkaj revuoj. En tiu artikolo, certe, la ĉefa ero estos, ke ĉiuj subtenas la pacan politikon de USSR kaj komunista Partio, kaj nur pretere, se estos ebleco, mi mencios, ke multaj proponis Esperanton kiel ilon de interproleta komunikado".

(El privataj leteroj de SEJM-komitatanoj)

- Bonan tagon, Avisonjo! Ĉu vi bonfartas? Jen — por vi la diantoj freŝaj.

- Ahh, mia bona Nikoŝa, la sola kavaliro vi restis inter niaj vizitantoj! — Sofia Igorevna, kiun Niko, kvazaŭ plenrajta ano de la familio Majer, nomas Avinjo aŭ Avisonjo, proksimigas al li la sulkan vangon por kiso. — Dankon, dankon... Florojn mi ŝatas. Tamen, kial vi ne rezervu ilin por pli juna damo? — Ŝi okulsignas al la dekstra ĉambro.

— Por pli juna mi ankaŭ havas! — Niko tiras bukedon el teko kaj demande rigardas Avisonjon. Ankoraŭ kun rideto kisante ŝin, li rimarkis ian streĉon kaj maltrankvilon en ŝiaj movoj.

Avisonjo havas preskaŭ okdek jarojn. Spite al tioma jarpezo, klinanta ŝin al tero, ŝi estas preskaŭ samalta kun Niko. Ŝi rigardas prudente kaj rekte lin, afliktiĝintan, kaj duonvoĉe diras:

— Io malbonas al Mariŝka... Provu paroli kun ŝi — vi mem vidos.

La horloĝego, duoble pli maljuna ol Avisonjo, iom stertore batas ses fojojn. Ŝanĝinte la ŝuojn je pantoflojn, Niko frapas la fermitan pordon:

- Ĉu mi rajtas eniri, Marin'?

- Eniru, Niko, — respondas ŝia voĉo. Normala. Tro normala.

- Pardonu — mi ne renkontis vin... morgaŭ mi havas ekzamenon, do, skribas iomete.

Ŝi trankvile fermas kajeron, levas sin de-ĉe la tablo. Kisetas Nikon, prenante la florojn. Kiel ĉiam.

— Sidiĝu, Niko! — kun trankvila rideto Marina forprenas librojn de apogseĝo. — Ĉu por longe al Piter? Ĉu vi planas noktumi ĉe ni?

"Eraris Avisonjo, — pensas Niko. — Ĉio estas en ordo".

- Ne, mi ne restos. Per nokta trajno mi forveturas al Moskvo. Al SEJM-konferenco, ie apude, en Ŝĉerbinka. Mi esperis, ke ni veturos kune, tamen — via ekzameno...

- Jes, la ekzameno. Eble mi venos poste. Sed dume tiu marksisma-leninisma filozofio min turmentas...

- Ha, mi komprenas. Ĉu ankaŭ la lastajn elpaŝojn de nia gvidoro vi devas trastudi?

- Ho jes, tion — unuavice.

- Diablo prenu tiun oldan babilemulon!

- Niko, li ja estas via partiestro!

- Ne tian estron mi revus havi...

- Ĉu vi la samon diras dum viaj partiaj kunvenoj?

- Ne. Sed tie temas tute pri alio: pri la plano, kiu devas esti plenumata, sed ne estas; pri persona respondeco de ĉiu komunisto pro tiu fakto...

- Ĉu helpas tio?

- La babilado? Certe, neniom.

- Do, ĉu ne tedis jam al vi?

- Al ĉiuj tedis. Tamen, ni revenas al nia malnovega temo... Ŝanĝu ni al iu alia, ĉu?

- Bone. Diru, Niko, ĉu neniu el via Jamburg interesiĝas pri mi lastatempe? Aŭ pri Li?

- Neniu dume. Olga demandis, ĉu mi vizitos vin, transdonis salutegon. Sed pri Li mi kun neniu parolis. Estas via afero; pardonu — nia.

- Estas nun la tempo, kiam multaj interesiĝas pri niaj aferoj.

- Kio okazis, Marinka?

- Nenio terura, dume. Nur iuj el la interesiĝantoj venis al ni hejmen eĉ. Serĉas ion...

- Ahh jen kio! Versimile la certuloj venis al ĉiuj Liaj lernintoj.

- Ne al ĉiuj... Bonas, ke la gepatroj ripozas en Karelio. Avisonjo kun la "gastoj" parolis... Niko...

- Parolu.

- Niko, eble... eble vi ne vizitu nin dum monato... aŭ du. Ĉar tiuj vizitoj povas noci vin, fuŝigi la reputacion... ekzemple, eksterlanden oni vin ne lasos.

- Nu, Marinka! — paliĝas lia vizaĝo. — Ĉu vi vere ekpensis, ke mi eĉ por momento...
- Pardonu, Niko. Mi, vere, diris ne tion. Laciĝis, ŝajne. Via amikeco estas por mi tre grava, kaj mi

esperas, ke ni restos la samaj ĝis la fino.

- Bele. Do ni havas multon da tempo. Ja ne proksimas la fino.

- Jes... eble.. Ĉu vi aŭdis ion pri la poeto Brodskij?
- Ne. Nenion aŭdis, — konfesas Niko.

- Mirinda poeto. Mi prenis retajpaĵon de liaj versoj ĉe amikino. Jen, prenu por legi dumvoje. Al vi plaĉos... Eniru, Avisonjo, bona mia, eniru!

La avino eniras senbrue. Rigardas atente al Marina, kaŝe palpebrumas al Niko kaj invitas:

- Teo pretas, nepetoj, venu!

- Dankon, Avinjo, mi portos ĝin ĉi tien. Sed vi distru Nikon dum kvin minutoj.

- Kion vi opinias, Nikoŝa, — duonlaŭte komencas Avisonjo, kiam ili restas duope, — ĉu tiu traserĉo vundis ŝin?

- Estu trankvila, Avinjo. Nia Marinka aspektas bonorde. Sed — la traserĉo — ĉu serioze?

- Ts-s. Mi ne ĉion diris al ŝi. Imagu, li speciale venis,

tiu viraĉo, por pridemandi min pri la Instruisto. — Ĉu li vizitadis nian loĝejon? — Komprenleble, jes. Tamen, neofte. Li estas serioza sciencisto, tre okupata... Pri kio ni parolis, ho! — Pri literaturo, ĉefe, ekzemple, pri Puŝkin, kiel elstara tradukisto... Krome — pri kuirarto, jes, li multe laŭdis miajn kuiraĵojn. La torton "Florkrono de Hamburgo"... Ne, estimata civitano, mi ne deflankiĝas. Vi petis respondi detale — mi respondas. Jes, li donacis kelkajn librojn al ni. Al mi, persone, — volumeton de Verhaern. Kiu? Ĉu Verhaern? Estimata e... e... li ne plu ie loĝas. Li mortis en la dek-sesa. Jes, antaŭ la revolucio. Kaj ne en Ruslando. Krome... por Marinka la Instruisto donacis du proprajn librojn. Jen — eldonejo "Naŭka". Jen estas la aŭtografoj — tre estiminda kaj afabla viro! Ne, mi ne rajtas doni ilin al vi. Se vi, civitano, havas motivon por konfiski — montru dokumenton. Ne havas. Bone. Ĉu li alportis iam malpermesitajn librojn? Tamen, pri kiuj temas? Ne, ne alportis. Bedaŭrinde... bedaŭrinde, ke vi ne konas Verhaern... brila poeto! Jes, civitano, mi estas maljuna. Sed — virino. Kaj mi ne ŝatas, se iu alparolas min tiel! — Jen, kiel mi kun li parolis, — finas Avisonjo kun rideto. — Ja nun estas ne la tridek oka! Nur pri Mariŝka mi malkvietas!

- Eble ŝi iomete laciĝis lastatempe. Sed ŝi aspektas eĉ tro kvieta.
- Ohh, donu Dio! Ĉu vi plu instruas Esperanton al

infanoj?

- Ne nur al infanoj. Avisonjo, mi volus inviti vin al nia klubo. Vi tiel brave rakontis en la Domo de Amikeco pri SEU antaŭmilita, pri SAT-kongreso en Leningrado! Ĉu vi konsentos ripeti ĉion ĉi por niaj kursanoj?

- Volonte, Nikoŝa! Jam ne estas mi tiom vojaĝema, kiel antaŭ kvin jaroj. Sed ni esperu, ke mi bonfartos por veni al Jamburg. Oni tie ne pafas — vi diris, ĉu ne?

- Tute ĝuste. Antaŭdankon, do ni atendas vin, Avisonjo! Restu, trinku teon kun ni!

- Dankon, ne. Mi evitas trinki multe da teo. Espereble vi trovos ian temon por ne enui sen mi.

Ŝi forpaŝas same mirinde senbrue, kaj li denove restas kun Marinka. Certe, ili havas multon por diri, kaj ili parolas. Rakontas Niko pri siaj estroj, pri siaj bataloj. Rakontas Marina pri filozofio de Berdjaev, kiun ŝi malkovris antaŭnelonge. Niko entuziasmiĝas, eĉ provas diskuti, sed venkas logiko, kaj tiu estas en ŝiaj vortoj... Kaj la antikva horloĝo prudente stertoras ĉiun duonhoron...

— Marina, mi pri tio neniam demandis... sed — kial vi

ne akiru bebon? Multaj, mi scias, estus feliĉaj edziĝi al vi.

Stranga sulketo dum kurta momento fluas laŭ ŝia vizaĝo kaj malaperas.

- Kial vi demandas pri tio hodiaŭ?

- Ĉar hodiaŭ vi ŝajnas iom malfeliĉa. Infanoj feliĉigas.

- Ĉu mi aspektas malfeliĉa? Ha! — Ŝi penas imiti gajan humoron, sed — estingiĝas abrupte. — Estas tro komplika demando... Mi opinias: kiu ne ĉiam komprenas la sencon de propra vivo, tiu ne rajtas doni la vivon al iu alia.

- Sed infano per si mem donas sencon vivi!

-Ne ĉiam. Laŭ mi, infano devas esti malfeliĉa pro la patrino. Tamen... vi jam devas kuri al la trajno, ĉu ne?

...Jam en la krepusko de Izmajlovskij-avenuo, paŝante al metrostacio "Teĥnolojka", Niko komprenas, kio turmentis lin en la aspekto de Marina. Ŝiaj okuloj dum la tuta parolado nenion diris. Ili estis senmovaj. Do, tiom da plago ŝi havas, ke timas elmontri eĉ parton. Kaj iel helpi, ion ŝanĝi li ne sukcesis.

제12장

"소련 에스페란토 운동을, 이전과 달리 평가하는 새로운 상황에서, **SEJM**의 중요성은 더욱 크게 되었습니다. 우리는 그동안 전국적으로 유일한 조직 집단으로 있고, 지금도 우리는, 우리의 조직 방법의 적합성을 입증하면서 더욱 확고하게 또 성과 있게 일을 처리해 나가야 합니다. 우리 포럼 행사인, 제12차 **SEJM-콘퍼런스**를 앞두고, 모든 활동가는, 새로운 상황과 여러 가능성의 스펙트럼을 통해 과장 없이 바라보면서, 과장하지도 말아야 하며, 사상누각 같은 성을 짓지 말고, 실제 제안들을 생각해 내야 하고, 신선한 아이디어도 찾아내 검토해야 합니다. 여러분의 옛 노트들을 잘 살펴보세요, 아마 그곳엔 그 당시엔 유토피아적이거나 너무 넓어 그땐 실현 불가능했지만, 지금엔 종국으로 적절할 수도 있는, 수많은 아이디어가 들어 있을 수도 있습니다...

그러니, **콤소몰**의 제60년 주년에 헌신하는 SEJM-고문단의 제12차 콘퍼런스가 활발하게 또 성과가 있도록 마무리될 수 있도록 여러분이 제안과 아이디어를 준비해 주세요."
(<Aktuale>, 197.년 6월호)

"SEJM은, 지난 초기 몇 년간 적어도 세 번은 콤소몰 중앙위원회(CK)에 서신을 보내, 우리 활동의 상세 보고서를 제출하면서, 후원도 요청하였습니다. 그 단체가 보낸 첫 회신에서, SSOD[51]가 우리 단체를 감독하는 기관이 될 것이라고 알려주었고, 둘째 회신에서는, SSOD가 감독 기관으로 적당하지 않다는 우리의 논쟁 끝에, "그 문제는 검토해 보겠습니다"라

---

51) 주: SSOD = Unuiĝo de Sovetiaj Societoj de Amikeco kaj Kulturaj Ligoj kun Eksterlando.소련대외우호문화협회연합

고 하는 간결한 회신이 왔습니다. 그리고 세 번째 회신에서는, "그 검토" 결과에 대한 우리의 관심에 당국이 반응이 없다는 것입니다."
(SEJM-위원회 위원들의 개인 편지 중에서)

밤을 그는 기차 안에서 보냈다. 저녁에 비가 약하게 왔다. 그리고 좌석들만 있는, 진흙이 묻은 열차는, 위풍당당함 없이도 "청춘"이라는 이름을 갖고, 필시 모든 여행자에게 이런저런 우울한 생각을 하게 만들었다. 왜냐하면, 열차 차장들이, 승객을 태우려는 기차가 플랫폼에서 오랫동안 멈춰 서 있음에도 불구하고, 그 열차 출입문을 서둘러 열어주지 않아, 승객들은 열차 옆에서 불평하고 있었다. 건설 분견대 복장을 한 대학생-객차 복무원이자 부대원들은 대장객차 칸에서 나와, 자신의 복무하는 열차 칸으로 이동하면서 자기 자신을 주체하지 못하고 비틀거리는 그림자 모습을 보이고는 뿔뿔이 흩어졌다. 그러고는 그들은 열차 출입문을 하나둘씩 열어주었고, 곧장 잠자러 떠나갔다. 그들 모두는 충분히 취해 있었다. 아마, 그 대장객차 칸에서 무슨 축제를 벌였구나 -하고 니코는 생각했다. 그 불평하고 있는, 대단할 정도로 붐비는 승객들 속에서 그는 자기 좌석을 찾아, 그 자리 위의 선반에 자신의 여행 가방을 던져두고는, 자리에 앉았다. 그리고 그는 자기 의자의 지지대를 밀자, 끽- 소리를 내며, 그 의자가 반쯤 뒤로 젖혀졌다. 그는, 절반은 누운 채로, 땀에 범벅이 된 채로, 무거운 꿈속에서 모든 것을 잊고 있었다.
 사쉬카이거나, 아니면, 그와 아주 비슷하게 생긴 누군가가 지저분한 SKT-단복 차림으로 술에 취해 웃으면서 모두가 아는, 아주 오래된 재담거리를 말하면서, 이상하게 입맛을 다셨다.
-자 봐요. 우리 소련 스포츠선수 한 명이 외국 순회 경기를

하러 프랑스에 갔는데, 어느 공원에서 아침 체조를 하고 있었지. 그는 풀밭에서 엎드린 채 자신의 두 손을 아래로-위로 하면서 팔굽혀펴기 운동을 하고 있었다네. 그때 어떤 순경이 와서 이렇게 말했다지: "아저씨, 당신의 마담은 이미 가고 없네요!". 나는 어제 저녁에 제6 기숙사에서 나오는 스볘트카(당신은 그녀를 알지!)를 보면서, 그 스포츠선수가 늠름한 자신의 모습을 봐 줄 마담도 없는데도 계속 운동을 한 그의 행동을 스볘트카에게 이야기를 들려주었지. 그랬더니 그녀가 우-웃-었어요! 그런데, 왜 당신은 웃지 않나요, 나쁜 사람!?

샤쉬카는 총검이 달린 소총을 집어 들어, 그 총을 반쯤 누워 있는 니코 위로 들어 보였다.

-그만해, 니코가 헐떡거렸다.

-나는 이미 웃고 있다구. 자, 보라구!

하지만 사쉬카는 그 총을 흔들더니, 그 총검이 니코의 목에 아주 가까운 안락의자를 찔렀다.

  니코는 펄쩍 뛰어 일어나, 그 소총을 뺏어, 그 총검을 그 총에서 빼내 집어 던져 버리고는, 내빼기 시작했다. 사쉬카는 난폭하게 그를 향해 총을 쏘았다. 총알들이 그의 머리 곁에서 피웅-피웅-하며 스쳐갔다. 니코는 자동차가 다니는 차도로 달려갔고, 천연색 버스들이 그의 옆을 쏜살같이 달려가고 있었다. 그곳에서 니코는 다가오는 버스 운전기사를 향해 손을 흔들었다: "멈춰요! 멈춰요!"

  사쉬카가 이미 가까이 와서, 그 소총을 들고 있는데, 갑자기 낯선 목소리로 소리쳤다: "아하! 우리는 도착했구나!".......

-아하! 우리가 모스크바에 도착했네, -옆 좌석에 앉아 있던 승객이 반복해 말했다.

  이른 아침의 햇살이 먼지 묻은 창문을 통해 열차 안으로 들어왔고, 열차의 차창 너머 그곳, 레닌그라드 역의 플랫폼 위에서는 아주 화창한 날이 시작되었음을 볼 수 있었다. 니코는 양 손바닥의 엄지 손가락의 몰랑한 부위로 두 눈을 비비고는, 그 요상한 꿈을 내쫓고, 자신의 여행 가방을 집어 들어, 시원한 아침의 플랫폼으로 내려섰다.

늘 복잡한 콤소몰 광장을 따라서, 그는, 서서히 칼란초브카로 천천히 걸어가면서, 모스크바 공기를 들이마시고, 남부 민족들로 구성된 쇼핑객들을 멍하니 쳐다보고는, 인근 시외기차의 플랫폼 가판대에서 비치된, 새로 나온 모스크바신문을 하나 사고서, 다른 무리와 함께 세르푸코바 행 노선의 전기기차로 들어갔다. 그는 먼지 가득한 모스크바 인근 역의 플랫폼을 나오기 전에 그 신문을 다 훑어 읽어 봤다. 그는 이제 길을 묻기만 하면 된다. 그리고 소도시를 20분 정도 걷고, 나중에 휴양소 대문으로 곧장 향하는 자작나무 가로수길을 따라 걸었다.

-헤이, 여러분, 내가 누굴 보았지! 모두 내가 있는 곳으로 달려 와 봐, 니코가 왔어! 반가워, 니코!

몇 명이 그에게 이미 달려 왔다. -악수하고, 포옹하고, 키스한다. 그는 자신의 모임에 왔다: 이미 알고 지내는, 소중한 얼굴들이 그를 둘러쌌다. 그 목가적 느낌이란...

-그런데, 너는 우리 올가를 어디로 숨겨 놓았지, 귀족계급 같으니? 대중에게 자신의 아름다운 아내를 보여주기조차 하지 않으려 하다니, 하!

-하! 그녀는 그 아름다움 그대로 유지하고 있지!

니코가 말했다.

- 자, 봐!

그는 자신의 호주머니에서 곧장 사진들을 꺼내, 그 무리에게 보여주었다. 만족하는 외침들이 강해졌다.

-그래, 우리 클럽이 너를 위해 얼마나 아름다운 아내를 교육시켰는지 봐! 그리고 그녀가 너에게 얼마나 귀한 자식을 선사

했는지 알아! 왕자! 멋진 놈이네!

-댓가를 지불해! 곧 뭔가로 지불해! 그렇지 않으면, 우린 네 아들을 SEJM의 공동 재산이라고 알릴거야!

-하! 그 일백 루블을 받고 있는 엔지니어가 지불한다네, 기다려 보자!

-그 엔지니어가 정말 그곳에서 우리 올가를 행복하게 해주진 않고 고통만 주는군.

-주방으론 얼씬도 못하게 해!

-하지만 아닐세! -니코는 그 놀이에 즐거이 답했다. - 올가는 때로는 욕실로도 가거든... 셔츠도 빨아야 되고... 의복도...

-안돼, 절대로 나는 그런 나쁜 남편을 본 적이 없어!

모두, 옛날부터 알아온 지인들, 그 여러 해 동안의 가족 같은 모임의 구성원들은 웃는다. 새 얼굴들도 눈에 띈다. 예치요는 그에게 몇 명의 용감한 동부 사람들을 소개해주었다. 이봐노보 라는 회원이 새 세대의 여성 활동가들을 오게 했다. -정말 약혼녀들의 도시이구나. 사마르칸드가 -이전엔 전혀 몰랐는데 아주 사근사근한 청년이 그 라빌이구나... 그래, 이 모임은 성장하고 있구나.

누군가의 시선을 니코는 오른편에서부터 느꼈다. 그는 고개를 돌렸다. 깊이를 모르는 두 눈은 거만하게도, 드러나게도 주목을 불러일으켰다. 니코는 뭔지 이해가 되지 않았다. 하지만:

-안녕하세요! 우리 서로 알고 지냅시다, 어떤가요?

-안녕-하세요! 우리는 서로 2년 전에 이미 인사했는데. 필시 당신은 나를 기억하지 못하네요. 나는 당신이 떠나던, 바로 그 날 왔어요. 저는 갈카입니다. 모스크바 근처인- 킬리모브스크에 삽니다.

-아하, 갈카! 이제야 나는 기억이 나는군요- 그때는 더 짧은 머리카락들만 많았는데, 안 그런가요?

-그래, 맞아요! -만족하여 그 검은 물결의 머리카락들이 철썩거렸다.

"저기, 갈카, 그럼 갈카...' -니코는 좀 혼돈스럽게 생각했다.

아침은 가고 있다. 해맑고 푸른 하늘엔 구름 한 점조차 보이지 않고, 이 땅을 향해 태양은 햇빛을 모조리 쏟아내고 있다. 휴양소 중앙에 배치된 넓고 둥근 꽃밭의 모든 생물은 그 따뜻함을 즐거이 받아들이고 있다. 그 꽃밭 중앙에는 달리아 꽃들이 붉게도 피었고, 하얗게도 피었다. 그 꽃들을 에워싼 것은 푸른색의, 원형의 정다운 협죽도(플록스)들이고, 그 뒤로 둥글게 다양한 색깔의 금어초들이 자리하고 있다: 블록으로 구역을 만든 꽃밭의 가장자리에서 가장 가까운 원형 공간을 한 무더기의 노랗고 붉은 네덜란드 겨자 식물이 덮고 있다. 에스페란티스토들이 데리고 온 아이 중 몇몇은 그곳의 섬세한 줄기들과 싱싱한 푸르고 여린 잎들을 따서는, 거의 상의를 벗은 채로 목걸이들을 만들고 있다. 그 바깥으로는 둥글게 원을 만들어, SEJM-활동가들이 공원의, 평범한 기대는 벤치에 앉아 있다. 그들 모두는 어린아이와 비슷한 차림이다- 정말 날이 덥구나! 이렇게 원을 만든 것은 이곳에서 SEJM-콘퍼런스의 첫 회의를 열기 위해서다.

지역별 참가자 인사와 소개가 있는 장중한 개회식은, 질식할 듯한 대강당에서 정장을 입은 채로 앉아 진행하는데, 다행히 그 개회식은 어제 있었다. 니코는 그 개회식에 참석하는 것을 피했다. 지금은 모든 것이 일상적인 순서에 따라 마치 흘러가는 것 같다.

-우리 클럽은 올해 어려운 일이 많았습니다. 시민회관에서는 고르콤(gorkomo)[52]의 문화부 명령이라며 우리가 활동하는

---

52) 역주: 시위원회

장소를 **뺏어** 가버렸어요. 하지만 활동은 계속하고 있습니다. 강습회가 개최되었구요. 8명이 성공적으로 그 강습을 수료했습니다. 강연은 몇 차례 있었습니다...

-저희 클럽에는 성공도 있습니다: 저희 클럽이 신디케이트 조합클럽 곁에서 국제우호클럽으로 공식화하는데 성공했습니다... 그런데 여러분은 왜 웃나요? 그래요, 클럽 옆에 클럽이- 아무 웃을 일은 아니지요! 만일 36명이 강습을 마쳤고, 두 번의 대규모 전시회도 했다면요...

-동무들, 진지하게 들어 봅시다! 새로운 상황 하에서는 우리가, 아마, 동시에 보고를 하고 태양에 그을리는 것은 어려울 수 있습니다. 레닌그라드 대표자들이 참석하지 않았습니다. 레닌그라드에 대해 뭔가 알려줄 분은 없는가요?

니코가 손을 들었다. 하지만 그 대표가 그에게 발언권을 주기도 전에, 티흐빈(Tihvin)에서 온 예핌이 자신의 벤치에서 손을 들었다. 다시 모두가 웃었다. -보고하러 나선 그의 차림이 수영복 차림이지만, 넥타이도 착용하고 있었기에.

-웃어요, 웃어! 새로운 상황에서는 여러분은 더는 웃지 못할 수도 있어요! 다른 방식으로만.

-트로스만 동무, 나는 당신에게 개인적으로 요청합니다: 좀 진지해져요. 청중들을 또 그들의 시간을 존중해 줘요!

...한마디로- 충분히 일상적인 보고였다. 그런데 왜 불안감은 크지고 있는가? 옴스크에서 온 자구르첸코,,,리가에서 온 베르진쉬...탈린에서 온 호옵살루, 다시 트로스만- 이미 티흐빈에 대해 보고를 마쳤고...강연, 강습, 텔레비전(오호!)과 라디오방송, 기사 투고문, 전시회, 클럽장소의 제공과 **뺏김**, 정상적인 활동, 하지만 뭔가 이상하다. 보자- 이 회의를 주관하는 빅토로가 클럽의 보고들은 하지 않고, 클럽에서의 생활에 대한 정보를 알려 주고 있었다. -그건 왜지? 그럼, 우리는 점심 뒤에

봅시다. 하지만 그 점심 먹기 전에 뭔가 수영할 곳을 반드시 찾아야 해, 헤엄치고, 물장구치고, 풍덩-하고, - 가요, 남녀 여러분들, 함께 가요,-이 모든 것은 태양이 내리쬐는 장소에서의 회의 뒤에 유용하다.

-강이 없고, 호수도 없고. 풀장이 한 개 있는데, 인근의 선구자용 캠프장 안에 있어요.

그곳에 거주하는 주민들이 설명했다.

-그럼, 우리가 뛰어가요!- 그리고 그 무리의 반은 뛰고, 반은 달려서 그 나무 울타리를 넘어, 주민들이 알려준 방향으로 흘러가듯 갔다. -그리고 정말 물이다! 정말로, 그것은 아이들을 위한, 개구쟁이들이 노는 곳이라서, 이곳에서는 거의 헤엄칠 수가 없다. 하지만, 자신의 몸을 적시기엔, 즐거이 숨을 내쉬기엔 충분했고, 물거품을 내고 물을 튕겨 보기도 하고, 어떤 예쁜 여성을 그 물속으로 끌고 가서 밀쳐 넣는 일을 벌이기엔 충분했고, 그녀가 놀라 고함지르는 소리를 만족한 채 듣기엔 - 이 모든 것을 위해서 그 풀장은 충분히 적당했다.

-니코! 넌 이 물속에서의 모습이, 좀전의 회의하던 곳에서보다 훨씬 유쾌해 보이네. 넌 이미 지루한가?

-지루하지 않지만, 걱정이 좀 있었지.

-무슨 걱정? 가족이 이미 그리운 건가?

-아는 것도 많네. -곧 할머니가 되겠네 -기억해요! 그리고 지켜줘요!

니코가 손바닥으로 풀장의 물을 치자, 그녀가 있는 쪽으로 한 줄기 무지개 같은 다양한 색깔의 물보라가 튕겨갔다.

-하-하! 할머니가 되려면 적어도 먼저 어머니가 되어야겠지!

-그럼, 그것은 정말 간단하지!

-그만해!

모두가 물에 적신 몸을 말리러 선구자용 초원 위로 기어올라

왔다. 니코는 이미 자신의 불안감은 잊고 있었다.

-우리가 오늘 저녁에 독서실을 조직해 볼까?

리오치오가 제안했다.

-당연하지! 자정이 지나서. 그만큼 오랫동안 우리가 읽지 않았으니- 거의 1년이나 되었구나! 그럼 -우리 숙소로 와요, 여러분, -에우게노가 초대한다.

-아름다운 시간이겠군! 내가 당신에게 놀랄만한 것을 갖고 갈게요. 예핌이 속삭였다.

-새 노래구나, 안 그런가? 스베툴리야가 궁금해했다.

-호, 그래요! "새로운 상황"이란 새 노래지요.

그러자 니코는 "새겨졌다." 그게 그의 두뇌를 고통 속에 빠뜨린 것이다. 새로운 상황! 이 낱말 조합을 니코는 이미 몇 번 그 <Aktuale> 잡지에서 읽은 적이 있다. 그 보고자료 중에서도 몇 번인가 "새로운 상황"이 소리 났다. 뭔가 숨겨진 위협을 니코는 그 낱말들 속에서 느꼈다. 어찌해서든 몰래, 또 두려움에, 리고 원치 않아도, 그 위원회 위원들은 그 미래의 공식화될 것에 대해 암시하고 있다... 마리나가 역시 오지 않았구나. -그녀는 정말 이 행사에 참석한다고 그렇게 약속했는데!

ĈAPITRO XII

"En novaj kondiĉoj, kiam Esperanto-movadon en Sovetunio oni taksas aliel ol antaŭe, la graveco de SEJM plialtiĝas. Ni dume estas sola landskale organizita kolektivo, kaj nun ni devas labori eĉ pli firme kaj fruktodone, pruvante la taŭgecon de niaj organizaj metodoj. Antaŭ nia forumo, la jam 12-a SEJM-konferenco, ĉiuj aktivuloj pripensu realajn proponojn, pritaksu freŝajn ideojn, sobre rigardante tra la spektro de novaj kondiĉoj kaj eblecoj, ne troigante kaj ne konstruante aerajn kastelojn. Trarigardu viajn malnovajn kajerojn, eble tie troviĝas multaj ideoj, kiuj siatempe estis utopiaj aŭ tro larĝaj kaj tial ne realigeblaj tiam, sed eventuale taŭgaj nun...

Do, preparu viajn proponojn kaj ideojn, por ke la 12-a konferenco de SEJM-konsilantaro, dediĉita al 60-jara jubileo de komsomolo, trapasu vigle kaj fruktodone".

(Aktuale — 6— 197...)

"Dum siaj unuaj jaroj SEJM minimume trifoje skribis al CK de komsomolo, prezentante detalajn raportojn pri sia agado kaj petante aŭspicion. Unuafoje la respondo ĉefmotivis, ke pri ni okupiĝu SSOD, duafoje, post nia argumentado, ke SSOD ne taŭgas, venis lakona respondo "la demando estas esplorata", triafoje, nia interesiĝo pri la rezultoj de tiu "esplorado" restis senreeĥa".

(El privataj leteroj de SEJM-komitatanoj)

Nokton li pasigis en trajno. Vespere pluvis magre, kaj tiu kota vagonaro kun nuraj sidlokoj, sendigne portanta la nomon "Juneco", naskis tristajn pensojn, verŝajne, en ĉiu veturantoj. Ili grumblis apud la vagonoj, ĉar konduktoroj ne rapidis malfermi pordojn, malgraŭ ke la trajno delonge staris ĉe kajo. La brigado de studentoj-vagonservistoj, vestitaj en konstrutaĉmentan uniformon, ŝancelombre disiris el la estra vagono al la siaj, malfermis la pordojn kaj tuj foriris dormi. Ĉiuj ili estis sufiĉe ebriaj. Eble, festis ion en la estra vagono, — pensis Niko. En la grumblanta, skandala torento da pasaĝeroj li estis movata al sia loko, kaptis ĝin, ĵetis sian tekon sur breton, sidiĝis, klakis per apogilo de la seĝo kaj duonkuŝe forgesis ĉion en la ŝvita peza sonĝo.

Saŝka, aŭ iu tre simila al li, en malpura SKT-uniformo, ebrie ridis kaj strange grimacis, rakontante barbozan anekdoton:

— Jen. Nia sovetia sportisto faras matenan gimnastikon dum eksterlanda turneo en franca parko.

Dum li puŝas sin per manoj supren-malsupren, kuŝante sur herbo, venas policisto kaj diras: "Mesje, via madam' jam estas foririnta!". Mi rakontis tion hieraŭ nokte al Svetka el la sesa komunloĝejo (vi ŝin konas!), farante kun ŝi la samon, kion la sportisto faris sen damo. Ŝi ri-i-idis! Kial vi ne ridas, fiulo!?

Saŝka kaptas pafilon kun bajoneto, levas ĝin super duonkuŝanta Niko.
— Ĉesu, — stertoras Niko, mi jam ridas — vidu!

Sed Saŝka svingas per la pafilo kaj la bajoneto trapikas la apogseĝon de Niko tute proksime al la kolo.

Niko eksaltas, kaptas la pafilon, dekroĉas kaj forĵetas la bajoneton, komencas fuĝi. Saŝka furioze pafas lin. Kugloj zumas ĉe la kapo. Niko ekstaras, alkurinte al aŭtovojo, kie koloraj busoj preterflugas lin. Niko svingas al ĉiu stiristo: "Haltu! Haltu!".

Saŝka proksimas jam, levas la pafilon kaj per nekonata voĉo diras: "Aha! Ni estas venintaj!"...

-Aha! Ni estas en Moskvo, — ripetas najbaro apude sidanta. Frumatena suno enrigardas la vagonon tra kotaj fenestroj, kaj tie, trans la fenestroj, videblas komenco de bonega tago sur kajoj de la Leningrada stacidomo. Niko frotas la okulojn per kusenetoj de la manplatoj, forpelante la naŭzan sonĝon, kaptas sian tekon kaj eliras en la matenan freŝon. Laŭ la ĉiam brua Komsomola placo li malrapide paŝas al Kalanĉovka, enspiras moskvan aeron, gapas al sudnaciaj butikumantoj, aĉetas freŝan moskvan ĵurnalon ĉe apudurbaj kajoj kaj eniras kun amaso en elektrotrajnon de Serpuĥova itinero. Li apenaŭ sukcesas tralegi la ĵurnalon antaŭ ol eliri polvan apudmoskvan kajon. Restas nur demandi la vojon, paŝi dudek minutojn tra urbeto, poste laŭ betula aleo rekte al ripozeja pordego kaj...

- Hej, gekoj, kiun mi vidas! Kuru ĉiuj al mi, Niko venis! Salut', Niko!

Kelkaj jam kuras al li — manpremas, brakumas, kisas. Li venis sian rondon; konataj kaj karaj vizaĝoj ĉirkaŭas lin. Tiu idilia sento...

- Nu, kien vi kaŝis nian Olga-n, feŭdulo? Ne volas eĉ montri sian belan edzineton al la publiko, ha!

- Ha! Ŝi restis simila al si! — diras Niko. — Jen, vidu!

Li tuj tiras el la poŝo kaj montras al la amaseto fotaĵojn.

Fortiĝas kontentaj krioj:

- Jen, kian belan edzinon edukis por vi nia klubo! Kaj kian heredanton ŝi al vi donacis! Princo! Ĉarmulo!

- Pagu! Pagu tuj ion! Aliokaze ni anoncos vian filon komuna havaĵo de SEJM!

- Ha! Tiu centrubla inĝeniero pagos, atendu! Li, verŝajne, turmentas tie nian Olga-n. -Al la kuirĉambro ne ellasas!
- Tamen ne! — daŭrigas la ludon Niko. —Ŝi ankaŭ banĉambron vizitas foje... por lavi tolaĵojn... vestojn...

- Ne, neniam mi vidis similan edzaĉon!

Ridas ĉiuj antikvaj konatuloj, la multjara rondo familia. Ankaŭ novaj vizaĝoj rimarkeblas. Jeĉjo prezentas al li kelkajn bravajn orientanojn. Jen Ivanovo venigis novan generacion da aktivulinoj — vere la urbo de fianĉinoj. Jen Samarkand — tute nekonata antaŭe, sed tre agrabla knabo estas tiu Ravil... Kreskas do la rondo.

Ies rigardon Niko sentas de la dekstra flanko. Li turnas la kapon. Senfundaj okuloj vokas la atenton aroge, malkaŝe. Niko ne komprenas, tamen:

- 215 -

- Saluton! Ni konatiĝu, ĉu?

- Salu-uton! Ni estis konatiĝintaj antaŭ du jaroj. Certe, vi min ne memoras. Mi venis en la tago, kiam vi estis forveturanta. Mi estas Galka. Apudmoskvo — Klimovsk.

- Aha, Galka! Jam mi rememoris — nur la harojn vi havis tiam multe pli kurtajn, ĉu ne?

- Jes, ja! -kontente plaŭdas la nigraj ondoj.

"Nu Galka, do Galka..." — pensas Niko iom maltrankvile.

Mateno pasas. Eĉ ne unu nubeto makuligas la helbluan puron, de kie sur la teron falas inundo da sunradioj. Plezure akceptas la varmon ĉiuj loĝantoj de larĝa ronda florbedo en centro de la ripozejo. Meze, en la florbedo ruĝas-blankas buntaj dalioj, ilin ĉirkaŭas blua rondo da teneraj flogoj, sekvas cirklo da diverskoloraj leonfaŭkoj; la cirklospacon plej proksiman al la brika florbeda rando kovras amaso da flavruĝaj nasturcioj. El ties delikataj tigoj kaj helverdaj folietoj produktas kolierojn kelkaj esperantistaj infanoj preskaŭ nudaj. La eksteran cirklon formas SEJM-aktivularo, kunsidanta sur ordinaraj parkaj apogbenkoj. Ĉiuj ili estas vestitaj samkiel la infanoj —

varmego ja! Ĉi-cirklo estas la unua kunsido de SEJM-konferenco.

La solena malfermo kun salutoj lokaj, kun sidado vestite en sufoka salono feliĉe okazis hieraŭ. Niko evitis tion. Nun ĉio pasas kvazaŭ laŭ kutima ordo.

— Nia klubo havis malfacilaĵojn en la jaro. La kulturdomo forprenis nian ejon laŭordone de la kultura fako de gorkomo. Sed la agado daŭras. Funkciis kurso, kiun sukcese finis ok personoj. Estis kelkaj prelegoj...

— La klubo havas sukceson: ĝi sukcesis oficialiĝi kiel klubo de internacia amikeco ĉe sindikata klubo... Kial vi ridas? Jes, la klubo ĉe klubo — nenio ridindas! Se konsideri tridek ses kursfinintojn kaj du grandajn ekspoziciojn...

— Kamaradoj, estu disciplinemaj! En novaj kondiĉoj ni, eble, ne sukcesos raportadi kaj sunbruniĝi samtempe. Reprezentantoj de Leningrado forestas. Kiu povas ion informi pri Leningrado?

Niko levas la manon, sed antaŭ ol la prezidanto donas al li parolrajton, levas sin de sur la benko najbaro Jefim el Tiĥvin. Denove ĉiuj ridas — por raportado li, krom naĝpantaloneton, vestis ankaŭ kravaton.

- Ridu, ridu! En novaj kondiĉoj vi ne plu ridos tiel. Nur aliel.

- Kamarado Trosman, mi petas persone vin: estu pli serioza. Estimu la aŭskultantojn kaj ties tempon!

...Unuvorte — plene kutima raportado. Kial maltrankvilo kreskas? Zagurĉenko el Omsk... Berzinŝ el Riga... Hoopsalu el Tallinn, denove Trosman — jam pri Tiĥvin... Prelegoj, kursoj, televidaj (oho!) kaj radioelsendoj, artikoloj, ekspozicioj, forprenitaj aŭ ricevitaj klubejoj. Normala vivo. Tamen, io estas stranga. Jen — Viktoro, prezidanta la kunsidon, anoncis ne klubajn raportojn, sed informojn pri la kluba vivo — kial do? Nu, ni vidu post tagmanĝo. Sed antaŭ la tagmanĝo nepras trovi ian akvokuvon, naĝi, plonĝi, plaŭdi, — iru, gekoj, kune, — utilas ĉio ĉi post la sunsidado.

- Rivero mankas. Lago mankas. Baseno estas en apuda pionira tendaro, — klarigas aborigenoj.

- Do, kuru ni! — kaj la amaseto duonsalte-duonkure fluas la montritan direkton, trans lignan barilon, kaj — jen la akvo! Verdire, ĝi estas porinfana ranujo, tie ĉi apenaŭ eblas naĝi. Tamen, por malsekigi sin mem, por elspiri plezure, ekplaŭdi ŝaŭme, tiri kaj trempi en la akvujon iun belulinon, kontente aŭdi ŝian ekjelpon

— por ĉio ĉi la baseno plene taŭgas.

- Nikoĉjo! En la akvo vi estas pli gaja ol en la kunsido. Ĉu vi enuis?

- Ne enuis, sed estis en zorgoj.

- Kiaj zorgoj? Ĉu vi jam pri la familio eksopiris?

- Multon vi scios — baldaŭ iĝos avino — memoru! Jen, tenu! — Niko frapas per manplato la akvon, kaj ŝiadirekten flugas ĉielarko da diverskoloraj ŝpruceroj.

- Ha-ha! Por esti avino necesas komence almenaŭ patriniĝi!

- Nu, tio tute simplas!

- Ne diru!

Ĉiuj elrampas sur la pioniran herbejeton por sekiĝi. Niko estas jam forgesinta pri sia maltrankvilo.

- Ĉu ni organizu legejon vespere? — proponas Ljoĉjo.

- Certe! Post la noktomezo. Tiom longe ni ne legis — preskaŭ jaron! Do — al nia dometo, gekoj, — invitas Eugeno.

- Bele! Mi havos surprizon por vi, — flustras Jefim.

- Novan kanton, ĉu ne? — scivolas Svetulja.

- Ho jes! Novan kanton pri "novaj kondiĉoj".

Kaj Niko "enhakiĝas". Jen kio turmentis lian cerbon. Novaj kondiĉoj! Tiun ĉi vortkunmeton Niko jam kelkfoje legis en "Aktuale". Ankaŭ en la raportoj kelkfoje sonis "novaj kondiĉoj". Ian kaŝitan minacon Niko sentas en la vortetoj. Iel kaŝete, time, nevole la komitatanoj aludas pri la estonta oficialiĝo... Ankaŭ Marina ne aperas — ŝi ja promesis!

제13장

"12월 19일이 **소비에트 연방 공산당 중앙위원회(CK KPSU)의**
서기장 브레즈네프(L.I. Brejnev)[53] 동무가 70세가 되는 날입
니다. 클럽들은 가능한 평화와 민족간 이해의 일에 대해 자신
들이 이바지하고 있음을 가능한 언급해 축하편지를 보내는 것
을 잊지 말아야 합니다."
(<Aktuale>, 197.년 3월호)

"편지교환의 윤리에 대해서
서신교환에는 나름의 규칙이 있습니다. 에스페란티스토 윤리
에 따라 우리는 받은 편지가 있다면, 모두에게 회신해야 합니
다...
...우리 소련과 민족들, 우리의 기술과 과학, 우리의 문화수준
과 사회수준, 우리의 삶에서의 성취한 것들은, 자기네 나라의
잡지들에서 소련에 대한 기사 내용을 꼭 믿는다고는 할 수 없
는 많은 외국 에스페란티스토들에겐 진지하게 흥미를 갖고 있
습니다.
 편지교환의 주제는 무한하며 다양합니다. 하지만 나는 사회
적 순간을 강조했으면 합니다: 우리가 우리의 삶을 중요하게
규정하는, 전 민족의 성취들을 외국 친구들에게 알립시다...우

---

53) 역주: 레오니트 일리치 브레즈네프(러시아어: Леонид Ильич Брéжне
в, 1906년 12월 19일 ~ 1982년 11월 10일)는 소비에트 연방의 군인,
금속 노동자, 정치가이다. 그는 1964년부터 1982년까지 소비에트 연방
공산당의 서기장이었다. 그는 아프가니스탄을 침공하는 등 여러 가지 일
을 했지만 1970년대 초부터 시작된 소련의 경제 침체를 해결하지 못했
다.(출처:
https://ko.wikipedia.org/wiki/%EB%A0%88%EC%98%A4%EB%8B%88%
ED%8A%B8_%EB%B8%8C%EB%A0%88%EC%A6%88%EB%84%A4%E
D%94%84)

리는 다음의 몇 가지 사례를 따라 해 봅시다:

우리나라에서의 진료비를 내지 않는 의료지원에 대해 자본주의 나라들의 많은 동지가 정말 놀라고 있습니다. 그런 기적은 그들 나라엔 불가능하다는 점을 잊지 말아주세요!

우리 대학생들은 등록금도 무료로 공부하고, 국가 장학금을 받는다는 점을 강조할 수 있습니다. 자본주의 세계에서는 사람들은 그 점도 처음엔 믿지 않으려고 합니다……

소련 여성에 대해서는, 우리 곁에서 여성은 우리 삶의 모든 권리에 있어 남성과 동등한 권리를 갖고 있음을 알립시다.(충분히 많은 나라에서, 유럽에서조차도, 여성들은 완전한 권리를 누리고 있지 않습니다.) 그리고 국가가 여성-어머니들에 대해서 의료에 대해, 금전으로, 또 휴식으로, 또 많은 특권으로 관심을 갖고 있다는 점도 알립시다.

우리 편지교환이 우정, 믿음, 민족간의 신뢰를 만드는데 귀중한 수단으로 봉사해주길 기대합니다."

(<Aktuale>, 197.년 6월호)

"…정말, 만일 사람들이 이 땅에서 너희 집을 부순다면- 하늘에 너희 집을 만들자…정말로, 만일 이 땅에서 너희 집을 부순다면…" 사복음서의 이 똑같은 문구가 최근 그녀의 머리를 찌르고 있었다.

숨이 막힐 정도로 무덥고, 비가 오지 않아 먼지 가득한 7월은 대도시 아스팔트조차도 기포가 생길 정도까지 데워졌다. 그녀에겐 3가지 피가 흐르고 있었다. 모두 그 결정에 저항하면서 그녀 안에서 그 무더위 동안에 끓고 있었다. 그 세 가지는 각자는 별개로 그 결정을 안정하고 **빠르게** 받아들이고 복종할지도 모른다. 하지만, 그 셋이, 마치 아스팔트에 생긴 기포처럼, 하나로 섞여, 저항하고 서로 싸우고 있었다. 마리나는 그것을 거의 느끼고 있다.

-마예르, 당신은 대답할 준비가 되었나요?

3명의 낯선 인물이 기다리고 있다.

-예. 저는 준비 되었습니다.

늘 있어온 박해 때문에 지성인의 그 세 가지 피에 죄가 있었을까? 그 박해는 할머니 때부터 시작되었다. 볼가강 유역의, 독일 지주 가문의 출신인 구스타프 마예르는 페테르부르크대학교 교수가 되었다. 1914년, 그 교수의 지인들은 그와 우정을 교류하는 것을 두려워 피하기 시작했다. 그때 낯선 학생 한 명이 그가 강연할 때, 무슨 유리병 조각 같은 것을 던져서, 그에게 심한 상처를 입혔다. 그랬다, 그 학생은 러시아 애국주의자였다. 그러나 그 야만의 전쟁54)에서 마예르 교수가 무슨 죄를 지었던가?

-마리나 르보프나, 당신의 논지는 아주 감동적입니다. 당신은 마르크스주의-레닌주의 철학을, 또, 그 철학의 기본 원칙을 합리적으로 지각하고 있습니다. 우리가 당신 앞에서 들었던 그 두 열망자는 그만큼 심도 깊은 지식을 보여주지 못했다는 말이지요. 안 그런가요, 동료 여러분?- 거의 결론적으로 모스크바에서 초청된 검증위원회 의장이 말한다.

---

54) 역주; 제1차 세계대전을 말함. 동맹국과 연합국이 맞서 싸운 이 전쟁은 동맹국의 패배로 끝났다. 그 결과 러시아에서는 볼셰비키 혁명이 일어났고, 유럽의 불안정은 제2차 세계대전의 불씨가 되었다. 동맹국은 독일. 오스트리아-헝가리 제국, 중부 유럽 국가들로 이루어졌으며, 1914년 8월부터 서부전선에서는 프랑스·영국과, 동부전선에서는 러시아와 싸웠다. 10월에는 오스만 제국이 동맹에 가담했고 불가리아는 1915년에 참가했다. 주요연합국인 영국, 프랑스, 러시아는 1914년 9월 체결된 런던조약에 의해 제휴했다. 포르투갈과 일본은 영국과의 조약에 의해, 이탈리아는 주요연합국 3국과 런던조약에 서명함으로써 연합국에 가담했다. 미국은 1917년 4월 연합국에 가담했다. 1918년 11월 11일 휴전협정이 조인되어 제1차 세계대전은 종결되었다.
(출처: http://100.daum.net/encyclopedia/view/b19j1875b)

-그렇습니다.....의심의 여지 없이, 마예르는 그 대답해야 하는 그 문제를 잘 파악하고 있습니다. - 강사 보야르스카야가 눈꺼풀을 아래로 내렸다. -정말 그녀는 얼마 전에 우리를 떠난 그 교수를 좋아했던 열망자였다. -그녀는, 거의 우연이긴 하지만, 중대한 신호의 뜻으로 서쪽 창문으로 고개를 흔들었다. ...그리고 -유명 외과의사의 딸인 소피아 프레오브라젠스카야가 그 독일 사람과 결혼한 것이 죄가 되었나? 그것은 깊은 사랑함 때문이었으나, 많은 사람은 그 일에서 비애국주의적인 행동만을 찾아냈다... 당시 그들의 자녀 3명은 전쟁의 총알은 적어도 피했지만, 의심과 거짓의 고발들은 피하지 못했다. 1923년에 태어난 넷째 자녀 마예르는 자신의 조국을 지키는 영예를 지켰다. 그는 자신의 대학 강의실에서 전선으로 자원입대했다. 높은 신임이 있었기에, 중요한 전시의 통역군인 임무를 그에게 주었다고 모든 사람이 말했다. 우연히 지뢰를 밟는 바람에 오른다리를 잃을 때까지 2년 동안 그는 자신의 행동으로 그 높은 신임을 증명해 주었다. 다리 하나를 잃었어도 "영웅적인 행동으로 인해" 메달을 가지고서, 레프 마예르는 다시 자신의 모교인 대학교로 돌아왔다. 그곳에서, 교수로 재직하던 1950년, 그는 자신의 주요한 성취가 있었다. -갈색 눈을 가진, 연민의 불길을 가진 정숙한 딸을 낳은 것이다. 그녀가 그, 방금 투옥된 "코스모폴리턴(세계를 자신의 조국으로 생각하는 사람)"인 변호사 카쩨넬렌보겐의 딸이다. 그들-엄마 아빠-가 끊임없는 의심과 숨겨진 조롱 때문에 죄를 지었는가?...

-아흐, 그래, 그렇지요! 그럼 당신은 그 남자와 좋은 관계를 가졌네요! 그 의장은 '그 남자'라는 말에서 싫다는 것을 내색하지 않았다.

-그는 좋은 전문가였지만, 흠, 하지만 - 우리 사람은 아니지요. 그는 너무 자유로운 사고방식을 자기 제자들에게 가르쳤습니다. 너무 자유로운,,, 그리고 그게 생활에서도 그 제자들을 심하게 방해했습니다. 마리나 르보프나, 솔직히 말해 보세요, 당신은 자유에 대한 정의를 잘 이해하고 있나요?

-마르크스주의 철학은 자유란 의식화된 필요성이다 라고 제시하고 있습니다. 그녀는 거의 평-온-하-게 대답했다,

- 하지만...

-하지만 당신은

-당신은 그 의견에 동의하지 않는다. 그렇지 않나요?

-하지만 나는 그 정의에 의심을 약간 합니다. 자유는 자유입니다.

-여길 보세요, 마리나 르보프나, 우리 철학은 가장 설득력있는 사상가들의 축적된 경험입니다. 당신의 의심이 너무 거만하지 않은가요? 분명히 당신은 당신 개인 의견을 가질 수 있습니다... 나는 이해하길, 그 사람의... 당신의 동감하고 있는 그 사람으로부터 교육받고서, 당신 의견은 우리 사회에서 공통적으로 받아들인 것으로부터 벗어날 것이라는 말로 들립니다. 하지만 이 점은 위험합니다. 소위 말해 "자유사상가들"에 대해 우리 국가 지도자가 무슨 말을 했는지 당신을 읽었나요?

-소비에트 연방 공산당(KPSU) 중앙위원회 4월 운영위원회 동안, 서기장 브레즈네프 동무는 자신의 주요한 보고서에서......

-자, 그럼, 보세요, 그 의장이 그녀 말을 끊었다.

- 언어학자인 당신은 당신의 말의 뉴앙스를 잡아야만 합니다. 공통된 의견은 레오니드 일리이치의 보고서를, 당신의 말처럼 "중요하지" 않다고 했지만, 극단적으로 아주 중요합니다! 내가 용서를 구합니다만, 당신의 세계관과 당신 대답을 들어보니 철학에 대한 당신 지식은 높다고는 평가하고 싶지 않습니

다. 개인적으로 나는 "만족"이라는 점수에 투표하겠어요. 여기에 온 동료들은 반대하지 않지요?

 무슨 이유인지 그녀는 곧 평온해졌다. 끓었던 3가지 종류의 피가 평화를 찾은 것처럼, 마치 그것들이 조용히, 함께, 두뇌를 냉동시키고. 다정하고 하고, 술이 깨게 하고, 또 꿈이란 없는 채로 흘러가는 것처럼. 그 교육기관의 캠퍼스에서, 오래된 큰 나무들 아래, 늘 있는 따사로운 그림자가 자신을 숨기고 있었다.

 모든 벤치엔 사람들이 앉아 있었다. 마리나는 서두르지 않고 쇠로 된 울타리에 자신의 몸을 기대었고, 마찬가지로 그 오아시스 같은 그늘 안에서 시원함도 느끼는 것처럼. 이상한 평온이 그녀를 요람처럼 흔들어주고 있었다. 그 생각의 자리에서는 어떤 움직임은 온전히 부족하다. 두 눈조차도 쉽게 쳐다볼 수 있다. 영혼이 이미 그녀 안에서가 아니라 그녀가 쉬고 있는 신체 옆에서 떠돌고 있기에. 그리고 공포감 없이, 어떤 자연스런, 스스로 이해가 될 만한 뭔가를, 그 텅 비어있는 의식 속에 자라고 있는 생각을 그녀는 만나고 있었다: 그 결정은 받아들여졌다.

 지금은- 평온하게, 이젠 저 학교 정문 너머 갑자기 끝나는, 이 시원한 오아시스에서 나가서 산책하는 발걸음으로 우리가 저 멀리로 가보자. 멀리 -이집트 다리의 뜨거운 석조 스핑크스들에게로. 카잔스키의 우울한 기둥들을 지나, 땀 냄새나며 소란스런 네브스키이-가로 가보자. 그리고 더 나아가, 인간대중 속으로, 그들의 밀침, 그 밀치는 보행자들의 비웃음에도 의식하지 않고, -리테인니이까지 저 멀리 가보자, 그리고 -꽉 차 있는 "장소" 속으로 가보자. 트롤리버스가 스파크를 내면서, 흔들거리면서 이즈마일로브스키이에서의 푸른 둥근지붕의 교회에서 함께 비지땀을 흘리던 20명의 승객을 뱉어내고 있다.

태어나서부터 줄곧 그녀는 그 5층의 집 창문 너머 그 푸른 둥근 지붕을 관찰해 오고 있다. 지금은 그 푸른 둥근 지붕은 모든 다른 것보다 더욱 친근하게 여겨진다. -정말 그것에는 아무 설명할 필요가 없다. 이제는 그 교회 옆에 기념을 하고 있는, 그 교회를 창설한 스타소프(Stasov)의 남성다운 얼굴도, -그 얼굴은 모든 것을 이해하며 평안을 가져다주는 것처럼 보인다. 그분에게 감사. 그 결정은 받아들여졌으니.

ĈAPITRO XIII

"La 19-an de decembro iĝos 70-jara la ĝenerala sekretario de CK KPSU, kamarado L.l. Brejnev. La kluboj ne forgesu sendi gratulleterojn kun laŭebla mencio ankaŭ de sia kontribuo al la afero de paco kaj interpopola kompreniĝo".

(Aktuale — 3— 197...)

"Pri la etiko de korespondado

La korespondado havas siajn regulojn. Laŭ esperantista etiko ni devas respondi ĉiun leteron...

...Nia soveta lando kaj popoloj, nia tekniko kaj scienco, nia kultura kaj socia nivelo, niaj akiraĵoj en la vivo sincere interesas multajn eksteriandajn esperantistojn, kiuj ne ĉiam kredas la enhavon de artikoloj pri Sovetio en siaj gazetoj...

La temoj de korespondado estas senlime variaj. Tamen mi volas emfazi la socian momenton: ni konatigu la eksterlandajn amikojn kun la tutnaciaj akiraĵoj, kiuj grave karakterizas nian vivon... Ni sekvu kelkajn ekzemplojn:

Pri la senpaga medicina helpo nialanda multaj

gesamideanoj el kapitalismaj landoj certe miras. Ne forgesu, ke tia miraklo ne eblas en iliaj landoj!

Niaj studentoj povas substreki la senpagan studadon kaj la stipendion, ricevatan de la ŝtato. En la kapitalisma mondo oni ankaŭ tion komence ne volas kredi...

Pri soveta virino ni informu, ke la virino ĉe ni estas egalrajta kun la viro en ĉiuj rajtoj de la vivo (en sufiĉe multaj landoj, eĉ en Europo, virinoj ne estas plenrajtaj), kaj la ŝtato zorgas pri virinoj-patrinoj, medicine, mone, per ripozo, per multaj privilegioj.

Nia korespondado servu kiel valora rimedo en la kreado de amikeco, fido kaj fideleco interpopola".

(Aktuale — 6— 197...)

"..Ja, se domon vian sur Tero oni detruos — en ĉielo estu domo via... ...ja, se domon vian sur la Tero..." — boris ŝian cerbon dum lastaj tagoj la sama citaĵo evangelia.

Sufokiga, senpluva, polvoza julio eĉ asfalton en la urbego varmigis ĝis bobelo. Ŝi havis tri sangojn, kaj ĉiuj ili bolis dum tiu varmego en ŝi, protestante kontraŭ la Decido. Ĉiu el la sangoj aparte eble akceptus kaj obeus la Decidon trankvile kaj rapide. Sed la tri, kune miksitaj, protestis kaj interbatalis, bobelante, kiel la asfalto. Marina preskaŭ sentis tion.

- Majer, ĉu pretas via respondo? — tri nebulaj figuroj atendas.

- Jes, mi jam pretas.

Ĉu kulpis la tri intelektulaj sangoj pro ĉiamaj persekutoj? Ekde la avo komenciĝis tiuj. Gustav Majer, deveninta el familio de apudvolgaj germanaj bienuloj, iĝis profesoro de Peterburga universitato. Konatuloj komencis time evitadi lian amikecon en la naŭcent dek kvara. Nekonata studento tiam grave vundis lin, ĵetinte ian glasaĵon dum prelego. Jes, li estis rusa patrioto, tiu studento. Sed, ĉu ion kulpis la profesoro Majer pri la barbara milito?

- Via traktado, Marina Lvovna, estas tre impona. Vi prudente perceptas marksisman-leninisman filozofion, ties bazajn principojn. La du aspirantoj, kiujn ni aŭdis antaŭ vi, ne montris tiom profundan scion, ĉu ne, kolegoj? — preskaŭ konklude diras la prezidanto de la Atesta Komisiono, invitita el Moskvo.

- Jes... sendube Majer bone regas la respondatan objekton, — mallevas la palpebrojn docento Bojarskaja,

— ja ŝi estas ŝatata aspirantino de la profesoro, forlasinta nin antaŭ nelonge. — Ŝi, kvazaŭ hazarde, sed gravsigne kapskuas al la okcidenta fenestro.

...Kaj — ĉu kulpis Sofia Preobraĵenskaja, la filino de fama kirurgo, edziniĝinte al la germano? Tion kaŭzis profunda amo, sed multaj trovis en ĝi nur nepatriotan agon... Tri iliaj gefiloj evitis almenaŭ militajn kuglojn, sed ne evitis suspektojn kaj falsigitajn akuzojn. La kvara Majer, naskita en la dudek tria, tamen ekdignis la honoron defendi sian Patrujon. Li propravole iris al la fronto de sur universitata benko. Estas alta fido, ĉiuj diris, ke oni komisiis al li gravan postenon de milita tradukisto. Dum du jaroj li pravigis tiun altan fidon, ĝis kiam hazarda mino forprenis lian dekstran kruron. Sen la kruro, sed kun medalo "Pro heroeco", Lev Majer revenis al studado, en la Universitaton. De tie, jam estante profesoro, en la kvindeka jaro li venigis sian ĉefan akiraĵon — modestan fraŭlinon kun angora fajro en la brunaj okuloj. Ŝi estis filino de la, ĵus prizonigita "kosmopolito", advokato Kacenelenbogen. Ĉu ili kulpis — la panjo kaj la paĉjo — pri senĉesaj suspektoj kaj kaŝaj mokoj?...

- Ahh, jen eĉ kiel! Do vi havis bonajn rilatojn kun tiu sinjoro! — La prezidanto malŝate akcentigas la lastan vorton. — Li estis bona fakulo, hm, tamen — ne nia homo. Tro liberan pensmanieron li instruis al siaj adeptoj, tro liberan... kaj ĝi grave malhelpis ilin en la vivo. Marina Lvovna, diru honeste, ĉu vi bone komprenas la nocion pri libero.

-Marksisma filozofio prezentas, ke libero estas ekkonsciita neceso, — respondis ŝi preskaŭ trankvile, — sed...

- Sed vi — vi tiel ne opinias. Ĉu ne?

- Sed mi iom dubas pri tiu determino. Libero estas libero.

- Mia kara Marina Lvovna, nia filozofio estas akumuligita sperto de la plej prudentaj pensuloj. Ĉu ne troa arogo estas via dubo? Certe vi povas havi vian personan opinion... mi komprenas, ke post edukado de tiu... de via simpatianto, via opinio devios de la komunakceptita en nia socio. Sed tio ĉi estas danĝera. Ĉu vi legis, kion diris pri tiel nomataj "liberpensuloj" la gvidanto de nia ŝtato?

- Dum la aprila plenkunsido de la Centra Komitato de KPSU la ĝenerala sekretario, kamarado Breĵnev en sia grava raporto...

- Jen do, — interrompas la prezidanto, — vi, kiel lingvisto, devus kapti la nuancojn de via parolo. La raporton de Leonid Iljiĉ komuna opinio agnoskis ne "grava", kiel vi diris, sed ekstreme gravega! Mi pardonpetas, sed via mondkoncepto kaj viaj respondoj ne permesas alte taksi viajn sciojn pri filozofio. Persone mi voĉdonos por la poento "kontentige". Ĉu la kolegoj ne kontraŭas?

Ial ŝi tuj trankviliĝis. Kvazaŭ pacon trovis la bolintaj tri sangoj, kvazaŭ ekfluis ili kviete, kune, fridigantaj la cerbon, karesaj, sobraj kaj senrevaj. En la instituta korto, sub oldaj arbegoj kaŝas sin konstanta agrabla ombro. Ĉiuj benkoj estas okupataj. Marina sen hasto sin klinas apoge al krudfera plektaĵo de la barilo, same malvarmeta en tiu oazo da ombro. Stranga trankvilo lulas ŝin. Tute mankas ia ajn movo en la pensujo. Eĉ la okuloj rigardas facile, ĉar la animo ŝvebas kvazaŭ jam ne ene, sed apud la ripozanta korpo. Kaj sen hororo, kvazaŭ ion certan, naturan, memkompreneblan ŝi renkontis la penson, kreskantan en la malplena konscio: La Decido estas akceptita.

Nun — trankvile, promenpaŝe ni iru for el la malvarmeta oazo, abrupte finiĝanta trans la pordego. For — al varmegaj ŝtonaj sfinksoj de la Egipta Ponteto, preter morna kolonaro de Kazanskij al la ŝvita, bruanta Nevskij-avenuo. Kaj plue, sen atento al la homamaso, al puŝoj, al mokoj de la puŝantoj — ĝis Litejnij, kaj — en plenŝtopitan "lokon". La trolebuso sparkanta, ŝancela elkraĉas dudekopon da kunŝvitantoj ĉe la blukupola preĝejo en Izmajlovskij.

Ekde la naskiĝo ŝi spektas tiun bluan kupolon trans fenestro de la hejmo en la kvina etaĝo. La blua kupolo estas nun pli parenca ol ĉiuj — ja al ĝi necesas nenion klarigi. Ankaŭ la vireca vizaĝo de Stasov, kreinta la preĝejon, kiu nun monumentas apude — la vizaĝo ŝajnas komprenanta ĉion kaj trankviliga. Dankon al li. La Decido estas akceptita.

제14장

"청년 캠프에는 고참 에스페란티스토들도 일상적으로 참석합니다. 그분들의 가슴에 초록별뿐만 아니라, 전쟁의 훈장을 보는 것도 즐겁습니다. 그리고 젊은 에스페란티스토들 가슴에 콤소몰 배지를 볼 수도 있지요? 정말입니다. 그것은, 친구 여러분, 공무원들 입장에서 보면, 비에스페란티스토 대중의 편에서 보면, 우리에 대한 진실된 인상을 위해 중요합니다."
(<Aktuale>, 197.년 6월호)

"...우리의 옛 시스템(이전의 환경에서는 훌륭했지만)은 망각의 강인 레테강으로 들어가야만 합니다. 개별적인 정확한 요소들이 아니고, 우리 이상들도 아니고, 최종목표들도 아닌, 전체로서의 그 시스템은 역사적 유물이 되어야 합니다.
몇 명의 동지들은 그들이 대중을, 대중과 대중을 에스페란토주의로 개종시킬, 다가올 미래를 앞서서 즐기면서, 아마 이미 지금 만족한 채 자신의 두 손을 비비고 있을 수도 있습니다.
하지만, 중단하세요! 그것이, 지금의 상황에서는, 주요 임무가 아닙니다. 우리가 얼마나 많은 것을 할 것인가 보다는 무엇을 할 것인가가 훨씬 중요하게 될 겁니다. 따라서 어느 정도의 시기 동안에는 우리가 질적 확장보다는 양적 팽창에 대해서는 더 적게 관심을 두는 것이 더욱 필요합니다.
우리는 에스페란토가 외국에서의 소비에트 이념과 문화의 성공적 선전도구가 되고 있음을, 국제주의적 또 애국주의적 업무에 훌륭한 도구가 되고 있음을, 외국어 학습과 유용하고 적절한 시간을 보내는 것의 도우미가 되고 있음을(또 자신의 국어를 더욱 심화시킨다는 점을) 일적으로 입증시켜야 합니다.
이 모든 것을 우리는 관련 책임자들에게 제시해야 합니다."

(<Aktuale>,197.년 3월)

"우리는 에스페란토가 이념과 문화의 적절한 선전도구임을 이미 예전부터 입증했으니, 이제 우리는 모든 새로운 공무원에게 그 점을 보여주는 것 대신에, 이 언어의 실제적 유용함에 대한 시간에 헌신하도록 희망해야 합니다."
(<Aktuale>, 197.년 4월호)

전문분야별 오후 보고가 진행되는 동안, 니코는 좀 지루해서 졸음도 왔지만, 그래도 진지하게 듣고 있다. -모든 보고자는 자신이 하는 보고가 마치 마지막 기회인 것처럼 하고 있음이 그에게는 비쳤다. 그것을 감지한 것은 그뿐만 아니었다. 다음 차례의 보고자가 이미 일상적인 끝맺음으로 할 때가 왔다:

-...분명히, 방법을 위한 세미나를 조직하는 것이 필요할지 모릅니다...SEJM-클럽들에서의 강사들을 시험을 실시하는 것이 필요할지 모릅니다... 나는 이미 성공하지 못했습니다...- 볼가노 안드레오가 펄쩍 자리에서 일어나서는, 꽃밭을 가리키면서, 외친다.

-헤이, 여러분, 여기를 우리 SEJM의 아-아-주 좋은 무덤이라고 합시다! 호화스럽고, 장중합니다! 그럼에도, 어떤 식으로 그것은 이미 이렇게 피어 있지만, 우리는 (우연인가요?) 그 무덤 안에 없습니다. 우리는 바깥에 있습니다. 그러니, 우리는 우리 자신이 아직 살아있다고 모두 기억합시다! 그렇습니다!

-그래요! 그래요!- 박수와 외침소리에 가까워지는 저녁 그림자마저 무섭게 해버렸다. 조용히 꽃의 꿀을 맛보고 난 뒝벌 몇 마리조차도 그 꽃밭에서 위로 날아가서는 불만인 듯이 그 웃음과 박수를 향해 앵앵거리고 있다.

-여러분! 여러분! 이제 그 낙관적 박수 소리를 통해, 우리는

오늘 오후 회의가 마쳤음을 알립니다! -그 회장이 작은 목소리로 외친다. -하지만 주목해 주세요: 주인이 여기서는 캠파이어를 못하도록 했다는 것을요!

저, 그건- 새 소식이네! 모두는 들끓었다:

-이 구역 안에서 금지되었다니, 그럼 그 장소를 바깥에서 찾아봐요. 만일 캠파이어가 없다면 그게 무슨 콘퍼런스인가요!

-여러분! 그 회장이 조언한다.

-바깥의 그 장소는 너무 문명적이네요. 캠프장 바깥에는 다양한 사람들이 거주하고 있습니다. 우리는 이곳 주민들과 관계를 나쁘게는 하지 말아야 합니다.

그 식당에서 저녁으로 죽을 한 그릇 삼킨 뒤, 니코는 여성복무원에게 10개의 **빵** 조각을 부탁해 이를 받아내고는(읽을 사람들이 이 임무를 해 오라고 요청했다) 그리고 자신의 숙소로 서두른다.

5명의 청년이 한 방에서 같이 생활하고 있다. 그들 이름은 에우게노, 볼로쟈, 예핌, 자우르와 그, 니코다. 서두를 필요가 있다. 나중에 찾지 않으려면, 따뜻한 옷을 준비하기. 방 정리하기. 침대들을 돌려서 동그랗게 만들기, 탁자를 -그 모임 중앙으로 가져다 놓기. "**독서물들을**" 찾아서 꺼내놓기... 청년들은 이미 일을 시작했다. 자우르는 조용히 아름다운 꼬냑 병을 탁자에 놓는다. 에우게노가 침을 삼킨다:

-환상적인 책이네! 하지만 나도 흥미라면 빠지지 않는 것을 갖고 있어.

그는 자신의 배낭에서 "러시아 발삼"을 꺼냈다. 니코도 그 경우를 위해 나르바(Narva)[55]에서 구입한, 감명받은 "**책**"을 가

---

55) 역주: 나르바(에스토니아어: Narva, 러시아어: Нарва)는 에스토니아에서 세 번째로 큰 도시이자 에스토니아 최동단에 위치한 도시이다. 인구

지고 왔다. -리쾨르주 "봐나 탈린Vana Tallinn"을 말이다.
해맑은 아이디어였다. -그런 캠프장에서 "독서실"을 생각해
낸 것이, 우호적인 밤과 함께 술을 마신다는 것이. 사실 그
"독서물"은 상징물로 가져왔다. 그리고 정말로 그것들은 그
탁자를 아름답게 만들어 주었다. "**읽는다**"는 것은 젊은이들
사이에서는 그리 활달하지는 않았지만- 다양한 "책들" 중에서
맛볼 뿐이다. 그러나 얼마나 많은 이야기, 놀림과 노래들이
있었던가! 한 해 동안 이 모든 것은 여기서 액체를 붓기 위
해, 우호적인 저녁-밤을 위해서 모여들었다. 여기서 영원한
우정이, 형제애가 태어난다.
손님들이 왔다. 많지 않았다. 약 10명이다. 모두 앉아요, 편하
게 앉아요, 탁자로 와요! 늦게 오는 사람을 위한 자리도 좀
남겨 둬요. 니코가 일상적으로 주인 역할을 한다. 에우게노가
그 자리에 참석한 아가씨들에게 아첨하는 말들을 선사한다
("아하, 스베툴랴, 넌 우아해졌네, 에-에-에... 10킬로그램 정
도는, 그렇게 보이네, 더 가까이 앉아봐, 내가 달콤하게 여기
는!") 예핌은 리오치오가 그의 기타를 어떻게 조정하는지를
보고 있다. -독립적으로 그는 그것을 거의 할 수 없다. 자우
르는 이미 코냑의 병마개 코르크를 떼놓고, 둥글게 걸어가면
서 한 잔씩, 첫 공통의 "우애를 위한" 잔을 따른다. 장방형의
감동적인 멜론(참외)도 자우르의 침대 아래서 나왔다. 모든 아
가씨들이 함께 "아하!"라고 그 공통의 신비스러움을 표시한
다. 신의 향기!
-나의 손님들! 에우게노가 외쳤다.
- 우리는 "체발약코"를 맛보았으니, 오늘 우리가 할 독서의

는 65,886명(2009년 기준)이며 면적은 84.54㎢이다. 도시 인구 가운데
93.85%는 러시아어를 구사할 수 있으며 러시아인은 도시 인구의 80%를
차지한다.

주제는 달리는 말입니다. 나는 그렇게 제안합니다!

-그럼 "카롤리노"부터 시작합시다!

-그래요, "칼롤리노", 아가씨들이 외쳤다.

-두 음 정도는 좀 낮추어줘요. 이웃에 사람들이 자고 있어요. 기타를 집어들면서 리오치오가 주의를 주었다.

-하-하-하, 그들은 자게 해요, 우리는 기다려요!

모두가 곧 메아리로 말했고, 모두는 함께 노래했다:

"카롤리노는 바람처럼 날아가네!"

-그 사이에, 바벨이 말하길, 이 세상에서 가장 아름다운 동물이 달리는 말이라고 했답니다. 그리고 여인들이지요!- 예핌이 코멘트를 했다.

-하, 우리가 곧 말 울음소리를 한 번 내볼까요, 아니면 좀 나중에 할까요? - 아우드라가 물었다.

-좀 나중에요, 우리는 아직 끝까지 읽지 못했어요, 니코가 대답했다.

-하지만, 말에 대해서요. 어떤 사람과 내가 며칠 전에 대화를 한 적이 있었어요... 레닌그라드에서, 분명히. 감명을 주는 종마였어요. 지위가 높은... 그분이 말하길, -아흐, 용서해줘요, 그가 말 울음소리를 냈어요, -에스페란토 행사장엔 에스페란티스토들이 꼭 갈 필요는 없다고요. 먼저 여행갈 당연한 권리가 있는 그런 사람을 찾을 것이고, 그들이 먼저 여행하게 될 거라네요.

-그런데, 그때, 당신은 뭐라고 했나요?

-안타깝게도, 나는 말 울음소리를 해내지 못했어요...하지만 내가 이렇게 물었어요. 용접사 대회에 참석시킬 사람을 뽑으면서, 당신이 요리사를 보내면 되는지를요?

-하-하! 그런데 그는 뭐라 했나요?

-그런데, 그가 대답하기를, 이 모든 것을 그 혼자서 결정하는

게 아니라면서, 자신의 두 눈을 천장으로 가리켰어요. 그가 또 이런 말도 했어요. 아이라토프 동무의 여행에 개인적으로, 그는, 개인적으로 아무 반대할 것이 없다고도. 그러면서, 더구 나, 우연히도, 아이라토프 동무, 당원이자 학생들의 활발한 교 육자가 에스페란토도 잘 한다고도 알려주었어요....

-오, 미친놈! 하지만 니코, 당신은 헛되이 자신이 위험에 빠뜨 릴 수도 있어요. 공무원들은 그런 것을 좋아하지 않아요.

-하지만, 여러분, 핌코는 새로운 노래를 약속했어요!

-그래요, 예핌이 활발해졌다.

- 어제 저녁에 그 노래가 나왔어요. 우리가 후렴을 시험적으 로 노래해 봅시다.

"아하, 우리는 얼마나 행복한가,
새로운 상황이 왔으니!"

모두는 그 후렴을 노래하고는 웃자, 예핌은 그 새로운 상황에 대해 비웃으며 노래를 했다. 하지만 니코는 웃지 않았다.

-기분이 너무 우울해요, -그는 그 동료에게 대답했다. - 하지 만, 분명히 또 필시 전체 콘퍼런스에서 반드시 소개해야겠어 요. 그 말에 몇 명은 술에서 깨게 될 겁니다.

-꼬리를 피스톨에 유지하세요, 니코! 눈물을 쏟아내는 것보단 웃음이 더 유용하지요, -예핌이 말했다. - 우리는 쬐끔씩 읽 읍시다. 나중에 여러분은 새 노래 한 곡을 더 들을 겁니다.

-우리는 여기서 나가요. 산책이나 좀 해요, -갈카가 니코에게 조용히 속삭였다. 니코는 고개를 끄덕였다. 1분 뒤, 그는 신선 한 저녁으로 조용히 나왔다. 그랬다. 여기에서 그는 더 깊이 숨을 쉬고 싶다. 그는 마치 코가 막혀 머리가 맑지 못한 것처 럼, 풍부한 별무리가 있는 저녁 하늘을 향해 날카롭게 울부짖

고(히-힝 해보고) 싶은 유일한 열망이 생겼다.

그러고 있으니, 그림자처럼 갈카가 나타나, 그의 손을 잡고, 여행자들을 위한 통로를 따라 밤길로 데리고 갔다. 말없이 그 두 사람은 어느 작은 집 앞까지 산책했다. 열쇠를 딸깍하자, 그 어둠의 방으로 향하는 문이 열렸다.

-들어 와요. 내가 이 호화스런 아파트를 잠시 빌렸어요. 우리는 여기 앉아서 이야기를 나눌 수 있어요.

-다시 새로운 상황에 대해서요? 아마 충분한데도......

-니코, 니코....당신은 약간 미친 것같아 보여요. 너무 상처를 많이 입었어요. 모든 걸 머리속에다 집어넣어 놓고 있으니.

-나는 다른 방식으로 할 수 없어요, 갈카! 나는 정말 보고 있어요.- 몇 녀석은 여기서 아무 싸움 없이 모든 것을 없애버릴 준비를 해 놓고 있다구요. 스스로 파산하는 것. 멍청한 친구들! 그러는 동안에 정말 아무것도 분명하지 않아요....

니코는 자신의 곱슬머리를 펴고 또 펴보았다.

-난 그런 상태의, 화난 당신을 정말 사랑해요.- 그녀는 그의 손을 따뜻하게 만지고 있다.

-사랑할 만한 것은 아무것도...

-그럼, 그건 내가 결정해요. 무서워하지 말아요, 나는 당신을 올가에게서, 당신 가정으로부터 올가를 뺏고 싶지는 않아요... 나는 당신이 평화를 되찾기를 원하기만 해요...그리고 당신을 원해요... 오늘...곧... 당신은 그런 상태로 있으면 안 되어요... 당신은 거부할 권리가 없어요... 사랑하는...- 더운 속삭임에 머리가 어지러운 것을 깨웠다. 그 입술은 그만큼 가까이 와 있으니!

-갈카.... -니코가 다시 속삭였다.- 당신은 매력적이고...사랑받을 만해요... 하지만 내 기분은 전혀 맞지 않아요...나는 능력이 없을 겁니다, 아마도...

-이미 내 걱정인걸요, 나의 착한 청년. 더는 말하지 말아요,-
그녀는 그의 말을 긴 키스로 중단시켰다.

 그의 두 눈을 바라보면서, 그녀는 그의 셔츠 단추를 풀고,
그녀의 뜨거운, 간지러운 손길은 그의 가슴을 따라, 저 위에
서부터 저 아래로, 한 개의 긴 흘러가는 움직임을 만들었다.
열성적인 음률은, 그 염원과는 독립적으로, 내부에서 뜀박질
하고 있었다. 뭔가 야만의 정열, 미친 기쁨... 이 모든 것은,
이 열성을 제외하고는, 모두 둘째가 되었다.

 그녀는 자신의 팔을 들어, 니코에게 그녀 스웨터를 벗어주기
를 허락한 채 있고. 니코는 자신의 가슴으로 그녀의 두 개의
우뚝 솟은 젖꼭지를 건드린 뒤, 이미 자신을, 그 무의미한 걱
정에서 벗어나려고 확고하게 내던졌다...

ĈAPITRO XIV

"Junularan tendaron kutime partoprenas ankaŭ veteranoj. Estas agrable vidi sur iliaj brustoj ne nur verdajn steletojn, sed ankaŭ militordenojn. Tamen sur la brustoj de junaj esperantistoj, ĉu ofte oni povas vidi almenaŭ komsomolan insignon? Ja, tio gravas, geamikoj, por vera impreso pri ni flanke de oficialuloj, flanke de la neesperantista publiko..."

(Aktuale — 6— 197...)

"...Nia malnova sistemo (kvankam brila por la antaŭaj cirkonstancoj) devas pasi en Leteon. Ne unuopaj trafaj eroj, nek niaj idealoj, nek finaj celoj, sed la Sistemo kiel tuto devas fariĝi historiaĵo.

Kelkaj gesamideanoj eble jam nun kontente frotas la manojn, antaŭĝuante la baldaŭan estonton, kiam ili konvertos al Esperantismo amasojn kaj amasojn,

Haltu! Ne tio estas la ĉefa tasko en la nunaj kondiĉoj. Multe pli gravas, KION ni faros ol KIOMOPE. Sekve por ioma tempo estas eble kaj preferinde zorgi malpli pri nia KVANTO ol pri la KVALITO.

Ni devas perafere pruvi, ke Esperanto estas sukcesa propagandilo de la sovetaj ideologio kaj kulturo en eksterlando, brila ilo por internaciisma kaj patriotisma laboro, helpilo por studado de fremdaj lingvoj (kaj pliprofundiĝo en la propran), utila kaj taŭga tempopasigo.

Ĉion ĉi ni devas montri al koncernaj respondeculoj".

(Aktuale — 3— 197..)

"Ni jam delonge pruvis, ke Esperanto estas taŭga propagandilo ideologia kaj kultura. Ni esperu, ke ni ne plu devos pruvadi tion al ĉiu nova oficialulo, sed dediĉi la tempon al praktika utiligo de la lingvo".

(Aktuale — 4 — 197...)

Dum la posttagmeza raportado pri faka agado, iom enua, dormiga, Niko tamen atente aŭskultas — jam ŝajnas al li, ke ĉiu raportanto faras tion kvazaŭ lastfoje. Ne nur li tion kaptis. Kiam vica raportanto iras al jam kutima finalo:

- ...Necesus, certe, organizi metodikan seminarion... ekzamenigi instruistojn en SEJM-kluboj... Mi jam ne sukcesis... — Volgano Andreo eksaltas, kaj, montrante la florbedon, krias:

- Hej, kamaradoj, jen estas bo-onega tombo de nia

SEJM! Luksa, majesta! Tamen, ial ĝi jam estas florigita, sed ni (ĉu hazarde?) estas ne ene. Ni estas ekstere. Do, mi memorigas al ĉiuj, ke ni ankoraŭ vivas! Jes!

- Jes! Jes! — aplaŭdoj kaj krioj timigas ombrojn de la proksimiĝanta vespero. Eĉ kelkaj burdoj, kviete gustumintaj flornektaron, leviĝas super la bedo kaj malkontente zumas al tiu rido kaj aplaŭdoj.

- Kamaradoj! Kamaradoj! Ĉe tiu optimisma aplaŭdado mi anoncas la posttagmezan kunsidon fermita! — duonkrias la prezidanto. — Sed atentu: la mastroj malpermesis lignofajron!

Nu, jen — novaĵo! Ĉiuj bolas:
- Malpermesitas en la teritorio, do ni trovu lokon ekstere. Kia konferenco sen fajro!

- Kamaradoj! — admonas la Prezidanto. — La loko estas tro civilizita. Ekster la bazejo loĝas diversaj homoj. Ni ne malbonigu tuj la rilatojn inter ni kaj aborigenoj.

Englutinte vesperan kaĉon en la manĝejo, Niko elpetas de servistino dekon da panpecoj (komisiis la legontoj) kaj rapidas al sia dometo.

Kvin knaboj loĝas en la ĉambro: Eŭgeno, Volodja, Jefim, Zaŭr kaj li, Niko. Do, necesas rapidi. Prepari varman veston por ne serĉi poste. Ordigi la ĉambron. Movi la litojn ronden, la tablon — en mezon de la rondo. Trovi kaj elpreni "legaĵojn"... La knaboj jam komencis laboron. Zaŭr trankvile surtabligas belan konjakbotelon. Eugeno englutas salivon:

— Fantastika libro! Sed ankaŭ mi havas ne malpli interesan.

Li tiras el la tornistro "Rusan balzamon". Ankaŭ Niko por la okazo kunhavas imponan 'libron", aĉetitan en Narva — la likvoron "Vana Tallinn".

Estis hela ideo — la elpenso de tiuj tendaraj "legejoj", amikaj kundrinkoj noktaj. Fakte, la "legaĵoj" estas venigataj kiel la simbolo, kaj vere ili beligas la tablon. "Legas" gekoj ne tre aktive — nur gustumas el diversaj "libroj". Sed kiom da rakontoj, ŝercoj, kantoj! Dum jaro ĉio ĉi akumuliĝas por flui ĉi tie, por amika vespero-nokto. Tie ĉi naskiĝas la amikeco porĉiama, eĉ frata.

Aperas la gastoj. Nemultaj, ĉirkaŭ deko. Sidiĝu ĉiuj, kuŝiĝu, altabliĝu! Restos ankaŭ loketo por malfruiĝantoj. Niko mastras kutime. Eugeno donacas komplimentaĉojn al la venantaj knabinoj ("Ahh,

Svetulja, vi graciiĝis, e-e-e... je tri kilogramoj, ŝajne. Sidiĝu pli proksimen, mia dolĉa!"), Jefim spektas, kiel Ljoĉjo agordigas lian gitaron — memstare li faras tion apenaŭ. Zaŭr jam senkorkigis la konjakon, verŝas la unuan komunan "fratigan" tason, kiu iros laŭronde. Ankaŭ oblonga impresiga melono estas tirata el-sub la lito de Zaŭr. Akompanas tiun misteron komuna "Ahh!" de ĉiuj knabinoj. Dia aromo!

- Miaj gastoj! — krias Eugeno. — Ni gustumis "ĉevaljakon", do la temo de nia hodiaŭa legado estu ĉevaloj, mi proponas!

- Do, komencu per "Karolino"!

- Jes, per "Karolino", — krias knabinoj.

- Je du tonoj malpli laŭte, najbaroj dormas, — avertas Ljoĉjo, prenante gitaron.

- Ha-ha-ha, dormos ili, atendu! — reeĥas ĉiuj, kaj, ĉiuj kune: "Flugas Karolino same kiel vent'!"

- Interalie, Babel diris, ke la plej belaj bestoj en la mondo estas ĉevaloj. Kaj virinoj! - komentas Jefim.

- Ha, ĉu ni tuj ekhenu, aŭ iom poste? — demandas Aŭdra.

- Iom poste. Ni ankoraŭ ne finlegis, — respondas Niko. — Tamen, pri ĉevaloj. Kun unu mi parolis antaŭ kelkaj tagoj... En Leningrado, certe. Impona stalono, altpostena... Li diris, — ahh, pardonu, li henis, — ke ne nepre al Esperanto-aranĝoj devas veturi esperantistoj. Unuavice veturos tiuj, kiujn li trovos indaj por veturi.

- Sed, kion vi?

- Bedaŭrinde, mi ne kapablas heni... Sed mi demandis, ĉu al kongreso de veldistoj li povus sendi kuiriston.

- Ha-ha! Sed li?

- Nu, li respondis, ke ĉion decidas ne li sola, kaj montris per okuloj al plafono. Ankaŭ li daŭrigis, ke kontraŭ veturo de kamarado Ajratov, persone, li, persone, havas nenion. Dume. Des pli, ke, hazarde, kamarado Ajratov, partiano, aktiva edukanto de lernejanoj, ankaŭ Esperanton posedas...

- Ho, fiulo! Sed vi, Niko, ankaŭ riskas vane. Oficialuloj tion ne ŝatas.

- Tamen, karuloj, Fimko promesis novan kanton!

- Jes, — vigliĝas Jefim. — Hieraŭ vespere ĝi aperis. Ni provludu la refrenon:

"Aĥ, kiaj ni estas feliĉaj,
 Ke venis novaj kondiĉoj!"

Ĉiuj kantas la refrenon, ridas, dum Ĵefim mok-kantas pri tiuj Novaj Kondiĉoj. Nur Niko ne ridas.

- Tro morna estas la humuro, — respondas li al la kompanio, — sed, eerte kaj nepre prezentinda al tuta konferenco. Eble kelkajn ĝi sobrigos.

- Tenu voston pistole, Niko! Pli utilas ridi ol verŝi larmojn, — diras Jefim. — Ni legu poiomete. Poste vi aŭdos ankoraŭ unu novan kanton.

- Foriru ni de ĉi tie. Promenetu, — flustras Galka. Niko kapjesas kaj post minuto trankvile eliras en la freŝan nokton. Jen tie ĉi li spiru pli profunde. Kvazaŭ ia nazmuko plenigis la kapon, kaj estas sola dezireto jelpi al la abunda stelaro.

Ombre aperas Galka, prenas lian manon, forkondukas en nokton laŭ vojetoj de la turistejo. Senparole ili promenas ĝis iu dometo. Klakas ŝlosilo, malfermiĝas pordo en malluman ĉambron.

- Eniru. Mi elpetis ĉi tiun luksan apartamenton. Ni povas sidi kaj paroli.

- Ĉu denove pri la novaj kondiĉoj? Eble sufiĉas...

- Niko, Niko... Vi estas iom freneza. Tro vundiĝema. Ĉion prenas en la kapon.

- Mi ne povas aliel, Galka! Mi ja vidas — kelkaj uloj tie ĉi pretas fordoni ĉion sen batalo. Memlikvidiĝi. Stultuloj! Nenio dume klaras ja...

Niko glatas kaj reglatas sian krispan hararon.

- Mi tre amas vin nome tia. Kolera. — Ŝi karesas lian manon.

- Nenio aminda...

- Nu, tion mi decidu. Ne timu, mi ne volas forpreni vin de Olga, de la familio... Mi nur volas, ke vi trankviliĝu... Kaj mi volas vin... hodiaŭ... tuj... vi ne rajtas esti tia... vi ne rajtas rifuzi... amata... — arda flustro vekas kapturniĝon kaj la lipoj estas tiom proksimaj!

- Galka... — reflustras Niko, — vi estas ĉarma... aminda... sed mia humoro tute ne konvenas... mi ne kapablos, ŝajne...

- Estas jam mia zorgo, mia bona knabĉjo. Ne parolu
plu, — ŝi ĉesigas lian parolon per longa kiso.
Rigardante liajn okulojn, ŝi malbutonumis lian
ĉemizon, kaj ŝiaj varmaj tiklaj fingroj faras unu
longan fluantan movon laŭ lia brusto desupre
malsupren. Arda kordo ekpulsas interne, sendepende
de la volo; ia sovaĝa adoro, freneza ĝuo... Ĉio iĝas
duagrada, krom tiu ĉi ardo. Ŝi levas la brakojn,
permesante al Niko demeti ŝian sveteron. Tuŝinte per
sia brusto du arogajn mampintojn, Niko jam definitive
ŝaltas sin for el tiuj nenionsignifaj zorgoj...

제15장

"...홍보를 진행하면서, 당신이 홍보 전달하려는 사회계층을 고려하면서 신중해야 하고, 절대로 과장하지 말고, 거짓말도 하지 말고, 현명하게 논쟁을 해야 합니다. 벌써 오래 전에 V. I. 레닌은 이렇게 강조했습니다: "...사람들은 특별한 계층과 직업, 또 유사한 분야에 종사하는 사람들의 심리의 특정 관심과 특성을 이해하려면, 아주 신중하게, 또 인내심을 갖고 대중에 접근해야 한다."(V. I. 『레닌저작집』, 제41권, 192쪽)". 그리고 만일 당신이 그렇게 행동하면, 당신은 에스페란토를 배우려는 사람들을 더 빨리 만날 기회를 찾을 수 있으며, 더 효과적으로 그 사람들에게 영향을 미칠 수 있습니다."
(<Aktuale>,197.년 2월호)

"고등 및 전문 중등 교육부
197.년 10월 2일, 제 8-9363호
고등학교 학장 및 전문 중등학교 교장 앞,
우리가 외국과의 접촉을 확고히 하는 동안, 언제나 외국어 교육은 더욱 중요한 역할을 담당하고 있다. 고등학교와 중등학교의 준비된 전문가들이라면, 외국어로 된 문학을 이용할 줄 아는 것이 중요하다. 여러 외국어에 관심을 가지는 청소년들이 증가하고 있음에도, 학교에서는 그런 언어들의 학습에 아직 충분히는 관심을 두고 있지 않다. 특히 예술지향의 학교들에서는 극소수의 남녀학생들만 프랑스어를 배우고 있다. 그러한 상황에서 청소년 학생들이 에스페란토 클럽이나 동아리에 모여, 만남을 조직하고, 또 실용적으로는 덜 중요한 언어를 배운다.
그래서 우리 교육부에서는 향후 교육계획을 수립할 때, 다양한 방면에서의 외국어들을 강의를 강화하기 위하여, 또 외국어 클럽들과 문화클럽에서, 또 강단에서, 또 회의실에서 외국어 클럽들과 국제주의 성격의 동아리들 활동을 활성화하기 위하여, 또는 새로 조직하기 위해 여러 방법을 사용할 것을 추천하고자 한다. 따라서, 교육부는 몇몇 지역에서 에스페란토어를 불필요하게 넓혀가는 운동을 지지하는 것은 추천하지 않을 계획이다.

장관 H. 자불리스 (H. Zabulis)
(리투아니아어에서 번역. <Aktuale>,197.년 5월호)

레닌그라드에도 지루한 더위가 똑같이 오늘도 계속되었다. 여느 때처럼 교회의 푸른 둥근 지붕은 먼지가 가득한 층 때문에 회색으로 보일 정도였다. 인근의 어린 나무숲에서는 목 말라 물을 고대하는 참새들이 아침에 오는 살수차를 조용히 기다리고 있었다. 고체와 액체 사이에 뭔가가, 그 더위로 인해 물렁해진 아스팔트는 마리나의 걸음을 한걸음 옮길 때마다 붙잡고 있었다: 그렇게 패인 검고 작은 홈들이 점점이 선이 되어, 힘들여 떼어 올린 구두 뒤축을 뒤따랐다.
그녀는 지난 한 주간에는 산책을 많이 하진 못했다. 그녀가 해야 하는 많은 일이 그녀의 목록에는 있었다. 꼭 해야 하는 일들. 그랬다. 그녀는 일했다. 아뷔소뇨는 그런 일을 하는 손녀에게서 아무런 이상한 것을 보지 못했다. -여느 때처럼 마리쉬카[56]는 뭔가를 쓰고, 책들을 읽어 나가고 있었다. 어제 아침, 완전히 평온하게도 아뷔소뇨는 아들과 며느리가 먼저 가서 휴가를 보내고 있는 여름 집으로 차를 타고 갔다. 그 도시 먼지와 질식할 것 같은 곳을 벗어나 적어도 일주일 동안이

---

56) 역주: '마리나'의 애칭

라도 휴양하러. 마리나는 할머니를 핀란드역까지 바래다 드리면서, 할머니께 꼭 열쇠를 챙겨두시라고 연신 강조했다.

-뭐하려고? - 아뷔소뇨가 놀라 물었다. 왜냐하면, 그건 평소의 일과는 좀 다른 일이기 때문이었다. - 마찬가지로 넌 이 할미를 만날 터인데!

-비상 상황을 대비해서요, 할머니. 아마 제가 학교에서 뭔가 할 일이 있을 수도 있으니까요...또요, -엄마와 아빠에게 안부 전해 주세요. -마리나가 할머니가 타서 떠나는 그 기차를 향해 다시 말했다.

지금 그녀에겐 시간이 있었다. 어제, 그녀는 종이 상자 몇 개를 구해다가는, 그 안에 이것저것 집어넣었다. 그것들은, 그럼에도, 많지 않다. 한 상자에는 새 옷이자, 한 번도 입지 않은 라일락 색깔의 예복을, 학창시절의 사진을 모아둔 앨범을, 몇 권의 목가적인 시집을 -라리사를 위해 챙겨 두었다. 일기들도 넣을까? 안 돼 -그것들은 -불태우자. 편지들은? 그래 그것은 역시 묶어 두자.

이젠 니코를 위한 상자이다. 성경, 에스페란토대사전(PIV)-그가 늘 갖고 싶어 꿈꾸었던 사전. 몇 권의 시집: 글렙 고르보프스키이[57](Gleb Gorbovskij), 노벨라 마트베에프나[58](Novella Matvejeva), 드미트리이 슈하레프[59](Dmitrij Suharev). 니코가 좋아한 시인들이다.

---

57) 역주: 러시아 시인(1931~?), 러시아 푸슈킨 상 수상(2008). 푸슈킨 상 이란 1881년에 러시아 과학 아카데미에서 알렉산드르 푸슈킨의 이름을 따서 붙인 상인데, 최고 시인에게 주는 상이다.

58) 역주: 러시아 바르도 여류 시인(1933~2016), 러시아 푸슈킨 상 수상 (1998)

59) 역주: 타쉬켄트 출신의 러시아 시인 Dmitry Sukharev (1930~).모스크바대학(1953)과 동 대학원에서 신경과학 연구자로 졸업. 1957년 가명으로 시집을 냈고, "신세계"와 "청년"에 정기 기고자, 작가협회 회원 (1964).

(출처: http://site-čildren.com/aŭthor581-sukharev1.htm)

니코, 니코...며칠 전에 그가 찾아오는 바람에, 결정을 거의 깰 뻔했다. 그는 아이에 대해 물었다. 그녀를 후퇴시킬 수 있을 유일한 존재에 대해서. 가장 가슴 아픈 아이에 대해.

올해 스물여섯 살인 그녀는 수많은 기쁨을 알았던가? 쥬르카가 있었다. 금발의 동급생. 재능있는 체스선수이자 시를 사랑하는 사람. 그녀의 첫사랑이자 첫 남자. 그녀는 오랫동안 의심하지 않았다. 왜냐하면, 그녀가 사랑했고, 스스로 함께 지내는 것을 원했다. 그때가 학교에서의 마지막 겨울이었다. 그가 사는 여름 집을 몇 번 여행하여 그녀는 스키타기, 깊은 눈 속을 힘들게 헤쳐 나온 것, 아무 경험 없던 키스와, 조상- 조상이었던 할머니의 침대의 넓다란 베개에서의 달콤한 내음에 대한 추억을 갖게 되었다... 7월 하순, 그 백야의 투명한 안개 속에서 산책하면서, 그 학교에서의 작별의 저녁에 그 두 사람은 이해했다. 그들 사이에는 긴 인생으로 함께 가는 것에 대해 말해야 할 것이 이제 더는 없음을 이해했다. 그들은 눈물 없이, 평화로이 헤어졌다.

알디스도 있었다. 그들은 우연히 라트비아의 'BET' 캠프 행사의 마지막 날에 알게 되었다. 반년의 편지교환을 통해 두 사람은 서로를 깊이 이해하게 되었음을 분명히 알았다. 그는 기억만으로도, 사진 없이도 그녀 초상화를 그릴 수 있을 정도였다. -그래서 그녀 초상화가 벽에 걸려 있다. 그 안에는 꿈과 사랑이 있었다. 겨울에는 서로의 집을 방문하는 여행이 있었다. 라트비아의 수도 리가, 그곳을 잊을 수 없다. 알디스의 온화한 가정은, 안타깝게도, 라트비아어 말고는 다른 언어를 전혀 이해할 줄 몰랐다. 하지만 그녀는 그 점에 주목하고는, 방문하기 전에 라트비아어를 좀 배워서는, 그의 가족에게 라트비아어로 말을 걸자, 그들은 놀랐다. 나중에- 레닌그라드에서의 산책들, 만족한 부모, 할머니 아뷔소뇨가, - 마리나 자신보다도 더 행복해했다... 그런데 여름이 되자, 그의 편지에서 뭔가 다른 뉘앙스를 느끼기 시작하였다. 지난겨울에 약속했음에도 불구하고 그는 SEJT 행사에 참석하기 위한 시베리아행 비행기에 오르지 않았다. 들려온 소문은, 그가 어떤 라트비아 아가씨와 갑자기 결혼했다는 소식이었다. 그때 마리나는 울었다. 왜냐하면, 그녀는 그 이유를 몰랐기 때문이었다.

그래 그랬다.. 한 번도 그녀는, 그 교수와의 관계에서 사랑에 대해 전혀 언급한 적이 없었다. 하지만, 그녀는 그분을 만나고 난 뒤로, 다른 사람에 대해선 더는 꿈꾸지 않았다. 현명하며 강하고 매력적인 그분이 그녀의 남자 이상형이 되었다. 그녀는 그분을 존경하며 그리움의 대상이었다. 그녀는 현실에서는 그리움을 내쫓아 버렸지만, 그녀의 즐거운 꿈속에는 그분이 그녀와 함께 있기 위해 그녀를 찾아온다.

더욱 아픈 것은 그녀가 그런 꿈속에서 깨어날 때였다. 그녀는 그 선생님께 자기 생각을 말할 용기도 전혀 생기지 않았으리라. 하지만 만일 그분이 그런 일을 암시라도 하기만 하면, 그녀는 곧장 함께할 마음이었다. 하지만, -그분은 자신의 말과 행동에서 그녀에게 아버지 같은 부성으로서만 배려 깊고, 위엄있게 처신하고 있었다. 그녀는 그 점을 허용했다. 왜냐하면, 그분이 가까이 왔고, 그분이 가까이 오자 그녀는 안심이 되었다.

니코가 가고 난 뒤, 의심이 그녀 머릿속에서 생겨나 움직이기 시작했다. 욕실에서 그녀는 오랫동안 자신의 모습을 바라보았다. 그울을 사이에 두고서 바라보는 몸과 몸, 스물여섯 살의 여성, 키가 크지 않지만, 가늘고, 늘씬하다. 이 계절에- 처음으로- 햇볕에 그을린 흔적이 없었다. 쳐녀의 젖가슴, 배, 아이를 출산하지 않아 아직 그대로인 몸. 분명히 그녀는 아이를 가질 수 있을 것이지만, 그런데 무엇을 위해서? 그녀 아이들에게도 비슷한 무뢰한들이 질문하도록 놔둘 것인가? 그녀는 악몽 같은 대도시에서 자기 자식의 운명에 대해 걸음마다 고통을 당하게 놔둘 것인가? ... 무엇을 위해... 에흐 니코, 니코! 네가, 친구인 네가 나 자신의 동정심을 일깨웠네. 그건 필요하지 않다.

그녀는 씁쓰레하게 웃고는, 그 선생님이 선물로 주신 두 권의 책을 그 상자 안에 넣었다. 니코가 읽게 되겠지. 또 그 캠핑 행사 때 찍은 사진들도...

그녀가 좋아하던 인형들이 뒤따랐다. 마리나는 지난 몇 달간 조용히 앉아 있던 그 인형들을 자신의 옷장에서 꺼냈다. 그녀는 그것들을 상자에 넣기 전에 하나씩 껴안고 작별인사를 했다. -금발 인형 나타샤, 갈색 인형 카티뇨, 교직으로 짠 강아지 인형 토빅, 이름도 없고 귀도 없는 토끼인형. 얘들아, 그동안 고마웠어! 질녀인 율카가 이들을 갖고 뛰놀겠지. 아동용 현미경도 그 속에 함께. 조금 뒷면, 그 현미경을 율카는 필요할 것이다.

저녁에, 아뷔소뇨가 지난겨울 추위에 불을 지핀 난로에다가 마리나는 종이들을, 즉, 편지들과 우편엽서와 일기장을 태웠다. 열린 창문을 통해 여명과 차가움이 들어 왔다. 한 장씩 그녀는 자신의 일기장을 찢어서는 그것들이 재가 되기 전에 한때 자신이 쓴 그 글을 읽어 보았다. 그리고 그 일기장 종이들이 불 속으로 날아들고, 휘감기고는, 마르게 탁탁 소리를 내고, 마지막까지 타더니, 아래로 떨어져 버렸다. 그렇게, 지난 20여 년간의 삶을 뒤적이면서, 다음 날 아침 나절까지 앉아 있었다. 그렇게 쓴 모든 것은, 그녀에겐, 누군가의 낯선 생각에서 나온 삶의 이야기처럼 보였다: 그녀는 자신을 옆으로 바라보면서 그것을 읽었다.

그리고 아침이 왔다. 일상적으로 이즈마일로브스키이-가에서 전차소리가 천둥처럼 들려왔다. 자동차들이 집 가까이 다가오면서 지나가는 소리가 들렸고, 물줄기들이 나뭇잎들을, 먼지 많은 아스팔트를, 기다리고 있던 참새들을 때렸다. 마지막 불길이 그녀의 두 눈앞에서 꺼졌다.

마리나는 이제 창문을 닫고, 아주 오래된 책상에 앉아, 생각에 조금 잠긴 뒤, 깨끗한 종이에 이렇게 썼다:

"사랑하는 엄마! 아빠! 할머니! 저를 엄하게 판단하지 마시고 많이 울진 말아주세요. 저는 제가 할 수 있는 만큼 이겨내 보려고 했지만, 더는 못할 것 같습니다. 이 모든 것을 저는 제 고유의 결정에 따라 완전히 자각적으로 처리합니다. 하지만 이 말은 기억해 주세요: "만일 이 땅에서 누가 너희 집을 부순다면, -하늘에 너희 집을 갖게 해 주리". 저는 어떤 식으로든 저를 괴롭힌 모든 이들을 용서합니다. 모든 사람에게 평화를 기원합니다. 할머니와 부모님, 사랑합니다!"

그녀는 작은 플라스틱 백 하나를 집어서는 그 가방에다 몇 마디를 쓴 종이를 붙였다: "나중에 나를 이 옷으로 입혀 줘요". 그 백 안에는 그녀 자신이 좋아하는 청바지와, 흰 블라우스, 속옷과 짧은 양말을 집어넣었다. 그녀는 그 백을 책상에서도 잘 보이는 쪽의 벽에 걸어두었다.

갑자기 전화기가 울렸다. 의지와는 달리, 천천히 그녀는 전화기로 걸어갔다:

-마리나 류보프나, 좋은 아침입니다! -이미 알고 있는, 친절한 체하는 목소리가 들려 왔다. 자는 것을 깨우진 않았으리라 희망합니다. 벌써 거의 10시가 되었으니까요.

-세디크 시민, 당신이 원하는 것이 뭔가요?- 아무 감정 없이 그녀가 그 말을 했다.

-우리는 그때 그 학교에서 우리 대화를 끝내지 못했습니다. 그렇지 않아요? 당신은 나와 만날 필요가 없진 않겠지요?.... 그 대형 건물안은 아니구요, 분명하구요. 내가 당신에게 개인 주소를 하나 알려주겠어요...

-저는 당신을 만나고 싶지 않아요.

-심사숙고해야 해요, 그 전화기에는 위협하는 목소리가 들렸다. -정말로 당신을 공식 소환해야겠군요. 당신이 계속 고집스레 행동한다면, 우린 그 일을 할 겁니다...

-당신은 늦었어요, -그녀는 조용히 대답하고는, 수화기를 내려놓았다.

그래도 무슨 이유인지 그녀는 신경이 날카로워지고, 저들이 마치 즉각 찾아올지 모른다는 생각으로 서둘렀다. 그녀는 자신의 방으로 달려가, 상자들을 곧장 발견할 수 있도록 배치해 두었다. 그녀는 물을 한 바가지 떠 와서는, 방마다 놓여 있는 식물 모두에게 조금씩 나눠 부었다. 나중에 그녀는 자신의 욕실로 달려갔다. 그곳에서, 아빠의 날선 면도칼을 집어 들고, 그녀는 단숨에 자신의 왼팔의 손목을 칼로 그어버렸다. 욕실의 푸른 타일 위로 피가 쏟아지고, 나중엔 욕조 안으로도 핏방울이 튀기 시작했다. 이제 마리나는 정신이 나가버릴 정도였다. 이제, 다른 무엇보다도 더, 그녀는 자신의 계획이 실패할 수도 있다는 것을 느꼈고, 그녀가 쓰러지고 나면, 저들이 와서, 그녀를 병원으로 차를 이용해 이송하리라는 생각하니 두려웠다. 모든 게 다시 시작되리라는 것을!!!

다시 그녀는 바닥에 핏자국을 여기저기 남기면서 자기 방으로 달려갔다. 그리고는 깨끗한 종이 한 장을 집어서 크고, 휘갈겨서 이렇게 썼다:

"신성한 하나님께, 간청합니다. -저를 이젠 구원해주지 않으셔도 됩니다!"

나중에- 발코니의 문으로. 의자 위로. 발코니 가장자리로. 균형을 잡으면서, -깊이, 또 마지막 숨을 쉬고는, -그리고 한 걸음 앞으로 향해.

ĈAPITRO XV

"...Dum la informado estu singardaj, neniam troigu kaj fanfaronu, saĝe argumentu, konsiderante la socian tavolon, al kiu vi informadas. Jam antaŭlonge V.l. Lenin avertis: "...Oni devas lerni tre singarde kaj pacience alproksimiĝi al amaso por scipovi kompreni specifajn interesojn, specifajn ecojn de psikologio de apartaj tavoloj, profesioj k.a." (V.l. Lenin. Plena verkaro, v. 41, p. 192). Kaj se vi agos tiel, vi pli rapide trovos kontakton kaj povos pli efike influi la homojn al la lernado de Esperanto".

(Aktuale — 2-197...)

"Ministerio de supera kaj speciala meza klerigo
la 2-an de oktobro 197... N 8-9363
Al Rektoroj de superaj lernejoj kaj al direktoroj de specialaj mezaj lernejoj

Dum firmiĝo de niaj kontaktoj kun eksterlando, ĉiam pli grandan signifon akiras la instruado de fremdaj lingvoj. Estas grave, ke la specialistoj, preparataj en la superaj kaj mezaj lernejoj, scipovu uzi literaturon en fremdaj lingvoj. Kvankam la interesiĝo de junularo pri fremdaj lingvoj kreskas, tamen en la lernejoj oni ankoraŭ ne sufiĉe atentas lernadon de ili. Tro malmultaj gelernantoj lernas la francan lingvon,

- 261 -

precipe en artodirektaj lernejoj. En tia situacio la lernanta junularo unuiĝas en Esperanto-klubojn kaj rondetojn, organizas renkontiĝojn, lernas la praktike malgravan lingvon.

La ministerio rekomendas uzi rimedojn por fortigi la instruadon de fremdaj lingvoj en la amplekso, antaŭvidita en la instruplanoj, ankaŭ aktivigi aŭ nove organizi agadon de fremdlingvaj kluboj kaj internaciismaj rondetoj ĉe kulturkluboj, katedroj kaj kabinetoj. Siavice, la ministerio ne rekomendas subteni la kelkloke senbezone larĝigatan movadon de la lingvo Esperanto.

Ministro H. Zabulis

(Traduko el la litova. Aktuale — 5—197...)

Same pendis obseda varmego en Leningrado. Kutime blua kupolo de la preĝejo ŝajnis griza pro polva tavolo. Soifantaj paseroj en apuda arbetaro silente atendis matenan ŝprucaŭton. Io inter solidaĵo kaj likvaĵo, la mola asfalto kaptadis ĉiun paŝon de Marina; pene eltiratajn kalkanumojn postsekvis punktolinio da nigraj kavetoj.

Ŝi neofte promenis dum la lasta semajno. Multaj farendaj aferoj estis en ŝia listo. Nepre farendaj. Do, ŝi laboris. Avisonjo vidis nenion strangan en tiuj laboroj — kiel ĉiam Mariŝka skribis kaj foliumis librojn. Plentrankvile Avisonjo hieraŭ matene forveturis al la gepatroj, al la somerdometo. Por ripozi almenaŭ dum semajno de tiu urba polvo kaj sufoko. Marina, akompanante ŝin al la Finnlanda stacidorno insistis, ke ŝi kunprenu la ŝlosilojn.

- Por kio? — miris Avisonjo, ĉar tio estis iom nekutima. — Egale vi min renkontos!

- Por ajna okazo, mia bona. Eble mi havos ian laboron en la instituto... Nu — kisu panjon kaj paĉjon, — rediris Marina ĉe la foriranta vagonaro.

Nun ŝi havis la tempon. Hieraŭ ŝi akiris kelkajn kartonajn skatolojn kaj dismetis la aĵojn. Tiuj, tamen, estis ne multaj. En unu skatolon novan, neniam vestitan, siringkoloran robon, albumon kun lernejaj fotaĵoj, kelkajn lirikajn poemarojn — por amikino Larisa. Eble ankaŭ taglibrojn? Tamen, ne — ilin — al fajro. La leteron — jes. Kaj ŝnuri.

Sekvas la skatolo por Niko. Biblio. PIV — lia delonga revo. Kelkaj poemaroj: Gleb Gorbovskij, Novella Matvejeva, Dmitrij Suharev. Tiujn li ŝatas.

Niko, Niko... Veninta antaŭ kelkaj tagoj li apenaŭ

rompis la Decidon. Li demandis pri infano. Pri la sola objekto, kiu povus igi ŝin al retreto. Pri la plej dolora.

Ĉu multajn ĝuojn ŝi konis, estante jam dudeksesjaraĝa? Estis Ĵurka, blondhara samklasano. Sperta ŝakisto kaj poeziamanto. Ŝia unua amo kaj unua viro. Ŝi ne longe dubis, ĉar ŝi amis, kaj mem volis tiun kunon. Tiam estis la lasta lerneja vintro. Kelkaj vojaĝoj al lia somerdomo lasis agrablajn rernemorojn pri skiado, baraktado en profunda neĝo, senspertaj kisoj kaj dolĉa odoro de ampleksaj kusenoj en ia pra-praavina lito... Dum la adiaŭa lerneja vespero, finjunie, promenantaj en diafana nebulo de la blanka nokto, ili ambaŭ komprenis, ke ne plu restis io direnda inter ili, por kune iri en la longan vivon. Ili disiĝis senlarme, pace.

Estis ankaŭ Aldis. Ili konatiĝis hazarde, en la lasta tago de latvia BET. Duonjara korespondado subite konfirmis evidentan fundan komprenon inter ili. Li laŭmemore, eĉ sen fotaĵo pentris ŝian portreton — jen ĝi estas surmure. En ĝi estas revo kaj amo. Vintre okazis reciprokaj vojaĝoj. Riga, la neforgesebla. La agrabla familio, domaĝe, preskaŭ tute ne komprenanta iun ajn lingvon krom la latva. Sed ŝi estis avertita, ŝi prepariĝis, kaj alparolis ilin latve — al ilia miro. Poste — leningradaj promenoj. Kontentaj gepatroj, Avisonjo — eĉ pli feliĉa ol Marina mem... Al la somero io ŝanĝiĝis nuance en liaj leteroj, kaj li ne alflugis al SEJT en Siberion spite al la vintraj promesoj. Venintaj riganoj rakontis pri lia subita edziĝo al nekonata latva knabino. Tiam Marina ploris, ĉar ne komprenis la kaŭzon.

Jen do... neniam temis pri amo en ŝiaj rilatoj kun la Instruisto. Sed, post kiam ŝi ekvidis Lin, ŝi neniam plu revis pri alia homo. Li iĝis ŝia idealo de saĝa, fortika, alloga viro. Ŝi aspiris lin. Tiujn aspirojn ŝi pelis for en realo, sed en la ĝuaj sonĝoj Li vizitis ŝin por esti kune.

Des pli doloraj estis vekiĝoj. Ŝi neniam kuraĝus proponi sin al Li. Sed se Li nur aludus tion, ŝi jesus tuj. Tamen — Li estis nur patre zorgema kaj digne bontakta en siaj paroloj kaj agoj. Si toleris tion, ĉar Li proksimis kaj Lia proksimeco donis trankviliĝon.

Dubetoj ekmoviĝis en ŝia cerbo post foriro de Niko. En banĉambro ŝi longe rigardis sin. Korpo kiel korpo. Dudeksesjara virino, ne alta, svelta, belforma. Ĉi-sezone — la unuan fojon — sen spuroj de sunbruniĝo. La virgaj mamoj, la ventro, ne kripligita per naskoj. Certe ŝi povus, sed por kio? Por ke ankaŭ ŝian infanon pridemandu similaj sentaŭguloj? Por ke ŝi ĉiupaŝe turmentiĝu pri la sorto de sia kreitaĵo en tiu koŝmara urbego? Por ke... ehh Niko, Niko! Vekis vi, amiko, la memkompaton. Ne bezonatas tio.

Ŝi amare ridetis kaj enmetis ambaŭ librojn, donacitajn de la Instruisto en la skatolon. Niko legos. Ankaŭ la tendarajn fotaĵojn...

Sekvis ŝiaj amataj pupoj. Marina prenis ilin de sur la ŝranko, kie ili sidis kviete dum lastaj monatoj. Ŝi karesis kaj adiaŭis ĉiun el ili ankaŭ ol enskatoligi — la blondharan Nataŝa-n, la brunulinon Katinjon, la pluŝan hundeton Tobik, la leporeton sen nomo kaj sen orelo. Dankon al vi! Nevino Julka ludos. Ankaŭ la mikroskopon infanan tien. Iom poste ĝi taŭgos por Julka.

Vespere, en forno, kiun Avisonjo foje hejtis dum vintraj frostoj, Marina bruligis la paperojn: leterojn, poŝtkartojn, taglibrojn. Malfermita fenestro ensorbis krepuskon kaj malvarmeton. Po unu folio ŝi ŝiris el la taglibroj, trarigardante la iam skribitajn liniojn antaŭ ol ili iĝu cindro. La folioj flugis al fajro, volviĝis, seke kraketis, finbrulis kaj falis suben.

Tiel, ĉe foliumo de la pasintaj du jardekoj, ŝi sidis preskaŭ ĝis mateno. Ĉio skribita jam estis por ŝi, kvazaŭ rakonto pri ies fremda, elpensita vivo; ŝi legis tion, spektante sin deflanke.

Kaj venis la mateno. Kutime ektondris tramoj en Izmajlovskij-avenuo. Susure alproksimiĝis la aŭtoj kaj akvostrioj ekfrapis la foliojn, la polvan asfalton, la paserojn atendantajn. Lastaj fajroj estingiĝis en la okuloj. Marina fermis la fenestron, sidiĝis ĉe la antikvega skribotablo kaj post momen-ta pripenso skribis sur pura paperfolio:

"Karaj miaj! Panjo! Paĉjo! Avinjo! Ne juĝu min severe kaj ne ploru multe. Mi rezistis, kiom mi povis, sed mi ne plu povas. Ĉion mi faras plenkonscie laŭ mia propra decido. Rememoru: "Se vian domon sur la Tero oni detruis — en la ĉielo estu via domo". Mi pardonas ĉiujn, kiuj min iel ofendis, mi deziras pacon al ĉiuj. Mi amas vin!"

Ŝi prenis plastan saketon kaj algluis al ĝi paperpecon kun la vortoj: "Vestu min per tio ĉi". En la saketon ŝi metis sian ŝatatan ĵinson, blankan ĵerzon, kalsoneton kaj duonŝtrumpojn. La saketon ŝi pendigis sur muron en rimarkebla loko ĉe la skribotablo.

Subite eksonoris telefono. Kontraŭvole, malrapide ŝi iris al ĝi:

- Marina Lvovna, bonan matenon! — ĝoje ekis la konata superafabla voĉo. — Mi esperas, ke mi vin ne vekis. Jam estas preskaŭ la deka.

- Kion vi volas, civitano Sediĥ? — sensente prononcis ŝi.

- Ni ne finis nian konversacion tiam, en la instituto, ĉu ne? Ĉu vi ne afablos renkontiĝi kun mi... ne en la Granda Domo, certe. Mi diros al vi unu privatan adreson...

- Mi ne deziras renkontiĝi kun vi.

- Pripensu tion bone, — ekminacis la telefono, — ja ni devus voki vin oficiale. Kaj ni faros tion, se vi obstinos...

- Vi malfruiĝis, — trankvile respondis ŝi kaj metis la aŭskultilon.

Tamen, ial ŝi eknervozis, ekhastis, kvazaŭ Ili povus esti venintaj ĉiumomente. Ŝi kuris en sian ĉambron, dismetis la skatolojn, por ke ili estu rimarkeblaj tuj. Ŝi prenis akvon kaj nutris plantaĵojn en ĉiuj ĉambroj. Poste ŝi kuris en la banĉambron. Tie, preninte freŝan razklingon de paĉjo per du fingroj de la tremanta dekstra mano, ŝi haste faris tranĉon sur pojno de la maldekstra. Sur bluan kahelon ŝprucis sango, poste ekgutis en la bankuvon. Memrego forlasis Marina-n. Nun jam pli ol ion ajn ŝi ektimis, ke ŝia plano povas fiaski, ke ŝi falos, ke Ili venos kaj veturigos ŝin al kuracistoj. Ke ĉio rekomenciĝos!!!

Denove ŝi kuris al sia ĉambro, lasante sangajn spurojn sur la planko, kaptis puran paperfolion kaj per grandaj, saltantaj literoj skribis: "Je Dio sankta, mi petegas — ne penu min savi!"

Poste —al balkona pordo. Sur seĝon. Sur balkonrandon. Balanciĝante — profundan, lastan enspiron. Kaj — paŝon antaŭen.

제16장

"60년 전만 하더라도 부르주아 잡지와 신문에서는 자기들 사이에서 우리의 패망 날짜를 가장 정확히 가늠하기를 애를 쓰면서 경쟁을 했습니다. 그들은 날마다, 주마다, 때로는 달마다 계산했습니다. 그러나 우리는 살아남았습니다. 하루하루를, 주일 주일마다, 달이면 달마다 우리는 우리의 삶을 위해 투쟁했습니다.

문제는 다른 문제로 대체되고, 위험은 또 다른 위험이 뒤따랐습니다. 우리는 투쟁했고, 또 승리했습니다. 우리는 그 백군의 친위대 무리를 내쫓는 일에 성공했습니다. 우리는 문맹자들을 없애는 일에 성공했습니다. 우리는 상상할 수 없을 정도로, 급속도로 새 공장들과 야금 공장들을 건설했습니다. 우리는 원칙으로 노동자들이 권력을 가지는 새 나라를 건국했습니다. 우리는 그 갈색의 페스트에 맞서 싸워 그 전염병도 이겨냈습니다. 우리는 모든 노동자의 꿈을 이 땅에 실현하기 위해- 공산주의를 건설하는 일을 시작했습니다.
...위원회는 '위대한 10월'과 다가오는 콤소몰을 기념하는 일에 특별한 관심을 가졌습니다. 위원회는, 그런 날들을 기념해서, 위원회는 모든 SEJM- 클럽에 다음과 같이 추천하기를 결정했다.
1. 그런 기념일들을 위한 장중한 행사를 개최하는 일
2. 자신의 외국 친구들에게 다음과 같은 관련 자료를 보내기
   2.1. 콤소몰의 영예로운 길
   2.2. 제18차 VLKSM 대회
   2.3. 지난 60년 동안 우리나라가 성취한 것
3. 제 18차 VLKSM 대회의 지역대표들 만남

4. 외국 친구들에게 새 헌법의 내용과 의미를 알리기"
　(<Aktuale>, 197.년 3월호)

"...마침내 SSOD위원회 서기가 취임했습니다; 베르요자 아나톨리이 봐실예비치. 상대적으로 젊은 인물인 그는 첫 만남에서 좋은 느낌을 남겼습니다..."
(SEJM-위원회 위원들의 개인편지 중에서)

새벽 5시, 니코는 오른쪽 눈부터 떴다. 그 무의식의 잠을 깨운 기계는 그에게 그 특정 시각을 알려 주었다. 만일 니코 스스로 오늘 저녁에 다음 날 아침의 기상 시각을 정확히 기억해 두면, 다음 날 아침엔 언제나 그 시각에 일어나는 반복적인 일이 있다. 그는 어릴 때부터 경험이 없었던가? 그리고 모든 지인이 그의 재능을 부러워했다. 마찬가지로 지금 그 내부의 시계가 잠들고 난 뒤, 세 시간 만에 그를 깨웠다. 그의 오른쪽 눈으론 방안을 불분명하게 보게 되었다. 그래서 그는 왼쪽 눈도 떴다.
　여명은 닫힌 창문 커튼 때문에 방안에 남아 있었지만, 사람들은 창문너머로 새날이 온 것을 짐작할 수 있으리라. 실제로, 그 방은 너무 낯설지는 않았다. -이미 셋째 밤을 니코는 여기서 보냈다. 옆의 베개에서는 풍부하게 검정 머리카락들이 물결치고 있었다. 갈카가, 숨쉬면서도 자신의 아랫입술을 움직이는 것이 마치 변덕쟁이 아이같아 보였고, 편안하게 자고 있었다. 니코는 검정 머리카락을 다정하게 한 번 건드리고는, 발뒷꿈치를 들어 욕실로 걸어갔다. 샤워한 뒤, 그는 서둘러 축구하러 가는 청바지를 입고 운동화를 서둘러 신고는 마치 축구하러 가는 운동복 복장으로, 조용히 그 작은 집에서 바깥으로 나왔다.

관광객을 위한 숙소의 모든 이들은 여전히 잠자고 있었다. 그런데 나무 사다리 위의 니코의 집에만(공식적 집) 무릎 위로 머리를 숙인 채, 황갈색의 머리카락을 가진 제니카가 앉아 있었다.

-아흐, 나쁜 사람, 어디서 방황하고 있나요!...

전혀 화를 냄이 없이, 천천히 고개를 들면서 제니카가 꽥 소리를 질렀다.

- 난 10분도 더 기다렸지요!

-6분이지, 니코가 말했다.

- 우리 가요.

제니카는, 모스크바 사람이고 또 SEJM-위원회 위원으로 몇 년간 활동하고 있다. 그가 니코에게 "모스크바 소식"지의 에스페란토-부록을 사무실로 옮겨오는 걸 도와달라고 요청했다. 그 도움을 실제로 요청한 사람은 SSOD-위원회의 책임서기인 아나톨리이 바시리에비치였다. 제니카는 그렇게 해야만, 그들이 우리 콘퍼런스 참석자들에게 약간의, 새로 발간된 부록을 나눠 줄 수 있다고 말했다.

아침 기차역에는 수도 모스크바로 기차로 통근하며 일하러 가는 승객들이 너무 많았다. 그런 소란스러운 대중과 함께, 그 두 청년은 기차에 겨우 탔다. 그리고 그들은 40분 동안 쿠르스키이 역까지 선 채로 졸기도 했다. 그들이 찬 기차에는 다른 기차에서 환승한 더 큰 무리의 승객들이 들어섰다. 완벽하게 질식할 상태의 메트로 기차는 그들을 혁명광장으로 이동시켜 주었다.

-우리는 걸어가요, 제니카가 말했다.

-더 빨리 갈 수도 있겠어!

-그가 오늘 그 자리에 있는 게 중요하지, 거의 뛸 듯이 니코가 말대꾸를 했다.

정말로 그 길은 멀지 않았다. 왼편으로 눈길을 돌리니 붉은 광장이다. 긴 지하통로를 -알렉산드로브스키이 정원에서 지하통로로 들어간다. 그리고 레닌 도서관에서부터 이국적인 탑이 있는 작은 궁전을 벌써 볼 수 있다. -그곳이 바로 SSOD 본부다.

제니카 말이 맞았다: 여기 공무원들은 정확했다. 아직 8시가 되지 않았지만, 그 작은 사무실의 책상 셋 중 한 곳에서 태양에 그을린, 검은 머리카락의 어떤 남자가 인사하러 자기 자리에서 일어섰다. 벗겨진 이마와, 좀 나온 배가 사십대 남자의 편안한 삶을 알려주고 있었다. 마찬가지로 두 눈의 아랫부분이 축 처진 것 같이 느껴지는 것은 어제의 너무 많은 "독서"가 원인임을 입증해주고 있는 것 같았다. 그는 친절하게 두 방문객의 손을 잡았다.

-안녕하세요! 반갑습니다! 에우겐은 내가 알지만, 이 젊은 친구는 누구인가요?

-이번에 알면 되지요, 아나톨리이 바실례비치,

제니카가 말했다.

-이쪽은 레닌그라드 구역의, 얌부르그에서 온 니콜라이 아이라토프입니다.

-그곳에도 에스페란티스토가 있다니?! 아주 아주 좋아요! 우리가 나중에 좀 말합시다. 니콜라이, 왜냐하면 지금 새로운 사람들...에스페란티스토들이 내겐 관심이 가네요. 하지만, 지금, 여러분- 일하러 갑시다. 두 사람이 시각에 맞춰 오니 좋네요. 왜냐하면 9시엔 '이즈베스티야' 인쇄소에서 우리를 이미 기다리고 있기 때문이지요. 제니카, 자넨 그곳에서 자네가 받아야 할 게 뭘지 기억해야 합니다. "모스크바 소식"의 부록을요... 그래요, 새 헌법 초안이구요. 에스페란티스토들에겐 좋은 선물입니다. 5000부나 되어요! 내가 어제 전화를 해 두었

지요.- 모든 것은 이미 준비가 되어 있어요. - 그러니 두 사람이 지금 함께 가기만 하면 됩니다. 그럼, 우리가 갑시다. 제가 곧 자동차를 준비할게요.

-유쾌한 사람이네요! 니코가 제니카에게 속삭이면서, 그 두 사람은 아나톨리 비실예비치를 뒤따라 마당 안으로 갔다.

-그래요, 하지만 조용히...- 제니카가 다시 속삭였다.

-자, 두 사람은 여기서 좀 기다려줘요. 아나톨리 바실예비치가 어느 문 안으로 사라졌다.

그들은 그 마당에서 오랫동안 선 채로 있었다. 그가 나오는지를 관찰하더니, 나중에 그가 손을 흔들면서, "곧-곧요!"라고 말하였다. 그리고 그는 인근 건물로 가서는 다시 돌아와서는, 나중에 회색 머리를 한 사람과 함께, 그 건물들 뒤의 어딘가로. 다시 그는 똑같이 "곧~ 곧요!' 하며 돌아와, 다른 문으로 들어가, 종이를 들고나와, 그 마당의 깊숙한 곳으로 사라지고는 검정 "볼가" 자동차를 운전하는 기사와 함께 돌아왔다.

-자, 두 사람도 타요. 한 시간만. 제니카, 그 서류들을 받아요, 자네가 지도자이니. 그리고 이게 요청서, 위임증- 자네 성명과 여권의 필요 사항을 기입하세요. 그럼, 모든 게 준비된 것 같으니. 출발하세요, 이 기사분이 길을 잘 알고 있답니다.

-나도 그 길을 알아요,

제니카가 살짝 웃었다. 그리고 그 청년들은 니키츠키이 가로수 길을 따라, 5분 정도 이동하러 볼가 차량에 탔다. 차는 조용히 달린 뒤, "이즈베스티이야" 건물 안에서 보관소의 대형 철제 대문이 열리더니, 그들은 "볼가"의 뒤 트렁크에 아직도 신선한 인쇄냄새가 나는 100부씩 묶음의 증보 자료를 가득 채웠다.

-얼마나 많은 잘못 인쇄된 종이인지!

제니카가 웃으며 자신의 이마에 맺힌 땀을 닦았다.

-저기, 하지만, - 우리 강습생들에겐 읽을거리가 되겠어요...-
니코가 한숨을 내쉬었다.

-하! 이 종이로 교재를 인쇄하는 편이 훨씬 낫겠어요! 그리고
당신은 적게 받을 겁니다. 아마 겨우 2권,
제니카가 반박했다.

-겨우 2권요? 니코가 놀랬다.

- 우리는 5천부를 갖고 있다구요. 이 모든 것을 어디로 보내
야 할까요?

-당신은 보게 됩니다. 제니카가 약간 비웃었다.

아나톨리이 바실예비치는, 1시간을 조금 못되어 다시 보니,
이른 아침보다는 훨씬 신선하고 마음 편안한 듯이 보였다.

-아하, 두 사람은 이미 돌아왔군요? 성공했나요? 그럼, 저
"볼가"에서 짐을 내리는 것을 좀 도와줘요. 내가 여러분이 그
잡지를 옮길 곳을 알려주겠어요. 그럼 나를 따라오세요!

니코와 제니카는 무거운 짐들을 내렸다. -각 자 네 개 묶음
씩, 한 손에 두 개씩 들어요. -그리고 계단을 따라 아래로 내
려가면서 끊임없이 말을 해대는 아나톨리이 바실예비치의 뒤
를 따라, 처음에는 오른편으로, 나중에는 왼편으로 또 오른편
으로......

- ...보내고 또 보내온 겁니다! 독일의 "평화", "평화활동가",
베트남의 책들, 불가리아, 일본에서 보내온 책들...그리고 나
는 그 모든 것을 이곳에 보관해 둬야 합니다. 내가 혼자서 끌
고 와야 하는 경우도 자주 있답니다. 두 사람이 오늘은 도와
주다니 행복한 경우이지요... 또 저곳 한 모퉁이에 그걸 놔 주
세요!- 그가 먼지 가득한 짐들 사이의 비어 있는 2미터 정도
의 공간을 가리켰다. -저기다 놓고는 또 가져다주세요. 누군
가 우연히 문을 닫아버리는 걸 막으려고 내가 여기에 남아 있
을게요.

니코가 많은 지인을 통해 책임자 아나톨리이 바실예비치에 대해 들은 모든 것이, 그들이 그 짐들을 지하공간으로 이동하는 동안에, 그의 생각 속에 떠올랐다.

-마흔 여덟 개. -아나톨리이 바실예비치가 계산했다.- 그 자동차에 두 개는 놔둬요, 그러면, 그중 하나가 여러분 것입니다. 가세요, 니콜라이, 자네가 더 젊으니.

-아나톨리이 바실예비치, 하지만 약속했지요! - 마음이 상해 제니카가 말했다. -우리는 말하자면 그것 때문에 왔어요. 제가 150명의 에스페란티스토가 세르빈카에서 기다리고 있다는 점을 이전에 이미 말씀드렸거든요.

-우리는 목적에 맞게 그 증보판을 사용할 겁니다.- 니코가 덧붙였다. -우리는 그것들을 우리나라에 오는 외국인들에게 나눠 줄 겁니다. 또 그것들을 외국 편지 교환하는 이들에게 보낼 겁니다.

-두 분이 그것들을 어찌 사용할지는 모르는 일입니다, -아나톨리이 바실예비치가 격하게 대답했다. - 내 기억하기로는 에스페란티스토들에게 좀 주기로는 약속했음은 기억하고 있어요...하지만 그 많은 것을 주는 것은 제 권한이 아닙니다. 국가 소유물이니까요! 그러니, 위에 남은 두 뭉치만 가져가세요......

-아나톨리이 바실예비치!- 눈물이 날정도로 제니카가 외쳤다.

-아나톨리 바실예비치, 아나톨리 바실예비치...- 놀리듯이 그는 되풀이했다. - 정말 말하길, 난 권한이 없다고 했어요. 그럼, 좋아요, 여기 있는 것 중 두 뭉치는 더 가져가세요. 그럼 마찬가지로 두 사람은 그것들 말고 더는 가져갈 수도 없지 않나요.

-우리는 4개 묶음씩은 갖고 갈 수 있다구요, 제니카가 말했다.

-그렇지만 안돼요. 2개 이상은 불가합니다. 금속성의 목소리

로 아나톨리이 바실예비치가 결론을 내렸다.

- 여기 두 개를 가져가고, 차 안에 있는 두 개를 가져가요...
그 밖의 것은, 여러분의 사업을 개인적으로 보상받으려면, 모
든 간행물 중 2부씩은 내가 선물로 줄 수 있겠네요.

-그럼 아주 고맙군요, 우리가 갖고 갑니다! -서둘러 제니카가
메아리로 대답했다. -왕 같은 제스처이군, - 그가 니코를 밀
치면서 속삭였고, 그들은 먼지 더미 속에서 고르기 시작했다.

-그럼, 충분하지요, 여러분, 충분하지요!- 아버지의 목소리로
아나톨리이 바실예비치가 말했다. -그럼 이젠 그 자동차를 출발
하도록 하세요. 그리고 내 사무실로 갑시다. 몇 분간만이라도.

-그럼, 예브게니이, 니콜라이, 존경하는 젊은이 두 사람! -아
난톨리이 바실예비치는 그 청년들이 묶음들을 들고 들어와,
그의 제스처에 따라 자리에 앉게 되자 장중하게 말을 시작했
다. -에스페란토와 관련해, 우리 당과, 정부 입장에서 보면 더
욱 진지해졌다고 할 수 있습니다. 오늘 두 사람은, 우리의 신
헌법안이 게재된 "모스크바 소식"지에 특별 증보판을 국가 돈
으로 인쇄한 걸 받았구요. 그게 무슨 의미인가요? 그건 당과
정부가 에스페란토를 믿을 만한 정보수단으로 보기 시작했다
는 것을 의미합니다. 무슨 말인지 알겠나요? 하지만 그 관계
가 진지해진 것은 그 점 때문만이 아닙니다. 무슨 이유인지
이젠 추측이 좀 갑니까? 두 사람은?

-저는 추측합니다, -니코가 대답했다,- 정부는... 또 당은 이
해했어요...아니...당은 마침내 우리 청년들의 교육에...국제주
의 정신에 입각해서 에스페란토의 유용함을 인식했다는 것으
로 이해가 되는데요.

  제니카는 손바닥으로 탁-탁- 박수 소리를 냈다. 아나톨리이
바실예비치는 아주 친절하게도 웃고는, 니코를 이해하겠다는
듯이 쳐다보고는 말을 이어갔다:

-그래요, 그 점도 역시 있지요. 하지만 다른 더 중요한 원인이 있답니다. 우리의 서방, 소위 말해 "친구들", 그들이 우리에게 대항해 싸울 때는 온갖 수단을 사용하고 있습니다. 에스페란토도 사용하고 있습니다. 의심의 여지 없이요. 자네, 니콜라이, 자네는 내겐 새로운 인물입니다. 그러니 자네가 에스페란토계에서 뭔가 이상한 점을 발견했다면 말해 줄 수 있나요? 예를 들어, 에스페란티스토들 중에는 러시아인과 비슷하지 않은 사람들이 많다는 것 말입니다……

-저는 러시아 사람입니다. 하지만 난 그리 많이 비슷하지 않아요.- 니코가 대답했다. -용서하세요, 아니톨리이 바실예비치, 하지만 당신도 러시아사람과 비슷하진 않네요.

-그건, 젊은이, 자네가 그만큼 이해하지 못하는 체를 하진 마세요...내가 보기엔 자네가 내가 무슨 이야기를 하는지 잘 이해하고 있는 것으로 보입니다. -다시 친절하게 아나톨리이 바실예비치는 살짝 웃고는, 반면에 제니카는 다시 손바닥으로 소리를 냈다. -정말, 니콜라이, 우리는 소위 말해 에스페란토 운동을 조정하기로 결정했다고요. 분명한 것은 제가 아니지만, -그는 천장을 보는 것이 일상적인 것처럼 한 번 쳐다보고는, -그 결정이 일어난 곳이 여기입니다. 우리는 이미 대단한 준비 작업을 마쳤습니다. 나는 두 사람에게 말할 수 있습니다. 에스페란티스토협회에 대한 질문은 상부에서 이미 긍정적인 회신이 있었습니다. 그 점을 여러분 친구들에게 전해 주십시오...불가리아에서 열리는 에스페란토 대회장에서도 그들이 그 중요한 소식을 선전할 수 있도록 전해 주십시오.

-저희는 그것을 하겠습니다, -제니카가 말했다.- 하지만 용서해요, 아나톨리이 바실예비치, 저희는 이미 떠날 채비가 되었습니다.

-그래요, 그래요. 나도 중요한 일이 기다리고 있어요.- 아나

톨리이 바실예비치는 벽시계를 한 번 쳐다보고는 자신의 손목시계를 한 번 쳐다보았다. -아흐, 나는 이미 늦었군요. 두 사람 모두 편안히 가세요! 콜랴, 자네를 알게 되어 기쁩니다. 만일 질문이 있으면 오세요!

칼리닌스키이 가(街)에서 제니카는 웃기 시작했다. 그는 만족할 정도로 비웃었다. 혀를 차며, 기쁘게도, 딸꾹질할 정도로. 그는 아스팔트 위로 그 짐들을 내려놓기조차 했다.

-저기, 니코, 당신은 현상적으로 배우 노릇을 잘 하더군!- 그는 그 질식할 정도의 웃음 사이에서 말을 분명하게 했다. -저기 말입니다- 크라마로프! 저기 뭐랄까- 니쿨린! 아니- 그들보다 더 재능이 있네. 그렇게 멍청함을 표현하다니! 크하-하-하-하! 크호-호-코-코!

-악마에게나 가라고 해요!- 니코가 화를 내며 말했다; 그의 지금 기분은 뭔가 다른 것을 말할 것을 허락하지 않았다.-여기서 10분만 기다려요, 짐들도 잘 살피고요. 제가 레닌그라드로 전화해야만 합니다. 집에도 꼭요.

그 말을 하고 난 뒤, 그는 자기 짐들을 제니카의 짐들 위에 올려놓고는, 가로수길을 건너서 시외 공중전화기가 있는 곳으로 갔다. 땀이 난 채로, 수화기를 든 그는 마리나의 전화번호를 눌렀다. 1분 동안 그는 긴 웅-웅-하는 소리만 들렸다. 그래서 그는 나중에 레바를 누르고는, 얌부르그에 전화를 했다. 올가가 수화기를 들자, 그는 즉시 외쳤다:

-올가, 당신에게 키스해요, 안녕, 내 착한 사람들! - 하지만 그녀의 울먹이는듯한 숨소리를 듣고나서 물었다: - 무슨 일이 있어요, 올가?

-니코, 여보, 오늘 아침에 아뷔소뇨가 전화를 했어요. 그 할머니는 거의 말을 못하더군요. 불행이 닥쳤어요.- 마리나가 죽었다고 해요.....아뷔소뇨가 당신더러 와달라고 했다구요!

마치 쇠사슬이 그의 머리를 누르는 것 같았다. 마리나. 왜지!?
니코는 마리나와 **죽음**이라는 두 낱말을 연결하는 걸 전혀 상
상할 수 없었다. 그는 마치 돌이 된 것처럼 말이 없었다.

-나는 그 밖의 일은 아무것도 알고 있지 않아요, 니코. - 그
전화기의 송화기에서 들려왔다. - 당신은 올 건가요?

-그래요, 내일 아침에 갈게요. - 그는 딸국질하며 말했다. -
보브초에게 키스해 줘……

ĈAPITRO XVI

"Nur antaŭ 60 jaroj la burĝaj gazetoj kaj ĵurnaloj konkuradis inter si, penante aŭguri la plej precizan daton de nia pereo. Ili kalkulis po tagoj, po semajnoj, malofte po monatoj. Ni vivis. Tagon post tago; semajnon post semajno, monaton post monato ni luktis por nia vivo.

Problemo anstataŭis problemon, danĝero sekvis danĝeron. Ni luktis kaj venkis. Ni forpelis la hordojn de la blanka gvardio. Ni likvidis la analfabetecon. Ni neimageble rapide konstruis novajn fabrikojn kaj uzinojn. Ni kreis principe novan ŝtaton, kie potenco apartenas la laboruloj. Ni kontraŭstaris kaj venkis la epidemion de la bruna pesto. Ni komencis efektivigi la revon de ĉiuj laboruloj sur la tero — konstrui komunismon.

...La Komitato dediĉis apartan atenton al la jubileo de la Granda Oktobro kaj al la proksimiĝanta jubileo de Komsomolo. Omaĝe al tiuj datoj la Komitato rekomendas al ĉiu SEJM-klubo:

I. Okazigi solenajn kunvenojn, dediĉitajn al la jubileoj;

II. Sendi al siaj eksterlandaj amikoj materialojn pri la:

1. glora vojo de Komsomolo;
2. XVIII-a Kongreso de VLKSM;
3. atingoj de nia lando dum la 60-jara ekzistado.

III. Renkontiĝi kun delegitoj de la XVIII-a VLKSM-Kongreso;

IV. Diskonigi al eksterlandaj amikoj la enhavon kaj signifon de ia nova Konstitucio".

(Aktuale — 3— 197...)

"...Ekfunkciis finfine la sekretario de SSOD-Komisiono: Berjoza Anatolij Vasiljeviĉ. Homo relative juna, lasas ĉe la unua konatiĝo bonan impreson..."

(El privataj leteroj de SEJM-komitatanoj)

Frumatene, je la kvina, Niko malfermis la dekstran okulon. La subkonscia vekilo informis lin pri la fiksita tempo. Tiel okazis ĉiam, se Niko mem vespere memorfiksis la tempon por matena vekiĝo. Ĉu ne denaskan sperton li havis? Kaj lian kapablon enviis ĉiu konatulo. Same nun la interna horloĝo vekis lin nur tri horojn post endormiĝo. Lia dekstra okulo ekvidis nekonatan ĉambron, do li malfermis la alian okulon.

Krepusko restis en la ĉambro pro fermitaj kurtenoj, tamen oni povus diveni la novan tagon trans la fenestro. La ĉambro, fakte, estis ne tro nekonata — jam trian nokton Niko pasigis ĉi tie. Abunde ondis nigraj haroj sur apuda kuseno. Galka dormis trankvile, kvazaŭ kaprica infano, movante dum spiro la malsupran lipon. Niko tenere tuŝis la nigrajn ondojn kaj piedpinte ekpaŝis la banĉambron. Post duŝo li rapide vestis futbalĉemizon, ĵinson, kedojn kaj same senbrue iris for el la dometo.

Dormis la tuta turistejo, nur ĉe la dometo de Niko (oficiala dometo) sur la ligna ŝtuparo sidis rufulo Ĵenjka, klininta la kapon sur la genuojn.

— Ahh, aĉulo, vagas ie!.. — tute sen kolero, pigre gapante, blekis Ĵenjka. — Mi jam dek minutojn atendas!

— Ses. — diris Niko. — Ni iru.

Ĵenjka, moskvano, SEJM-komitatano plurjara, invitis Nikon helpi pri transportado de la Esperanto-suplemento al "Moskvaj Novaĵoj". La helpon petis Anatolij Vasiljeviĉ, la respondeca sekretario de SSOD-komisiono. Ĵenjka diris, ke nur tiel ili sukcesos elpeti iom da freŝaj suplementoj por la konferencanoj.

Abundis sur la matena platformo pasaĝeroj, kutime veturontaj labori en la ĉefurbon. Kun tiu bruanta amaso la knaboj enŝoviĝis la vagonon kaj dum kvardek minutoj dormetis starante — ĝis Kurskij stacidomo. La amaso el ilia trajno enfluis la amasegon, venantan per aliaj trajnoj. Plenŝtopita metrotrajno venigis ilin al la Placo de Revolucio.

- Iru ni piede, — diras Ĵenjka, — pli rapide venos!

- Gravas, ke li estu surloke, — replikas, preskaŭ kurante, Niko.
Vere ne malproksimas la vojo. Ĵeti rigardon maldekstren, al la Ruĝa Placo. Eniri longan subteran transirejon — tunelon en Aleksandrovskij ĝardeno. Kaj de Lenin-biblioteko jam ekvidi la palaceton kun ekzotika turo — jen estas SSOD.

Pravis Ĵenjka: la oficistoj ĉi tie estas akurataj. Ne estis ankoraŭ la oka, sed en malgranda kabineto, de unu el tri skribotabloj sin levis por saluto sunbruniĝinta nigrahara viro. Kalviĝanta frunto kaj ioma ventreto atestis bonfarton de tiu kvardekjarulo, samkiel sentebla pezo sub la okuloj — troan hieraŭan "legadon". Li afable premis la manojn de ambaŭ junuloj:

- Saluton! Bonan matenon! Eugenon mi konas, sed vi,

junulo, kiu estas?

- Konatiĝu, Anatolij Vasiljeviĉ, — diris Ĵenjka, — Nikolaj Ajratov el Jamburg, Leningrada regiono.

- Ĉu ankaŭ tie estas esperantistoj?! Tre, tre agrable! Ni iom parolos poste, Nikolaj, ĉar min interesas novaj homoj... esperantistoj. Sed nun, knaboj, — al laboro. Bonas, ke vi venis ĝustatempe, ĉar je la naŭa oni vin jam atendas en la presejo de "Izvestija". Jenja, vi memoras, kion vi devas ricevi tie. Suplementon al la "Moskvaj Novaĵoj"... Jes, la projekton de nova Konstitucio. Bona donaco por esperantistoj. Kvin mil ekzempleroj! Mi telefonis hieraŭ — ĉio jam kuŝas preta — atendas vin. Do, iru ni. Mi tuj trovos la aŭton.

- Agrabla homo! — flustris Niko al Ĵenjka dum ili sekvis post Anatolij Vasiljeviĉ en la korton.

- Jes, ne diru... — reflustris Ĵenjka.

- Nu, knaboj, atendu min ĉi tie, — Anatolij Vasiljeviĉ malaperis trans iun pordon.

Ili longe staris en la korto, spektante, kiel li eliris, mansvingis, dirante: "Tuj-tuj!", — iris al apuda domo, poste reen, poste, kun iu grizharulo, ien malantaŭ la domojn. Denove li revenis kun la sama "tuj~tuj!", eniris alian pordon, eliris kun papero, malaperis en profundo de la korto kaj revenis jam, sidante apud ŝoforo, en nigra "Volga".

- Prenu, knaboj. Nur por unu horo. Ĵenja, prenu la paperojn, vi estas gvidanto. Jen — mendilo, konfidatesto — vian nomon kaj pasportajn donitaĵojn enskribu. Nu, ŝajnas, ke ĉio. Veturu, la ŝoforo konas la vojon.

- Ankaŭ mi konas, — ridetis Ĵenjka, kaj la knaboj envolgiĝas por nur kvinminuta veturado laŭ Nikitskij bulvardo. Post morna kurado en la konstruaĵo' de "Izvestija" malfermiĝis fera pordego de la deponejo, kaj ili ŝarĝis la kofrujon de "Volga" plenplene per freŝaj tipografiodoraj centekzempleraj ligaĵoj da suplemento,

- Kiom da makulaturo! — forviŝante ŝviton de la frunto, ridis Ĵenjka.

- Nu, tamen, — legaĵo por niaj kursanoj... — elspiris Niko.

- Ha! Preferindas per tiu ĉi papero lernolibron presi! Kaj nemulton vi ricevos, eble du ekzemplerojn, — refutis Ĵenjka.

- Ĉu nur du? — miris Niko. —- Ja kvin milojn ni

havas. Kien do malaperos ĉio?

- Vi vidos, — rikanas Ĵenjka.

Anatolij Vasiljeviĉ post malpli ol horo aspektis multe pli freŝa kaj bonfarta ol frumatene.

- Aha, ĉu vi jam revenis, knaboj? Ĉu sukcesis? Helpu do senŝarĝigi "Volgon"; mi montros, kien vi portu la gazetaron. Sekvu min!

Niko kaj Ĵenjka prenas pezajn pakaĵojn, — ĉiu por kvar, po du en unu manon, — kaj iras post palavranta Anatolij Vasiljeviĉ suben laŭ ŝtuparo, plu dekstren, maldekstren, denove dekstren...

- ...sendadas kaj sendadas! "Paco" el Germanio, "La Pacaktivulo", vjetnamiaj libraĉoj, bulgaraj, japanaj... Kaj mi devas ĉion stokigi tie ĉi, ofte eĉ mem tiradi! Feliĉa okazo, ke vi hodiaŭ helpas... Jen tien, en angulon metu! — montras li dumetran liberan spacon inter la polviĝintaj stokaĵoj. — Metu kaj portu ankoraŭ. Mi restos tie ĉi por ke iu ne fermu hazarde,

Ĉio, kion Niko aŭdis pri la respondeculo Anatolij Vasiljeviĉ de multaj konatuloj, leviĝis en liaj pensoj, dum ili transportis la pakaĵojn en subterejon. Li paliĝis kaj malgaje silentis.

- Kvardek ok, — kalkulis Anatolij Vasiljeviĉ. — Restis du en la aŭto, do, nur por unu el vi. Iru, Nikolaj, vi estas pli juna.

- Anatolij Vasiljeviĉ, sed vi promesis! — ofendite diras Ĵenjka. — Ni nome por tio venis. Mi jam diris al vi antaŭe, ke centkvindeko da esperantistoj atendas en Sĉerbinka!

- Ni uzos la suplementojn celkonforme. — aldonas Niko. — Ni disdonos ilin al venantaj eksterlandanoj, ni sendos ilin al niaj korespondamikoj...

- Mi ne scias, kiel vi ilin uzos, knaboj, — severe respondas Anatolij Vasiljeviĉ, — mi memoras, ke mi promesis iom doni al viaj esperantistoj... sed multon doni mi ne rajtas. Estas la ŝtata havaĵo! Nu, prenu tiujn du pakaĵojn, kiuj restis supre...

- Anatolij Vasiljevich! — plorpostule eksklamacias Ĵenjka.

- Anatolij Vasiljeviĉ, Anatolij Vasiljeviĉ... — moke ripetas tiu. — Mi ja diris, ke mi ne rajtas. Nu, bone... prenu ankoraŭ du pakaĵojn de ĉi tie. Tutegale vi ne sukcesos porti pli.

- Ni sukcesos porti po kvar, — diras Ĵenjka.

- Tamen ne. Ne pli ol po du, — metalvoĉe resumas Anatolij Vasiljeviĉ. — Prenu du ĉi tie, du — en la aŭto... Cetere, por rekompenci persone vian laboron mi povas donaci al vi po du ekzemplerojn de ĉiu eldonaĵo.

- Dankegon, ni prenos! — rapide eĥas Ĵenjka. — Reĝa gesto, — flustras li, puŝante Nikon, kaj ili komencas elekti el polvaj stokoj.

- Nu, sufiĉas, knaboj, sufiĉas! — patravoĉe diras Anatolij Vasiljeviĉ. — Liberigu la aŭton kaj venu al mia kabineto. Por kelkaj minutoj nur.

- Do. Jevgenij, Nikolaj, estimataj junuloj! — solene komencis Anatolij Vasiljeviĉ, kiam la knaboj kun pakaĵoj eniris kaj sidiĝis je lia gesto. — Vi vidas, ke rilato al Esperanto flanke de nia Partio kaj de la Registaro iĝis pli serioza. Hodiaŭ vi ricevis presitan kontraŭ ŝtata mono specialan suplementon al "Moskvaj Novaĵoj" kun la projekto de nia nova Konstitucio. Kion ĝi signifas? Ĝi signifas, ke la Partio kaj la Ŝtato ekvidis en Esperanto fidindan informrimedon. Ĉu vi komprenas? Sed ne nur pro tio serioziĝis la rilato. Vi supozas, pro kio, ĉu ne?

- Mi supozas, — respondis Niko, — la ŝtato... kaj la Partio komprenis... ne... la Partio agnoskis fine la utilon de Esperanto por edukado de nia junularo... en internaciisma spirito!

Ĵenjka gruntis en manplaton. Anatolij Vasiljeviĉ ridetis afablege, kompreneme rigardis Nikon kaj daŭrigis:

– Jes, ankaŭ pro tio. Sed estas alia kaŭzo, pli grava. Niaj okcidentaj, tiel nomataj "amikoj" uzas ĉiujn rimedojn, kiam ili batalas kontraŭ ni. Ankaŭ Esperanton, sendube. Vi, Nikolaj, estas nova homo por mi. Diru, ĉu vi ne rimarkis ion strangan en la esperantistaj rondoj? Ekzemple, ke inter esperantistoj multas homoj, kiuj ne similas rusojn...

– Mi estas ruso. Sed ne tre similas, — respondis Niko, — pardonu, Anatolij Vasiljeviĉ, sed ankaŭ vi ne similas ruson.

– Nu, junulo, ne ŝajnigu vin tiom nekomprenema... Mi vidas, ke vi bone komprenas, pri kiu temas, — denove afable ridetis Anatolij Vasiljeviĉ, dum Ĵenjka denove gruntis en la manplaton. — Vere, Nikolaj, ni decidis ordigi la tiel nomatan esperantistan movadon. Certe, ne mi persone, — li montris kutimgeste al la plafono, — jen kie aperis tiu decido. Ni jam finfaris grandan preparan laboron.
Mi povas diri al vi, knaboj, ke demando pri la Asocio de esperantistoj supre estas respondita pozitive.

Transdonu tion al viaj amikoj... por ke ankaŭ en la Kongreso, en Bulgario ili propagandu tiun gravan novaĵon.

- Ni faros tion. — diris Jenjka, — sed, pardonu, Anatolij Vasiljeviĉ, ni jam devas veturi.

- Jes, jes. Ankaŭ mi havas gravan aferon. — Anatolij Vasiljeviĉ rigardis horloĝon sur muro, poste sian brakhorloĝon. — Ahh, mi jam malfruas. Ĉion bonan, knaboj! Mi ĝojas konatiĝi kun vi, Kolja, venu, se estos demandoj!

En Kalininskij avenuo Jenjka komencis ridi. Li ridaĉis ĝissate. Ŝmace, plezure, singulte. Eĉ la pakaĵojn li metis sur asfalton.

- Nu, Niko, vi aktoras fenomene! — prononcis li inter la ridsufokoj. — Nu — Kramarov! Nu — Nikulin! Ne — eĉ pli talenta! Tiel prezenti naivecon! Hha-hha-hha! Hho-hho-hho!

- Iru al diablo! — kolere diris Niko; lia nuna humoro ne permesis diri ion alian. — Atendu dek minutojn, gardu la pakaĵojn. Mi devas telefoni en Leningradon kaj hejmen nepre.

Dirinte tion, li metis siajn pakajojn sur tiujn de Ĵenjka kaj iris trans la bulvardo al la interurba telefonejo. Preninte ŝvitan aŭskultilon, li kunmetis la numeron de

Marina. Dum minuto aŭdis li longajn zumojn, poste premis la levieron kaj telefonis al Jamburg. Kiam Olga prenis la aŭskultilon, li tuj kriis:

- Mi kisas vin, saluton, miaj bonaj! — sed, aŭdinte ŝian ploran ekspiron, demandis: — Ĉu io okazis, Ol?

- Niko, kara, hodiaŭ matene Avisonjo telefonis. Ŝi apenaŭ parolas. Okazis malfeliĉo. — Marina mortis... Avisonjo petis, ke vi venu!

Kvazaŭ fera kateno kunpremis la kapon. Marina. Kial!? Niko neniam eĉ povus imagi apude la du vortojn: Marina kaj Morto. Li silentis, ŝtoniĝinta.

- Mi ne plu ion scias, Niko, — sonis en la aŭskultilo. — Ĉu vi venos?

- Jes. Mi venos morgaŭ matene, — diris li singulte. — Kisu Vovĉjon...

제17장

"우리 콘퍼런스의 만장일치의 의견에 따라 세계에스페란토청년조직(TEJO)-위원회 위원으로 동지...가 맡아야만 했습니다. 우리는 TEJO에서 세계에스페란토대회(UK)로 2주일 전에 우리가 작성한 추천서를 보냈는데, 그게, 필시, 늦었습니다. 그 점을 예상하고서, 우리는 SSOD-위원회 의장이 우리 추천서를 직접 가서 전달해 주기를 요청했습니다. 하지만 우리가 예상하지 못한 것이 벌어졌습니다. 그는 자기 기관의 대표에게 그 점을 의논했고, 그 대표가 말하길, TEJO 위원이라면 당원 중에 선출해야 한다고 했습니다...왜냐하면, SEJM에서는 아무 대표도 UK로 보내지 못하는 반면에, SSOD-구성원들은 우리보다 더 여행 기회가 많고, 그들이 참석해 자신들이 추천하는 인물을 제시할 수도 있습니다. TEJO 측에서 만일 각기 다른 사람을 추천하는 추천서를 두 장 보게 된다면, TEJO 측에서 우리 추천서를 받아들이고, SSOD의 것을 무시하도록 강조할 필요가 있을까요?"
(SEJM-위원회 위원들의 개인편지에서)

"...'사라져가는' 시스템에 대한 작별용 조사가 나에게 깊이 생각하게 만들었습니다. 그럼 그 작가가 사라지는 그 시스템은 도대체 뭔가요? 그것은 조직되고 또 조정된 클럽 간 협력하는 우리 SEJM-시스템입니다. 그리고 우리는 이미 지난번 콘퍼런스에서 동의했습니다. 거의 모든 것은 계승되어야 하지만, "개별 요소들"(우리는 이상과 마지막 목적에 대해선 말하지 맙시다.)은 계승하지 말 것을 말입니다. 분명히, 우리가 여러 해에 걸쳐 함께 만들어 온 시스템을 '역사물'로 만드는 것이, 적어도 뭔가 비슷한 것을 창조하는 것보다는 훨씬 쉽습니다.

(<Aktuale>, 197.년 3월호)

아무도 니코가 지난 밤 토론 때보다 더 창백하고 더욱 우울해진 점을 너무 주목하지는 않았다. 비슷한 기분을 다른 많은 사람들도 가졌다. 좀 열성적이 된 당원들만 그 가져다준 부록들을 나누어 가졌다. 마찬가지로 별 주목없이 긴급하게 떠나야 한다는 그의 말은 받아들여졌다. 어제의 상호 진흙 같은 토론 뒤에("배신자들!", "너는 국가가 하는 일에 이해하는 것이 하나도 없다구!", "만든 것도 네가 아니었으니- 네가 청산할 권한이 없어!" 등), 그래 그 "우호적인" 의견교환 뒤, 몇 명은 이미 저녁에 떠났다. 니코는 자신이 먼저 떠나는 이유를, 석별의 기차역에서 아무도 흉내낼 수 없을 정도로 아픔의 눈물을 흘리고 있는 갈카에게만 말해 주었다. -그는 그걸 느꼈다......

그를 아뷔소뇨가 껴안았다. 그 할머니는 거의 움직이지 않았지만, 그래도 그 집에서 걸을 수 있는 유일한 사람이었다. 안나 보리소프나는 심장 경련 때문에 급히 차로 병원으로 이송되었다. 레브 구스타보비치는 레오 삼촌으로 부르기도 한다. 니코가 오면 기꺼이 맞이하고 축제처럼 요란스러웠던 그 삼촌은 지금 마리나 방에 앉아 있다; 이틀간, 그의 회색 머리카락들은 그의 주름진 얼굴을 덮어 있고, 양 입술은 아픔으로 꾹 다물고 있고, 그의 유일한 발은, 다른 쪽 다리의 바지 옆에서 공허하게 매달린 채, 고독하게 바닥을 지탱해서 서 있었다. 그는 방금 도착한 니코 어깨에 손을 얹어 놓고, 그 어깨를 살짝 눌렀다.

이 방에 그가 마지막 방문했을 때와 바뀐 것은 아무것도 없었다. 멍청하고도, 불필요한 두꺼운 종이 상자들이 방바닥에서 이사를, 갑작스런 떠남을 위한, 어떤 준비 과정 같은 인상을 만들었다. 검은 수건에 덮인 거울도 그 한때의 유쾌한 장소의 우울한 흔적이 되어버렸다. 슬픔을 참고 있는 사람 둘이 옆에 있고, 니코는 위로의 말 한마디조차도 그들을 위해 찾아낼 수 없었다. 왜냐하면 그의 고통도 같았기 때문이었다......

-니코, 그 아이는 자신을 위해 뭘 했지! 그들이 그 아이가 그런 행동을 할 정도로 뭐라 말을 했을까? 종교재판을 벌인 작자들 같으니! -아뷔소뇨가 낮은 소리로 말했다; 그 침묵의 울음은 할머니를 질식하게 만들었다. 니코는 말이 없고, 할머니의 늙은 어깨만 쓸어내릴 뿐이다.

하늘은 2주일이나 비가 내리지 않은 그 대도시를 애석해했다. 아침부터 무거운 구름이 저 바다에서 불어와, 먼지 많은 도로 위로 모이더니, 번개가 치고 천둥도 쳤다. 그리고 정오까지 강력하고 신선하게 하는, 생명을 안고 오는 장대비가 두 시간 동안 퍼붓자, 지금까지의 가뭄의 흔적들을 모조리 씻어냈다.

한편, 일가친지 아무도 오지 않아, 니코가 필요한 장례 절차를 준비하기 시작했다. 마리나가 준비해 두었던, 의복이 들어 있었던 작은 플라스틱 백을 갖고, 그는 메치니코프-병원으로, 또 법의가 있는 사체 안치소로 차를 타고 갔다. 사람들이 건물 앞 도로에서 부러진 채 있는 시신을 그 안치소로 옮겨갔다. 그는 꼭 찾아가야 목적지에 도착하기도 전에, 반 시간이나 그 병원 구역에서 소낙비로 인해 새로 생긴 흙탕물이 있는 곳들을 이리 뛰고 저리 뛰고 하면서 피해서 걸어가야 했다. 몇 사람들이 똑같은 고통을 갖고, 똑같은 재앙을 당하고서 시신 안치소의 처마 밑에서 조용히 기다리고 있었다. 어떤 사람은 자리에 앉아 있고, 무릎에 턱을 괸 채, 손바닥으로 자신의 이마를 기댄 채 있다. 어떤 사람은 자신의 불행 속에 웅크린 채 쉼 없이, 천천히 걷고만 있었다. 남자들이, 여자들이... 한 명씩 그들은 그곳 복무원 실을 드나들었다. 니코 차례가 왔다.

-그 여성은 오신 분과 어떤 관계인가요? 나이 많은 여성 복무원이 물었다.

-누이입니다, 확고하게, 생각할 새도 없이 니코가 대답했다.

-누이 모습을 보고 싶습니다.

-곧장 볼 수 있는 권한이 없습니다. 의복은 준비해 왔나요? 주세요, 이건 청바지이군요... 젊은이 당신이 그걸 알 필요는 없지만요. 그리스정교에선 바지만 입힌 채로 여성을 매장할 수 없답니다.

-누이의 희망입니다.

-그럼 좋아요. 사체를 검시한 법의를 한 번 만나 보세요. 당신이 필요한 서류를 모두 준비하는 동안, 내가 그 여성을 환복하고, 그 여성을 당신이 볼 수 있도록 옮겨다 놓겠어요.

그렇게 그 문에서 한 시간이나 더 기다리던 니코를 그 복무원 직원이 불러, 니코는 크지 않은 강당으로 갔다. 그곳의 시신 운반대 위에 4개의 시신이 담긴 관이 뚜껑이 열린 채 안치되어 있었다. 어느 할머니와, 이마에 상처를 입은 어떤 남자 사이에 마리나가 눕혀 있었다. 니코는 그녀를 보고 나서 몸이 굳어져버렸다. 이곳에서, 온전히 순수하고, 창백해진 채 노랗게 변해버린 그녀 얼굴은 고요히 두 눈을 감은 채, 유일하게도 젊고도 고상했다. 이 장소에서 온전히 낯설고 온전히 우연하게도, 살해당한 범인들과 실종되었다 찾게 된 할머니들 사이에서. 가치 있는 일은 삶이다. 죽음이 아니다. 니코는 익숙한 그녀의 모습을 유심히 내려다보았다.

진정 그에겐 그녀가 누구였던가? 누이였던가? 그랬다. 누이

이기도 했다. 그의 기억 속으로 그들이 알게 된, 에스토니아의 그 숲의 어느 장면이 분명하게 왔다. 발틱 해 근처에서 캠프가 개최된 동안, 그녀와 그는, 자신들의 조부모도 함께 왔기에, 그 캠프에 참여한 사람 중에서 가장 어린 에스페란티스토 중 하나이기도 했다.

-가위 있니? 내 손의 손톱을 좀 정리해야 해. 하지만 내가 왼손으로 내 오른손을 정리할 수 없어. 도와줘, 응?

-그래, -그녀는 대답했다. -네게 가위를 줄테니, 왼손으로 어떻게 자르는지 보여줄게. 하지만 너는 그것을 스스로 할 수 있을걸. 그렇지 않으면 넌 그걸 절대로 배우지 못해......

　그녀는 그보다 나이가 겨우 한 살 많았다. 그러나 훨씬 이성적이고 훨씬 현명했다. 하지만 절대로 자신에게 자만하지 않았고, 절대로 거만하지도 않았다. 니코가 맨 먼저 그녀가 지은 시 구절을 들었다. 그들은 자신들의 비밀을 서로 믿어주었다. 그는 그녀 내면의 매력과 분별력을 존중했다. 그는 그녀 자신이 사랑에 빠졌다고 그에게 말할 때는, 좀 질투심도 났다. 그러나 한번도 그는 그녀에게 자신의 매력을 보이진 않았다. 그녀는 가장 믿음직한 여자친구였고, 평생 친구였다. 그러나 그녀는 여자였다. 자신을 방어하거나 의지하는 것에는 연약하고 꿈꾸는 여자였다. 그러나 그는 그녀를 지켜내지 못했다.

시신을 담은 관에 자신을 숙이고, 니코는 자신의 입술로 마리나의 차가운 입술을 건드렸다.

ĈAPITRO XVII

"Laŭ unuanima decido de nia konferenco la postenon de TEJO-Komitatano devis okupi s-ano... Ni sendis al UK de TEJO nian rekomendon antaŭ du semajnoj, kaj ĝi, verŝajne, malfruis. Antaŭvidinte tion, ni petis, ke nian proponon transdonu la prezidanto de SSOD-Komisiono. Sed okazis tio, kion ni ne antaŭvidis: li prikonsultis tion kun sia estro, kaj tiu diris, ke devas esti partiano... Ĉar SSOD-anoj estas pli vojaĝivaj ol ni, povas okazi, ke SEJM neniun sukcesos sendi al UK, sed ili venos kaj havos propran rekomendon. Ĉu necesas averti TEJO-anojn, ke, se ili kunpuŝiĝos kun du paralelaj diversaj rekomendoj, ili sekvu la nian kaj ignoru tiun de SSOD?"

(El privataj leteroj de SEJM-komitatanoj)

"...Igis min mediti la funebra parolo pri la "forpasanta" SISTEMO. Kiu do estas tiu sistemo, kiun forpasigas la aŭtoro? Ĝi estas nia SEJM-sistemo de organizita kaj koordinita interkluba kunlaboro. Kaj ni jam konsentis dum la lasta konferenco, ke heredinda eŝtas preskaŭ ĉio, sed ne "unuopaj trafaj eroj" (pri idealoj kaj finaj celoj ni ne parolu). Certe, fari "historiaĵo" la sistemon, kiun ni kune kreadis dum multaj jaroj, estas multe pli facile, ol krei almenaŭ ion similan".

Neniu tro atentis, ke Niko iĝis eĉ pli pala kaj moroza ol dum hieraŭaj diskutoj. Similan humoron havis multaj. Nur kun ioma entuziasmiĝo gekoj disprenis la alportitajn suplementojn. Same, preskaŭ sen atento estis akceptitaj liaj vortoj pri urĝa forveturo. Post hieraŭa reciproka kotoverŝado, ("Perfiduloj!", "Vi nenion komprenas en la ŝtataj aferoj!", "Ne vi kreis — vi ne rajtas likvidi!" ktp), do post tiu "amikeca" opiniinterŝanĝo kelkaj forveturis jam vespere. La kaŭzon de sia fuĝo Niko diris ĉe la trajno nur al Galka, kies doloraj larmoj pro lia forveturo estis ne imititaj — li sentis tion...

Lin brakumis Avisonjo. Apenaŭ movanta sin, ŝi estis tamen la sola irkapabla persono en la hejmo. Anna Borisovna estis forveturigita urĝe en kuracejon pro korspasmo. Lev Gustavoviĉ, oĉjo Leo, kutime gastama kaj feste brua, sidis nun en la ĉambro de Marina; dutagaj grizaj hareroj kovris lian sulkozan vizaĝon, la lipoj kunpremiĝis dolore, kaj orfe staris sur la planko lia sola piedo apud la dua krurumo, pendanta malplene. Li nur metis la manon sur la ŝultron de alveninta Niko kaj premetis ĝin.

Nenio ŝanĝiĝis en tiu ĉambro depost lia lasta vizito. Nur iuj stultaj, nenecesaj kartonaj skatoloj sur la planko faris la impreson de iu preparado por transloĝiĝo, subita forveturo; ankaŭ la spegulo, ŝirmita per nigra tuko estis la morna makulo en tiu iam gaja loko. Du kompatindaj, suferantaj homoj apudis, kaj eĉ ne unu trankviligan vorton Niko povis trovi por ili, ĉar lia sufero estis la sama.

- Kion ŝi faris al si, Nikoŝa! Kion ili diris al ŝi, ke ŝi faris tion? Inkvizitoroj! — flustris Avisonjo; la silenta ploro sufokigis ŝin. Niko silentis, nur glatis la maljunajn ŝultrojn.

La ĉielo finfine ekkompatis la urbegon, du semajnojn senpluvan. Dematene pezaj nuboj venis de la golfo, amasiĝis super polva strataro, ekfulmis, ektondris, kaj al la tagmezo forta, freŝiga, vivon portanta pluvego dum du horoj forlavis la spurojn de iama sekeco.

Dume neniu venis el la parencoj, do Niko komencis fari bezonatajn funebrajn aferojn. Kun plasta saketo, kie estis la vestaĵoj, preparitaj de Marina, li veturis per humida trolebuso al Meĉnikov-malsanulejo, al juĝ-medicina kadavrejo. Tien oni forprenis de-sur la strato la rompitan korpon.

Duonhoron li vagadis, transsaltante freŝajn flakojn, en tiu malsanuleja kvartalo, antaŭ ol trovis bezonatan ejon. Kelkaj homoj kun la sama aflikto, kun la sama plago atendis silente en la vestiblo. Iu sidis, metinte kubutojn sur genuojn kaj apoginte frunton sur manplatojn. Iu paŝadis senhalte malrapide, kurbiĝinta en sia malfeliĉo. Viroj, virinoj... Po unu ili eniradis la ĉambron de servistoj. Venis la vico por Niko.

– Kiu ŝi estis por vi? — demandis maljuna servistino.

– Fratino, — firme, senmedite respondis Niko. — Mi volas vidi ŝin.

– Vi ne rajtas vidi ŝin tuj. Ĉu vi alportis vestaĵojn? Donu, ĝinso... vi povas tion ne scii, junulo, sed la ortodoksa religio ne permesas enterigi virinon en pantalono...
– Estas ŝia deziro.
– Nu bone. Iru al juĝmedicinisto. Dum vi preparas ĉiujn necesajn paperojn, mi vestos ŝin kaj transportos tien, kie vi povos ŝin vidi.

Horon poste Nikon, jam atendantan ĉe la pordo, ŝi vokis al negranda halo. Kvar malfermitaj ĉerkoj sur veturiloj staris tie. Inter iuj avino kaj viro kun vundita frunto kuŝis Marina. Niko rigidiĝis, ekvidinte ŝin. Ŝia tute pura, pale flaviĝinta vizaĝo kun trankvile fermitaj okuloj estis ĉi tie la sola juna kaj nobla. Tute fremda, tute hazarda en tiu ĉi loko, inter murditaj krimuloj kaj forgesita avino. Enda por vivo, ne por morto. Niko atente rigardis la konatajn trajtojn.

Kiu ŝi estis por li en vero? Ĉu fratino? Jes. Ankaŭ
fratino. Tute klare venis al lia memoro la bildo el tiu
estonia arbaro, kie ili konatiĝis. Dum baltia tendaro ŝi
kaj li, venintaj kun siaj geavoj, estis la plej junaj
esperantistoj el inter la tendaranoj. Foje li diris:

– Ĉu vi havas tondilon? Mi devas tondi ungojn sur la
manoj. Sed per la maldekstra mano mi ne kapablas
tondi la dekstran. Helpu, a?

– Jes, — ŝi respondis, — mi donos al vi la tondilon kaj
montros, kiel tondi per la maldekstra mano. Sed vi
tion faros mem. Aliokaze vi neniam lernos tion fari...

Ŝi estis nur unu jaron pli aĝa ol li. Multe pli racia,
multe pli saĝa. Tamen, neniam trofiera, neniam
aroganta. Niko la unua aŭdis ŝiajn novajn versojn.
Siajn sekretojn ili konfidis unu al alia. Ŝian internan
ĉarmon kaj ŝian prudenton li admiris. Li ĵaluzetis dum
ŝiaj enamiĝoj, pri kiuj ŝi ankaŭ rakontis al li. Sed
neniam li allasis propran logon al ŝi. Ŝi estis amikino
la plej fidinda, amikino por tuta vivo. Sed ŝi estis
virino, malforta, sopiranta pri defendo, pri apogo. Li
ne sukcesis defendi ŝin.
Klininte sin al la ĉerko, Niko tuŝis per siaj lipoj la
malvarmajn lipojn de Marina.

제18장

"SEJM 주제 '공식기관과의 관련성'에 관한 콘퍼런스 결의문"
우파(Ufa)[60]: 함께 일하자는 제안을 하려고 지역 평화위원회를 몇 차례 방문했습니다. 따뜻한 영접에도 불구하고 아무 결론이 나오지 않았습니다. VLKSM의 지역위원회에 우리는 보고서들을 제출하고 있습니다.

클라이페다(Klajpeda)[61] : 당위원회가 아동과 청소년을 위한 대중 초급에스페란토강좌를 조직하는 것을 추천해 주지 않고, 그 강좌들을 여러 다른 외국어반으로 대체하는 것을 추천하였습니다......에스페란토 행사에 참관하러 가는 누군가의 출장에 대해 알려라는 당위원회의 제안이 있었습니다.

마카흐칼라(Maĥaĉkala)[62]: 선전부 일에 대한 새 서기의 재선출이후 콤소몰 위원회와의 관계는 더 나빠져버렸습니다. 텔레비전에서는 SEJT에 대한 영상자료를 상영하는 것이 불허가했습니다.

모스크바; 모스크바 언론과의 관계는 아주 심각한 검열로 인해 나쁩니다.

---

60) 역주: 당시 소련 연방 서부 바슈키리야 공화국의 수도.
61) 역주: 당시 소련 연방 리투아니아의 도시이름
62) 역주: 당시 소련 연방 다게스탄공화국의 마카흐칼라. 다게스탄은 러시아와 이웃하며 이란에서 북쪽으로 약 240km 떨어진, 카스피해의 서쪽에 위치한 작은 나라입니다. 이 나라는 무슬림 문화와 전통, 그리고 통치의 영향 하에 수백 년을 지내다가 1800년대 말 러시아에게 정복당했다. 공산주의의 몰락 이후, 이 나라는 점차 이슬람 국가를 꿈꾸는 극단주의 무슬림들의 영향력 하에 들어가게 되었다.
(출처: http://hiswork.tistory.com/72)

폴타바(Poltavo)[63]: 우리 정관과 사업계획을 알고 난 뒤, 콤소몰의 옵콤 측은 우리와 좋은 관계를 유지하고 있습니다. 당기관들은 도움을 주기로 약속만 한 상태입니다.

빌뉘우스(Vilnius)[64]: 당기관들은 에스페란토 교습을 다른 외국어 교습으로 대체하기를 추천하고 있습니다. 지난해 잡지에 에스페란토 관련 기사가 전혀 반영되지 않고 있습니다.

(<Aktuale>, 197.년 8월호)

"....저희 출판사는 에스페란토교재를 출간하지 않습니다. 에스페란토어 연구에 관련한 모든 문제에 대해서는 모스크바 우호회관 내 에스페란토부에 물어보기를 권합니다. 이만 줄임- "Russkij jazik" 출판사 부편집장
(공식 편지 중에서)

야금 공장 "포스포릿(Fosforit)" 책임자인 겐리흐 알렉산드로비치 라브로프는 아침부터 기분이 좋았다. 그 야금 공장은 지난 6개월의 사업 성과가 아주 좋았다; 또 7월에도 이 공장은 좋은 성과를 매끄럽게 달성했다. 방금 그는 장관과 유쾌한 대화를 나누었는데, 그 장관은 그 야금 공장의 합리화추진 위원들이 업무 수행을 성공적으로 해냈다고 칭찬을 했다. 정말 그렇게 되었다: 겐리흐 알렉산드로비치가 현금 포상 제도를 도입하자, 그것은 합리적인 성과가 나왔다. 수백 명의 노동자와 엔지니어가 활발히, 또 다양하게 제안들을 내놓았다. 그 제안

---

63) 역주:우크라이나 폴타바 주의 주도.
64)역주: 리투아니아 수도

들 중 대다수는, 분명히, 하찮은 것들도 있었지만, 그 중 몇 건은 정말 대 성과였다. 라브로프는 그런 제안 중 용접부에서 한, 독창적인 생산용 교반기들을 기억하고 있었다.

그 제안자인, 젊은 직원 아이라토프로 인해 실제로 그 야금 공장 회계에 거의 일백만 루블을 만들어내는 성과를 달성해 냈다. 다시 말해, 그의 최근 제안으로 실행되어 만들어진 그 대금은 실천되어 그만큼 경제적 효과를 냈다. 겐리크 알렉산드로비치는 그 청년을 알고 있었다. 그와의 첫 만남에서 그를, 그의 이상하고 뾰쪽한 코로 인해 그를 "새끼오리"라는 별명을 지어 주었다. 그에게, 그 "새끼 오리"에게, 그 장관이 그 합리화 작업에 참여한 다른 사람들에 비해 실제적 성과를 보여주었으니, 뭔가 상을 수여해서 뭔가 크게 치하를 해주라고 추천까지 했다. '좋구나, 우리는 뭔가를 생각해 내야지...아마 방 2칸짜리 아파트이면, - 필시, 그는 그게 필요하겠지.'

-내가 겉옷을 벗어도 아무도 반대하지 않겠지요? -겐리흐 알렉산드로비치의 그 덩치 크고 땀을 흘리는 신체는 그 불필요한 옷을 벗어버리고는 만족스러워 하였고, 이제는 넥타이조차 좀 느슨하게 했다. 무더위다!

야금 공장의 당위원회 회의가 열릴 때마다 그는 늘 이런 식의 회의는 불필요한 것처럼 보였다. 왜냐면, 모든 크고 작은 중요 문제들은 이곳에서 해결되는 것이 아니었기 때문이다. 그래도, 한 달에 한 번씩 그는 이곳에 와야만 하고, 30명의 공산당원 사이에 앉아야 하고, 제대로 기능을 하지 않고 있는 부서장들을 비난해야 했고, (그건 그가 자신의 고유 회의실에서도 잘 할텐데!), 다양한 정치 사안들과 또 이와 유사한, 아주 지루하고 불필요한 사안들에 대해 의논해야만 했다.

그러나, 그것조차도 그 책임자는 오늘 기쁘고도 기꺼이 받아들였다. 그는 그 통과용 붉은 깃발을 서로 들고가려고 다투면서 자리에 앉은, 두 명의 부서장에게 웃으며 중재했다. -예. 그 두 부서가 일을 모두 잘했어요, -그의 결정이었다. -하지만 이 깃발은 하나밖에 없습니다. 대단한 수상 상금도 그 깃발을 동반하니까. 그래서, 그 깃발은 우리 공장의 기술자들이 받아야만 하다고 했다. 왜냐하면, 이미 당의 **콤**에서 그렇게 결정했다. 하지만, 그는 두 부서에 공히 상금을 현금으로 줄 돈을 마련할 것이다......또 겐리흐 알렉산드로비치는, 다른 경우라면 다른 안건에서 자신을 흥분하게 하지만 이번에는 기쁜 표정으로, 흥미롭게 쳐다보았다.

-동무들, 여러분, 아직 조금 더 관심을 가져 주길 바랍니다. -사회를 보던 우달로프가 거들었다. -한 가지 사소한 질의 사항이 남아있습니다. 용접부 엔지니어 아이라토프가 해외 여행하는 안건입니다. 그 엔지니어는 지금 응접실에서 기다리고 있습니다. -그를 불러 주세요, 세라휘마 파블로프나!

아하! 그 직원이구나. 그 '새끼 오리"! 겐리흐 알렉산드로비치는 들어오는 니코를 지지하며 만족한 듯이 살짝 웃는다.

-여기 앉으세요, 니콜라이 그리고르예븨치. -우달로프가 참석자들 앞에 특별히 마련된 의자를 눈으로 가리키며, 딱딱하게 발음한다.

-감사합니다... 주저하며 그 청년은 말한다.

-동무들, 우리는 아이라토프 니콜라이 그리고르예븨치가 제안한 안건을 승인할지에 대한 질문을 해결해야만 합니다. 엔지니어이자 러시아인, KPSU 당원입니다. 세라휘마 파블로프나, 그 안건에 대해 투표를 실시해 주세요.

'에흐, 그 아주 지루하고, 필요 없는 수속이네. 시간만 **뺐어갈** 뿐이다!'겐리흐 알렉산드로비치는, 분명히, 이 사안을 간단히 처리하고 싶다. 사람이 왔으니. 만일 좋다면- 즉시 어떤 토론 없이도 서명하면 된다. 정말 여기가 아닌 그의 일터에서 그 사람에 대해 사람들은 알 수 있다! 그럼에도, 질서가 그 사람을 알 수 있게 하는 것이 아니라, 그의 일을 통해 알 수 있다. 그래도 그 질서가 법이다. -아이라토프 동무에게 질문이 있는 사람은 누구입니까? 니콜라이 그리고르예뷔치, 일어나 주세요!

-당신은 불가리아에 관광하러 갑니까?

희끗한 머리카락의, 고상한 얼굴의, 장비 설치의 일을 하며, 또 당위원회의 상임회원 보로딘이 물었다.

-그뿐만 아닙니다. 저는 레닌그라드 특별여행단과 함께 갑니다, 니코가 설명했다.

- 그 여행단 목표는 세계에스페란토대회 참가입니다.

-아주 흥미롭군요! 보로딘이 놀라워한다.

-당신은 여기서 에스페란토가 뭔지 좀 설명해 줄 수 있나요?

-물론입니다. 저는 할 수 있습니다. 그것은 국제보조어입니다.....

-보로딘 동무! 우달로프가 비난한다.

-당 위원회는 이런 강연에 시간을 허비할 수 없습니다. 니콜라이 그리고르예뷔치는 그걸 다른 기회에 말해 줄 것입니다... 나는 더 질문하기를 요청합니다.

-불가리아 공산당 지도자는 누구입니까? -즉시, 이미 준비된 식순에 적힌 순서대로 당위원회의 여성책임자인 마리아 표도로프나가 딱딱하게 반응한다.

-토도르 지브코프65)입니다, 그 쉬운 질문에 좀 놀라며, 니코

---

65) 역주: 불가리아는 1393~1878년 사이 약 5백년간 오토만 터키 제국의 지배를 받았다. 9백만 국민의 약 10%가 터키계이다. 1954년에 집권, 1989년 11월 10일까지 45년간 당서기장으로서 1인 독재를 강행했던 토도르 지브코프는 1984년에 터키계 사람들은 이름을 기독교-슬라브식으로 바꿔라는 명령을 내렸다. 불복하는 터키계 사람들에게 터키로의 이주를 허용, 약 30만 명이 불가리아를 떠났다. 그러나 오랜 터키 압제에 비해 불가리아 사람들의 터키를 향한 감정은 놀라울 정도로 관대하다.

가 대답한다.

-맞아요! 마리아 표도로프나 역시 이 청년이 그 대답을 해 내리라고는 의심한 듯이 좀 놀라 말했다.

-니콜라이, 우리에게 말하세요, 창고부서의 한 사람이자 선동자인 카르펜코가 활기차게 말한다.

-왜, 일반적으로, 당신은 외국 여행을 합니까? 당신은 젊은 사람이구요. 당신은 우리나라, 이 넓은 나라에 있는 모든 것을 이미 가보았나요?

-저는 충분히 많은 것을 봤습니다. 니코가 창백해진다.

-대학생 건축분견대원들과 함께 저는 사할린도 가보았고, 중앙아시아도 가 보았습니다...또한 발트의 여러 나라도, 우크라이나도, 코카서스도 여행해 보았습니다... 이번 여행에서는 발트의 여러나라들, 우크라이나, 코카서스에 중점을 두고 있습니다...이번 여행에서는 주로 대회 자체 행사에 관심을 갖고 있습니다.

-그럼, 물론이구요, 겐리흐 알렉산드로뷔치는 더는 참지 못하고 그새 끼어들었다.

-이 청년은 전 세계 만남을 위한 독특한 기회를 갖고 있습니다. 나는 그의 장래 여행에 찬동하고, 그 안건을 확인해 주고, 이 문제를 끝내기를 제안합니다!

-저를 용서해 주세요, 존경하는 겐리흐 알렉산드로뷔치, 우달로프가 그에게 암시하는, 많은 의미를 가진 눈길을 던졌다.

-우리는 당신과 이전에 이 질문을 두고 토론한 적이 없습니다. 오늘의 상황은 우리나라의 적들은 우리를 방해하기 위해, 공산주의 건설에서 우리가 성취해 놓은 것을 비방하려고, 또 축소하려고 그들은 자신들의 검은 일을 위해 온갖 방법을 쓰고 있습니다! 에스페란토에 대해서도- 헛되지 않게도, **옵콤**은

그 언어의 보급을 추천하지 않고 있습니다. 우리는 그 세계대회에, 그것이 형제국인 불가리아에서 개최된다 하더라도, 우리의 적들이 그 대회에 오지 않는다고는 보장하지 못합니다. 나는, 이념 투쟁에서 아직 젊고, 그리 경험 많지 않은 아이라토프 동무가, 있을지도 모를 토론에서 그들의 논점들에 반대 못할 수도 있을 것이라는 점에 걱정이 됩니다. 그 때문에 나는 우리 당 위원회에 이것의 추인과 동의에 대해 유보해줄 것을 제안합니다. '저런, 온전히 저 청년을 때려잡자는군!'— 그 책임자는, 니코가 곧장 창백해지고는 신경질적으로 자신의 머리카락을 펴려는 것을 보면서, 생각한다.

—이보세요, 알렉세이 필립포뷔치! 덩치가 큰 몸을 가진 이가 자신의 의자를 움직여서는, 그 탁자에서 자신이 일어선다.

—나는 내가 이전에 가졌던 의견보다 지금이 나에겐 더 중요하게 보이는 이 질문에 대한 당신 입장을 전혀 이해하지 못합니다. 자, 그래서 나는 참석자들에게 허락을 요청합니다. 내가 더 자세히 내 입장을 말하고자 합니다.

 이미 읽은 안건을 통해 우리는 니콜라이 아이라토프가 의심의 여지없이, 그 여행에 아주 적합한 사람입니다. 그 성격을 그의 부서에서 이미 확인해 주었습니다. 니콜라이는 당원입니다. —여러분, 동무들은, 이미 그의 부서가 확인했습니다. 니콜라이는 당원입니다.— 여러분, 동무들은, 이미 공산주의자가 가진 이념 수준을 신임하지 않고 있나요? 그런 의미에서, 당신의 후원자는 누가 되어야 합니까?! 더구나, 옵콤도 이상한 위치를 갖고 있습니다; 만일 그들이 에스페란토를 추천하지 않았다면, 그들은 왜 그 에스페란토대회에 특별여행단을 보내는 것을 찬동합니까? 그리고, 만일 그 여행단이 옵콤의 동의를 받았다면, 왜 우리 야금 공장을 대표한 사람은 그 여행에 참석하면 안 됩니까? 우리 야금 공장 신디콤은 그 유용한 일을 조금 지원하기 위해 금전적인 도움 방법을 찾는 것도 해야만 할 것으로 보입니다만 ,...그를 편안히 다녀오게 합시다, 그리고 그가 돌아오면, 우리에게 이 모든 것을 이야기해 주도록 강연회를 가집시다!

-옳습니다! 맞아요! -몇 명의 목소리가 들린다. 우달로프는 당황해서 참석자들의 얼굴을 하나하나 둘러보고는, 그 위엄스런 후퇴 상황을 평가한다.

-그렇습니다, 겐리흐 알렉산드로뷔치, 당신은 나에게 확신해 주었습니다, -평화를 유지하려고 하는 미소로서 그가 말한다.

-나는 내 제안을 강요하려고는 하지 않습니다. 그럼, 우리가 투표를 합시다; 그 성격의 확인에 찬동하는 사람은 누구입니까, 손을 들어 주세요.

 겐리흐 알렉산드로뷔치는, 자신의 뚱뚱한 몸을 다시 자신의 의자에 앉히고는, 천천히 그리고 만족하여 오른손을 든다.

ĈAPITRO XVIII

"Protokolo de la konferenco de SEJM Temo: Rilatoj kun oficialaj instancoj

Ufa: Estis kelkaj vizitoj al la loka packomitato kun propono kunlabori. Malgraŭ varmaj akceptoj nenio rezultiĝis. Al la regiona komitato de VLKSM ni prezentas raportojn.

Klajpeda: La partia komitato malkonsilis organizi amasajn elementajn Esperanto-kursojn por infanoj kaj junularo, sed rekomendis anstataŭi ilin per alifremdaj lingvokursoj... Estis propono de la partia komitato informi ĝin pri forveturoj de iuj al Esperanto-aranĝoj.

Maĥaĉkala: Kun la komsomola komitato post reelekto de nova sekretario pri propagandaj aferoj la interrilatoj ŝanĝiĝis je malpli bonaj. La televido malpermesis demonstri la filmon pri SEJT.

Moskvo: La interrilatoj kun la moskva gazetaro estas malbonaj pro tre severa cenzuro.

Poltavo: La obkomo de komsomolo post konatiĝo al nia statuto kaj laborplano rilatas bone al ni. La partiaj instancoj nur promesas helpon.

Vilnius: Partiaj instancoj rekomendas anstataŭi instruadon de Esperanto per instruado de iu alia fremda lingvo. Gazetoj en la lasta jaro tute ne akceptis artikolojn".

(Aktuale — 8 — 197...)

"...Nia eldonejo ne eldonas Esperanto-lernilojn. Pri ĉiuj problemoj koncerne studon de la lingvo Esperanto ni rekomendas turni vin en Esperanto-sekcion ĉe ni rekomendas turni vin en Esperanto-sekcion ĉe Moskva Domo de Amikeco. Estime — vicredaktoro de la eldonejo "Russkij jazik"
(El oficiala letero)

Direktoro de la uzino "Fosforit", Genriĥ Aleksandroviĉ Lavrov dematene havis bonan humoron. La uzino prosperis dum la pasinta duonjaro; ankaŭ julio glate iris al bona fino. Ĵus li havis agrablan interparolon kun la ministro, kiu laŭdis la direktoron, interalie, pro sukcesa laboro de raciigantoj en la uzino. Vere tiel estis: la monpremioj, kiujn aldone enkondukis Genriĥ Aleksandroviĉ, donis ravigan rezulton. Centoj da laboristoj, inĝenieroj vigliĝis kaj alportis diversajn raciigajn proponojn. La plejmulto el inter ili, certe, estis bagatelaĵoj, sed kelkaj estis vere utilegaj. Inter tiuj Lavrov memoris la originalajn ujojn-miksilojn,

- 312 -

proponitajn de la velda fako.

La aŭtoro, tiu juna knabo Ajratov reale donis preskaŭ milionon da rubloj en la uzinan kason. Nome tioma estis la ekonomia efiko de lia lasta propono, jam efektivigita. Genriĥ Aleksandroviĉ konis la knabon, eĉ de la unua renkontiĝo nomis lin "anasido" pro tiu stranga nazpinto. Lin, la "anasidon" la ministro rekomendis iel grave distingi, premiigi per ia valoraĵo por montri al aliaj praktikan gajnon de raciiga laboro. Bone, ni ion elpensos... eble duĉambran apartamenton — ŝajne, li
bezonas.

— Ĉu neniu kontraŭas, ke mi demetu la jakon? — La granda ŝvita korpo de Genriĥ Aleksandroviĉ kontente liberiĝis de tiu superflua vestaĵo, kaj li iom malligis la kravaton. Varmego!

Kunsidado de uzina partia komitato ĉiam ŝajnis al li nenecesa, ĉar ĉiuj pli-malpli seriozaj demandoj estis solvataj ne ĉi tie. Tamen, unu fojon en monato li devis veni ĉi tien, kunsidi inter trideko da komunistoj, moki la estrojn de malbone funkciantaj fakoj (tion li bone farus ankaŭ en sia propra kabineto!), priparoli diversajn politikaĵojn kaj similajn tedegajn nenecesajn aferojn.

Sed eĉ tion la direktoro hodiaŭ akceptis plezure kaj bonvole. Li ride pacigis du fakestrojn, kiuj venis por kvereli pro la transira ruĝa standardo. Jes, ili ambaŭ bone laboris, — estis lia decido, —tamen la standardo estas sola. Ankaŭ la granda monpremio, akompananta ĝin. Do, la standardon ricevu la teknologiistoj, ĉar jam tion decidis la partkomo, sed li trovos la monon por premiigi la ambaŭ fakojn... Same plezure, kun scivolo spektis Genriĥ Aleksandroviĉ ankaŭ aliajn parolojn, kiuj alitempe vekus lian inciton.

— Kamaradoj, mi petas ankoraŭ iom da atento, — admonis la prezidanta Udalov, — restis nur unu malgranda demando. Karakterizo por eksterlanda vojaĝo de inĝeniero el la velda fako, Ajratov. Li atendas en la akceptejo — voku lin, Serafima Pavlovna!
Aha! Jen li estas, la "Anasido"! Genriĥ Aleksandroviĉ kontente, subtene ridetas al la eniranta Niko. — Bonvolu sidiĝi, Nikolaj Grigorjeviĉ, — seke prononcas Udalov, montrante per okuloj la seĝon, speciale starigitan antaŭ la ĉeestantoj.

— Dankon... — heziteme diras la knabo.
— Kamaradoj, ni devas solvi la demandon pri konfirmo de la ofica karakterizo por Ajratov Nikolaj Grigorjeviĉ, inĝeniero, ruso, membro de KPSU. Serafima Pavlovna, bonvolu voĉlegi la karakterizon.

Eĥ, tiu enuega, senbezona proceduro. La tempon nur forprenas! Genriĥ Aleksandroviĉ, certe, simpligus la aferon. Venis homo. Se bona — tuj subskribi sen ajna diskutado. Ja ne ĉi tie oni povas ekkoni la homon, sed en lia laboro! Tamen, la ordo estas ne povas ekkoni la homon, sed en lia laboro! Tamen, la ordo estas la leĝo. — Kiu havas demandojn al kamarado Ajratov? Ekstaru, Nikolaj Grigorjeviĉ.

— Ĉu vi veturas Bulgarion kiel turisto? — demandas grizhara, noblaspekta muntisto Borodin, konstanta membro de la partkomo.

— Ne nur. Mi veturas kun speciala turista grupo el Leningrado, — klarigas Niko. — La celo de tiu grupo estas partopreno en la Universala Kongreso de Esperanto.
— Estas tre interese! — miras Borodin. — Ĉu vi povas iomete klarigi al ni, kio estas Esperanto?

— Certe, mi povas. Ĝi estas la internacia helplingvo...
— Kamarado Borodin! — riproĉas Udalov. — La partia komitato ne povas perdi la tempon por ĉi tiu prelego. Nikolaj Grigorjeviĉ rakontos tion alitempe... Mi petas plu demandi.

— Kiu estas la gvidanto de Bulgara Komunista Partio?
— tuj, laŭmende reeĥas seka Maria Fjodorovna,

estrino de la partia kabineto.

— Todor Ĵivkov, — iom mirante pro la facila demando, respondas Niko.

— Ĝuste! — diras Maria Fjodorovna, ankaŭ mirante, kvazaŭ ŝi dubis, ke la knabo divenos la respondon.

— Diru al ni, Nikolaj, — vivoĝoje aklamas demagogo Karpenko el la proviza fako, — kial, ĝenerale, vi veturas eksterlanden? Vi estas juna homo. Ĉu vi ĉion jam vidis en niavasta ŝtato?

— Mi sufiĉe multon vidis, — paliĝas Niko. — Kun studentaj konstrutaĉmentoj mi estis en Saĥalin, en Mezazio... Ankaŭ turistis en Ĉebaltio, Ukrainio, Kaŭkazio... Nuna vojaĝo min interesas en Ĉebaltio, Ukrainio, Kaŭkazio... Nuna vojaĝo min interesas ĉefe pri la Kongreso.

— Nu, kompreneble, — enmiksiĝas Genriĥ Aleksandroviĉ, perdante la paciencon. — La knabo havas unikan okazon trafi al tutmonda renkontiĝo. Mi proponas aprobi lian estontan vojaĝon, konfirmi la karakterizon kaj fermi la demandon!

— Pardonu min, estimata Genriĥ Aleksandroviĉ, — Udalov ĵetas al li aludantan, multsignifan rigardon, — ni kun vi antaŭe ne diskutis pri la demando. En nuna situacio, kiam malamikoj de nia ŝtato streĉigas la fortojn por malhelpi nin, por kalumnii, por malpliigi niajn atingojn en la konstruado de komunismo, ili uzas

ĉiujn rimedojn por sia nigra afero! Ankaŭ Esperanton — ne vane la obkomo malrekomendas ties propagandon. Ni ne havas la garantion, ke al tiu monda kongreso, kvankam ĝi okazos en la frateca Bulgario, ne trafos niaj malamikoj. Mi timas, ke juna, ne tre sperta pri ideologiaj luktoj kamarado Ajratov ne sukcesos oponi iliajn argumentojn ĉe eventualaj diskutoj. Pro tio mi rekomendas al la partia komitato deteni sin de la konfirmo kaj aprobo."Nu, tute mortbatis la knabon!" — pensas la direktoro, observante, kiel Niko, tute paliĝinta, komencas nervoze glati la

hararon.

— Kara mia Aleksej Filippoviĉ! — la ampleksa korpo formovas la seĝon kaj impresige levas sin de ĉe la tablo. — Mi tute ne komprenas vian pozicion pri tiu ĉi demando, kiu nun ŝajnas al mi pli grava, ol mi opiniis antaŭe. Do mi petas permeson de la ĉeestantoj, ke mi prezentu mian opinion pli vaste.

El la voĉlegita karakterizo ni vidis, ke Nikolaj Ajratov estas la homo, sendube digna por la vojaĝo. La karakterizon jam konfirmis lia fako. Nikolaj estas partiano — ĉu vi, kamaradoj, jam konfirmis lia fako.

Nikolaj estas partiano — ĉu vi, kamaradoj, jam ne fidas la ideologian nivelon de komunistoj? Kiu, tiaokaze, estu

via apogo?! Cetere, ankaŭ la obkomo havas strangan pozicion: se ili ne rekomendas Esperanton, kial ili aprobas sendon de la speciala turista grupo al tiu kongreso de Esperanto? Kaj, se la grupo estas aprobata de la obkomo, kial la reprezentanto de nia uzino ne partoprenu tiun vojaĝon? Mi opinias, ke la uzina sindikomo eĉ devus serĉeti la monrimedojn por iom subteni tiun utilan aferon... Li veturu trankvile, kaj post la reveno rakontu al ni ĉion, faru la prelegon!

— Prave! Juste! — sonas kelkaj voĉoj. Udalov en embaraso ĉirkaŭrigardas vizaĝojn de la ĉeestantoj kaj pritaksas la situacion por digna retreto.

— Jes, Genriĥ Aleksandroviĉ, vi konvinkis min, — kun paciga rideto diras li. — Mi ne insistas pri mia propono. Do, ni voĉdonu: kiu estas por konfirmo de la karakterizo, bonvolu levi la manojn. Genriĥ Aleksandroviĉ, sidigante sian korpegon reen sur laseĝon, pigre kaj kontente levas la dekstran manon.

제19장

신선한 아침 햇살은 큰 장방형 중앙광장의 포장된 아스팔트의 조금 파인 곳의 흙탕물들 안에서 반짝이고 있다. 반사되는 물방울을 담고 있던 화단의 질서정연하게 자리 잡은 꽃들은 기다린 듯이 신선함을 유지하고 있다. 해뜨기 전에 그 광장으로 물을 뿌리러 온, 2대의 살수차가 그 신선한 풍경을 가져다주었다. 시당 위원회 제1서기인 코노노프 동무의 명령에 따라서다. 또 그의 개인 명령에 따라, 중앙의 시립 호텔의 위편에는 고대 슬라브 문자로 만들어진 **"얌부르그(Jamburg)"**라는 글자가 깨끗이 청소되어 파랗게 빛나고 있고, 그곳 창문들은 매력적으로 깨끗하다. 높은 깃대들 위의 출입문에는 너무 축제스럽지도 않고, 너무 위엄스럽지도 않게,- 바람이 약간 부족해, -깃발 두 개는 매달려 있다. 반달 모양의 낫과 망치가 그려진 붉은 깃발- 소비에트연방 국기와, 파란 십자가가 그려진 흰색 깃발 -핀란드공화국 국기. 오늘 이 도시에는 자매결연도시인 핀란드 도시 **라페엔란타(Lapeenranta)**에서 파견된 대표단을 맞으려고 시 당국의 인사들이 나와서 기다리고 있기 때문이다. 4년 전, 지역 당위원회에서는 이 도시에, 이 도시의 시장을 포함한 고위 인사들에겐 매년 두세 차례 두통을 가져오게 만드는, 도시와의 자매 결연을 하도록 요구했다. 그만큼 자주 핀란드 대표단이 방문하였기에, 이 도시에서는 좋은 음식-술, 매력적인 선물과, 필시, 감동적으로 이 도시를 깨끗이 한 상태에서 만남이 있어야 했다. 그러나 이렇게 말하는 것이 더욱 진실이다; 그 자매결연 도시와의 만남에는 다른, 아주 매력적인 면이 있다. 영원한 인형처럼 아주 깔끔하고, 수수하면서도 호화로운 핀란드의 소도시 라페엔란타로 우리 도시의 운영단, 신디케이트 활동가들과 스포츠선수들이 그에 맞게 교차 방문하는 것에 있다. 그때 그 돌아오는 얌부르그 사람들 가방에는 들고 다니는 녹음기, 트랜지스터라디오, 매력적으로 값싼- 거의 공짜의 -세탁비누 또 "라포니아(Lapponia)"라는 이름의 덩굴월귤 음료수가 들어있었다. 머리 아픔- 기쁨, 머리 아픔- 기쁨, 이게 그 도시들간의 자매결연의 결과물이었다.

오늘은, 그래서 -그 두통이다. 웃음을 머금고, 또 하품을 숨긴 채, 그 호텔 옆으로 일단의 모임을 위해 영접할 참석자들이, 제2서기 보그다노프 동무의 지도 아래 모여 있었다. 그는, 리스트에 따라, 행사 준비 사항을 검토하고, 참석자들에게 질문한다.

-'포스포릿(Fosforit)'은 준비가 되었나요?! -그는 질문하는 것인지, 확인하는 것인지 그렇게 말했다. -여길 봐요, 하지만, 소풍으로는 -목재 공장에 먼저, 야금 박물관을 나중에, 신디콤에서의 차를 한 잔 하는 자리만 합시다. 지저분하거나, 더러운 냄새가 나는 장소는 그분들이 통과하지 않도록, 알아들었나요?

-알아들었어요! 모든 준비가 되어 있습니다.- '포스포릿(Fosforit)' 대표자가 대답한다.

-'작은 사과" 유치원은요? 제5학교는요? 당신의 일입니다. 안나 세르게예프나!

-네, 저희는 손님 맞을 준비가 다 되어 있습니다.

-그 사냥용 작은 집은요? 사우나는요?

-저희는 내일 행사로 준비하고 있습니다. 또 밤을 위해서요, 필시.

-완벽하네요, 완벽해요... -보그다노프 동무가 두 손을 비볐다. -나르바 쪽으로는, 해변으로 우리는 이번에 그분들을 차로 모시고 가지 않을 겁니다...그래도, 우리는 그들이 만족한

채로 지내기를 기대합니다...하, 아나톨리이 일리치, 빵하고 소금은 준비되어 있나요?

-그래요, 당연히, 이제 호텔 접수부에 아가씨들이 대기 하고 앉아 있습니다.

-그럼, 그들을 곧장 불러요. 이미 버스가 올 시각입니다. -보그다노프 동무는 하염없이 팔목 시계를 쳐다보자, 그때 모두는 알게 되었다. - 그 광장으로 향하는 도로에서 아주 안락하고도 특별차량인 얌부르그 "스칸디아 버스(Scandia-Bus)" 한 대가 나타났다. 버스가 다가오고, 그 도로표지판을 따라 그 광장을 한 바퀴 돌더니, 호텔 앞에 멈추어선다.

-안녕하세요! 어서오세요!- 보그다노프는, 버스에서 내려서는 라페엔란타의 부시장을, 마치 아주 오랜 지인을 대하듯이, 널리 끝없는 행복을 미소로 온 힘으로 나타내 보이면서 껴안는다. 곧장 그는 러시아 전통 농부 복장인 사라판을 입은, 3명의 아가씨들을 위해 길을 내주면서 옆으로 비켜선다. 첫 여성은 두 손에 아주 큰 빵을 한 개 들고 있고, 그 빵 위에는 장식된 소금 통이 놓여 있다. 뒤에선 두 명의 여성은 꽃다발을 들고 있다.

-환영합니다, 저희 고대 러시아 도시로 오신 귀한 손님 여러분! 저희의 전통적인 빵과 소금을 한 번 맛보세요!- 낭랑한 목소리로 그 여성은 말한다.

손님인 부시장은 서둘러 내려오는 통역사에게 손을 흔든다. -모든 것은 이해합니다. -보통처럼 빵의 한 부분을 집어, 그것을 소금통에 찍어서는 힘들여 한 입 먹고는, 그 아가씨의 볼에 3번 키스하고는 웃음으로 말한다:

-스-파-시-바!66)

다른 두 아가씨는 자신이 가지고 있던 꽃다발을 내려오고 있

---

66) 역주: '감사합니다'의 러시아말

는 핀란드사람들의 손에 집어 주고는, 키스와 선물을 받고 자리를 떴다.

-손님 여러분! - 보그다노프 동무가 장엄하게 선언했다. -여러분이 호텔에 들어서기 전에, 저희는 여러분에게 알려드리고 싶습니다. 여기에는 여러분을 만나고, 여러분의 얌부르그에서의 체류를 조직하기 위해 "소련-핀란드" 우호협회의 활동적인 구성원들이 참석해 있습니다. 그분들을 소개하고자 합니다: 여기가 시지부 의장인 주임의사 아나톨리이 일리치 밀니코프입니다.

통역사가 제 역할을 하기 시작하고, 땀을 흘리는 아니톨리이 일리치는 도착한 손님들에게 차례차례 악수를 시작하고, 보그다노프는 말을 이어갔다:

-여기는 우리의 매력적인 안나 세르게예프나 디덴코, 인민교육부 여성대표입니다. 여기는 콤소몰의, 저기 에에,- 청년부의 - 지도자, 블라디미르 졸로토프, 여기는 도시스포츠위원회의 대표 아르카디이 지닌.....

그들이 그 손님들의 원을 따라서 차례차례 악수하며 걸어가고 있는 동안, 통역자에게 어떤 중년의 핀란드 손님이 다가와서는, 몇 마디를 말했다.

-우리 손님은 뭔가를 원하나요?

용감하게 보그다노프가 물었다.

-요르마 쿠운미넨 씨는 우호단체의 활동가들 중에 국제우호클럽 회장이 있는지 궁금해 합니다 라고 그 통역자가 설명했다.

좀 놀라며, 하지만 똑같이 친절하게 살짝 웃으면서, 보그다노프는 몇 초 동안 참고는, 숨을 한번 들이쉬고는, 너무 기쁘게도 말했다:

-오, 그렇습니다. 제가 잊었습니다. 이 분이, 서로 알고 지내지요.- 국제우호클럽 회장입니다. 이고르 비르토브스키이! 와

요, 와요, 이고르.

놀랍게도, 그러나 아주 친절하게 웃음을 머금은 청년 하나가, 모든 다른 참석자들처럼, 넥타이와 콤소몰 배지를 단 예복 차림으로 다가 와, 요르마 씨에게 손을 내밀었다.

-안녕하세요, 뵙게 되어 기쁩니다, -좀 의심스럽고 또 주저하며 요르마 씨는 그 내뻗은 손을 잡았다.- 하지만 당신은, 여기 이 도시에는 국제우호클럽이 2개 있습니까?

-아뇨......이 도시에는 한 개 뿐인 클럽입니다, -이고르 비르토브스키이가 미소를 좀 잃으면서 대답했다.

-하지만...하지만, 제가 알기로는, 국제우호클럽 회장은 저와 편지교환하고 있는 니콜라이 아이라토프 씨인 것으로 알고 있습니다만.

요르마의 모든 말을 분명하게 그 통역사가 발언한다.

이고르는 고개를 갸우뚱한다, 모든 사람들이 고개를 갸우뚱한다, 하지만 보그다노프 동무만 잠시 뒤, 필요한 낱말을 찾아냈다:

-아흐, 예, 아이라토프! 우리의 좋은 활동가입니다! 용서하세요, 그는 이 시점에 출장을 가고 없습니다. 이고르가 제1 부회장입니다. 예!

-저는 기쁩니다. 저는 기쁘다고요! 이고르의 손을 요르마씨가 다시 흔든다. -하지만 아이라토프씨가 어디로 여행을 갔나요? 그리고 오랫동안인가요?

-2주일 전에 그는 출장갔습니다....레닌그라드로요. 두 달짜리 완전강좌를 위해서요, 보그다노프 동무가 중얼거리며 말했다.

-이상하네요, 요르마 씨는 놀랐다. - 이틀 전에 내가 그분에게 전화했고, 그분은 이 도시 안에 있겠다고 약속했어요. 정말 뭔가 실수나 오해가 있나 봅니다...내가 여기서 그분 댁으로 전화를 해볼 수 있을까요?

-아흐, 그 점은 걱정하지 마세요, 쿠운미넨 씨! 열렬하게 보그다노프가 말했다.

-분명히, 오해가 있습니다. 우리가 말하고 있는 그 활동가는 초대하지 않았습니다...하지만 저희가 곧 그를 찾아내서, 여러분이 오신 점을 알려드리겠습니다! 편안히 계십시오 또,

-호텔로 가 계시지요!

모든 손님들이 호텔 문을 통해 사라지자, 보그다노프 동무는 손수건을 호주머니에서 꺼내 이마와 목을 닦고, 콤소몰 지도자에게 난폭한 눈길을 보내고는, 유일한 한 마디말만 말했다.

-어-쩌지?!!

ĈAPITRO XIX

Freŝa matena suno rebrilas en flaketoj sur asfaltita kvadratego de la Centra Placo. Atende freŝas ordigita floraro sur bedoj, konservinta rebrilajn akvogutojn. Du akvoaŭtoj alportis tiujn freŝeco-spurojn, veninte por priverŝi la placon antaŭ sunleviĝo. Laŭordone de mem la unua sekretario de urba partia komitato, kamarado Kononov. Ankaŭ laŭ lia persona ordono purigite bluas la antikvaslavaj literoj "Jamburg" super centra urba hotelo, alloge puras ties fenestroj kaj che la enirpordo sur altaj stangoj pendas ne tro feste, ne tro solene, — pro ventomanko, — du flagoj. Ruĝa kun serpo kaj martelo — la flago de Soveta Unio kaj blanka kun blua kruco — la flago de Finnlanda Respubliko. Ĉar la urbo atendas gastojn, delegitaron el la ĝemelurbo finna, Lapeenranta.

Antaŭ kvar jaroj la regiona partia komitato trudis al la urbo tiun ĝemeliĝon, du-trifoje dum ĉiu jaro portanta kapdoloron al la urbestraro. Tiom ofte venas finnaj delegitoj, kiujn endas renkonti per bona mangô-drinko, logaj donacoj kaj, certe, en impone pura urbo. Sed endas diri veron: la ĝemel-urbaj kontaktoj havas ankaŭ alian, tre ĉarman flankon. Estas la reciprokaj vojaĝoj de la urbestroj, sindikataj aktivuloj kaj sportistoj al la eterne pupe purega, modeste luksa urbeto Lapeenranta. Tiam valizoj de la revenantaj jamburganoj plenas da porteblaj magnetofonoj, tranzistoroj, fantastike ĉipa — preskaŭ senpaga — lavsapo kaj bongusta oksikoka likvoro "Lapponia". Kapdoloro — ĝuo, kapdoloro — ĝuo, — jen estas la sinsekvo de interurbaj ĝemelaj kontaktoj.

Hodiaŭ, do, — la kapdoloro. Kun ridetoj kaj kaŝoscedoj kolektiĝas apud la hotelo grupeto da renkontantoj, gvidata de la dua sekretario, kamarado Bogdanov. Tiu laŭliste kontrolas pretecon de la programo, pridemandante la venintojn.

- Ĉu "Fosforit" pretas?! — ĉu demandas, ĉu konfirmas li. — Atentu, tamen, la ekskurson — nur al lignometiejo, al la uzina muzeo kaj al teumado en sindikomo! Neniujn malpurajn, fiodorajn lokojn ili devas trafi, ĉu klaras?

- Klaras! Ĉio estas preta ĉe ni, — respondas la reprezentanto de "Fosforit".

- Infanĝardeno "Pometo"? Kvina lernejo? Via afero, Anna Sergejevna!

- Jes. Ni ĉion preparis por la gastoj.

- La ĉasista dometo? Saŭno?

- Ni pretas por la morgaŭa tago. Kaj por la nokto,

certe.

- Perfekte, perfekte... — frotas la manojn kamarado Bogdanov. — Al Narva, al la marbordo ni ĉi-foje ilin ne veturigos... Tamen, ni esperu, ke ili restos kontentaj... Ha, Anatolij Iljiĉ, ĉu pano-salo estas?

- Jes, sendube. Jen en hotelregistrejo sidas knabinoj.

- Do voku ilin tuj. Jam devas veni la buso, — kamarado Bogdanov kontrolas brakhorloĝon senpacience, sed jam montras ĉiuj — en la strato, kondukanta al la Placo, aperis superkomforta kaj nekutima por Jamburg "Scandia-Bus". Ghi proksimiĝas, laŭ la vojmontrilo ĉirkaŭveturas la placon kaj haltas ĉe la hotelo.

- Saluton! Bonvenon! — kiel antikvan konatulon brakumas Bogdanov la descendantan vicurbestron de Lapeenranta, tutforte montrante per rideto vasta senliman felicon. Tuj li flankeniras, lasante la vojon por tri knabinoj en rusaj sarafanoj. La unua tenas etende en la manoj panegon, sur kiu staras ornamita salujo. La du malantaŭaj knabinoj tenas florbukedojn.

- Bonvenon, karaj gastoj al nia antikva rusa urbo! Gustumu nian tradician panon-salon! - kantovoĉe prononcas la knabino.

La gasta vicurbestro mansvingas al rapide descendanta tradukisto, — ĉio kompreneblas, — ŝiras panpeceton kutime, trempas ĝin en la salujon, englutas pene, kisas la knabinon trifoje kaj kun rideto diras:

- Spa-sii-ba!

La knabinoj enmanigis florojn al la descendantaj finnoj, ricevis kisojn, donacetojn kaj malaperis.

— Karaj gastoj! — aklamis kamarado Bogdanov solene. — Antaŭ ol vi enhoteliĝos, mi volus informi vin, ke ĉeestas ĉi tie por vin renkonti kaj organizi vian restadon en Jamburg aktivaj anoj de la amikeca societo "USSR — Finnlando". Bonvolu konatiĝi: jen estas la prezidanto de urba filio, ĉefkuracisto Anatolij Iljiĉ Milnikov.

Eklaboris la tradukisto kaj ŝvita Anatolij Iljiĉ komencis premi manojn al la gastoj laŭvice, dum Bogdanov daŭrigis:

— Jen estas nia ĉarma Anna Sergejevna Didenko, estrino de la popolkleriga fako. Jen la komsomola, nu jes, — junulara, — gvidanto, Vladimir Zolotov, jen prezidanto de la sporta komitato urba, Arkadij Zinin..

Dum tiuj iris laŭ rondo de la gastoj, premante manojn laŭvice, al la tradukisto proksimiĝis mezaĝa finno kaj prononcis kelkajn vortojn.

- Ĉu nia gasto deziras ion? — brave demandis Bogdanov.

Sinjoro Jorma Kuuminen scivolas, ĉu ĉeestas inter la aktivuloj de la amikeca societo prezidanto de la Klubo de Internacia Amikeco, — klarigis la tradukisto.

Iom mire, sed same afable ridetante, paŭzis Bogdanov por kelkaj sekundoj, enspiris kaj tro ĝoje diris:

— Ho, jes. Mi forgesis. Jen, konatiĝu, — estas prezidanto de la Klubo de Internacia Amikeco, Igor Virtovskij! Venu, venu, Igor.

Mire, sed afablege ridetanta junulo, vestita samkiel ĉiuj renkontantoj en solena kostumo kun kravato kaj komsomola insigno proksimiĝis kaj etendis manon al sinjoro Jorma.

- Bonan tagon, mi ĝojas vidi vin, — iom dube kaj heziteme prenis la etenditan manon sinjoro Jorma. — Sed ĉu vi havas en la urbo du Klubojn de Internacia Amikeco?

- Ne... estas la sola urba klubo, — iom perdante la rideton respondis Igor Virtovskij.

- Sed... sed, laŭ miaj scioj, la Klubon de Internacia Amikeco prezidas mia dujara korespondanto, sinjoro Nikolaj Ajratov, — klare prononcas ĉiun vorton de sinjoro Jorma la tradukisto.

Gapas Igor, gapas ĉiuj renkontantoj, nur kamarado Bogdanov post momento trovis necesajn vortojn:

- Ahh jes, Ajratov! Nia bonega aktivulo! Pardonu, li estas forveturinta ĉi-tempe. Igor estas la unua vicprezidanto, jes!

- Mi ĝojas, mi ĝojas! — denove skuas manon de Igor sinjoro Jorma. — Sed kien estas forveturinta sinjoro Ajratov? Kaj ĉu delonge?

Antaŭ du semajnoj li estas sendita... en Leningradon. Por perfektigaj kursoj dumonotaj, — balbutis kamarado Bogdanov.

- Strange, — miris sinjoro Jorma. — Antaŭ du tagoj mi telefonis al li, kaj li promesis esti en la urbo. Verŝajne estas ia eraro, miskompreno... Ĉu mi povas telefoni al li hejmen tie ĉi?

— Ahh, ne zorgu pri tio, sinjoro Kuuminen! — arde diris Bogdanov. — Certe, estas miskompreno, ke nia aktivulo ne estis invitita... Sed ni tuj trovos lin kaj informos pri via veno! Estu trankvila kaj — bonvenon al la hotelo!

Kiam ĉiuj gastoj malaperis trans la hotelpordo, kamarado Bogdanov elpoŝigis naztukon, viŝis frunton kaj kolon, ĵetis furiozan rigardon al la komsomola gvidanto kaj diris la solan vorteton:

— N-nu?!!

제20장

"에스페란토는 도구이지, 목적은 아니다"

...오늘날 사회적인 삶, 정치적인 삶, 문화적인 삶을 살아가는 우리 세계에서는 모든 자각 있는 사람이라면 계속적 관심을 가져야만 합니다. 적대적으로 싸우는 두 체제- 사회주의와 자본주의-의 존재는 불가피하게 이념 투쟁을 요구합니다... 그리고 우리는 언제나 모든 종류의 부르주아 이념에 반박할 준비가 되어 있어야 합니다. 우리는 정치적으로 지식도 갖추어야 합니다. 이는, 우선적으로, 소비에트 에스페란티스토와도 관련이 되어 있습니다......우리, 소련 에스페란티스토들이 소부르주아적인, 또 종교적인, 또 회색의 색깔을 가진 대중과 함께 갈 수가 있겠습니까?

우리는 싸우는 사람들입니다! 우리는 레닌이, 또 공산당이 우리를 위한 설계해 놓은 위대한 이념을 지키기 위해 투쟁합니다. 그러니, 그 싸움에는 중간은 없습니다. 우리와 함께하지 않는 사람들이라면-그들은 우리와 반대편에 있는 사람입니다. 모든 중립적 기관은, 자신의 근본에 따르면, 이미 부르주아라고 볼 수 있습니다. 그들은 에스페란토 발전을 위한 위대한 일에는 함께하자고 호소하면서도, 그들은 우리더러 우리 일에는 손떼라고 호소합니다.

우리는 우리의 언어를 도구로만 한정하지 말아야 합니다. 우리는 평화를 강화하기 위해 활동적으로 일해야만 합니다. 우리는 민주주의와, 진보를 위한 세계청년들의 투쟁에 연대를 해야 합니다. 우리는 제국주의와 부르주아 이념에 반대하여 싸웁시다. 우리는 먼저 국제주의자가 되어야 하고, 나중에 가서- 에스페란티스토가 됩시다.

(<Aktuale>, 197.년 9월호)

"왜, 그럼에도, 언어는 어떤 사상의 담당자가 될 수 없는가요? 내겐 어떤 종류의 언어라도, 그 언어가 자각해서 만들어진 만큼, 그만큼의 사상을 가질 수 있다고 보입니다. 만일 로모노소프(Lomonosov)[67]와 푸슈킨이 문학적인 러시아어를 만들어낸 것이, 또 마르틴 루터가 -독일어를 만들어 낸 것이, 기타 등등이, 진실이라면, 그럼 도대체, 그들은 그 언어로서 또 그 언어 안에서 일정한 사상을 실현하려고 노력하지 않을까요? 더구나, 그게 인조어의 경우라면, 그 언어 창안자가 처음부터 그 정의하기 이전의 사상을 체내화시킬 수 있는 인조어의 경우라면.

…우리는, 인간이 에스페란토를 사용한다는 그 단 한 가지 이유로해서, 더욱 착한 사람이 되는가, 아니면 더욱 나쁜 사람이 되는가 라는 질문에 적극적으로 대답해야 합니다. 그렇습니다! 에스페란토는 그 안에 의심의 여지없이 국제적인 사상을, 또 국제화하려는 사상을 담고 있고, 그 방향으로 자신의 진정한 후학들을 교육하고 있습니다:

(<Aktuale>, 197.년 9월호)

사쉬카는 태양에 피부가 그을려 갈색이 되었다. 그의 주근깨들은 거의 보이지 않았고, 밀짚 같은 푸석푸석한 머리카락은 온전히 노란 색을 잃어버릴 정도였다. 그래도 그 왼쪽 눈 아래의 신선한 푸런 멍 자국은 태양에 그을려서 피부조차도 가

---

67) 역주: 로모노소프(Mikhail Vasilyeviĉ Lomonosov,1711~1765)는 자연과학에도 크게 공헌했고 상트페테르부르크 왕립 과학 아카데미를 개편했으며 모스크바에 대학을 세웠고 러시아 최초의 색유리 모자이크를 만들었다. 여제의 명령으로 〈러시아어 문법 Rossiyskaya grammatika〉과 〈간추린 러시아 연대기 Kratkoy rossiyskoy letopisets〉를 썼고 교육제도를 개편하는 작업에도 많은 노력을 쏟았다.(출처: http://100.daum.net/encyclopedia/view/b06r1250a)

려질 수가 없었다. 그는 오늘따라 발음이 샜다.[68]

-.....전혀 흥미가 없네, 니코. 전혀 자연쉬런 현샹이네. 내 집 옆에서 오늘 바메 훈제요릴 해달라고 해 노았어요.....그러니, 나는 그들에게 그 훈제요릴 보여줄 거야! 내게 와, 내가 활 이야기가 이서.

-네가 훈제요리 보여준 건 곧장 분명해졌네. 넌 말을 하지 않는 편이 나아요. 니코가 콤소몰 위원회 사무실 안으로 사쉬카를 따라 가면서 말했다.

-아하, 쟈극이 되네, 쟈극이 되네...... 사쉬카가 그 문을 안에서 잠궜다. - 옆에 앉아 봐..에흐, 이게 무슨 일이람- 이 하나를 빼었는데, 필요없는 게 아니구먼.

-당연하지요, 필요없지는 않아, 사샤! 니코가 그의 말투를 흉내냈다. -그럼, 말해 봐, 언제나 부끄럼 없이 여성을 쫓아다니는 사람아, 넌 내게 뭘 알려주고 싶은지? 그리고 왜 넌 좀... 좀 근엄하기라도 하는 척하는가?

-근엄하다니? 이상하게도, 나는 그 점을 몰랐네. 그리고 알아 둬: 난 여성을 쫓아다니는 사람은 아니지, 하지만 평범한 얌부르그 지부장이란 것을. 나는 조용히, 평화롭게, 만족한 채 살고 싶어. 하지만 저 훌리건, 도적들, 또 술을 흥청망청 마시는 이들이 이를 방해하고 있어..... 얌부르그에는 총성이 울리지 않아! 적어도 총성이 울리지 않는다는 게 좋아.

-그런데도 사람들은 총성 없이도 죽이기도 해. 우울하게 니코가 대답했다.

-그리고 아무도 도와줄 수도 없지. 더구나, 사쉬카, 네 입의, 뺀 이 옆에 있는 다른 이를 이용해 말하려고 시도해 봐. 왜냐하면, 너의 그런 말투는, 내가 보기엔, 상황에 맞지 않은 것

---

68) 역주:치찰음·치은음의 발음을 잘못하다(s를 th로, ĵ를 z로, ŝ를 s로 발음하는 따위).

같아.

-곧 나는 그렇게 시도해보겠어. 좋은 제-안이네, 고맙군!

그래도 사쉬카 발음에는 정말 약간의 휘파람 소리만은 그대로 남아 있었다. 무슨 일인지 그의 얼굴은 잠시 동안 굳어지더니, 순간 이상한 표정이 그 얼굴에 나타나더니 사라졌다. 아마 그것은 니코에게 그렇게 보였다, 아마 빛이 하는 놀이이기도 하였다. -바깥의 태양이 구름에 몇 초간 가렸기 때문인지도. 그런 몇 초 동안 두 사람은 말이 없었다.

-니코. 나는 우선 조의를 표하네. 그녀 죽음으로 나도 심히 마음이 아파, 사쉬카가 말을 시작했다.

-나는 그녀를 아주 존경했다네. 나로서는 그녀 행동이 아주 이해되지 않아.....말하자면 그 행동의 원인이. 뭐라더라- 긴장, 시험, 무더위..... -넌, 사샤 , 모르는 게 많네.

-그 교수님에 대해선 나도 알아. 네가 직접 그분 강연에 대해 이야기했고, 나는 신문에서도 그분에 대한 기사를 읽었으니. 그녀가 그분에게 어떤 종류의 감정을 가지든지, 그럼에도-그분은 여전히 살아 있지만, 그녀는 이미...

-당신은 전부를 다 알고 있지 않네, 사쉬카! 니코는 자신의 용수철 모습의 머리카락을 쓰다듬고는 잠시 말을 멈추었다.

-네가 아는 게 많지 않아. 사람들은 몰래 그녀를 감시하고 있었다구! 그 할머니조차도 계속 심문해 왔다구! 아마 그녀도 계속 심문해 왔어... 그 시험에서도 사람들은 그녀를 부끄럼없이 비웃었어. -그녀는 그 점을 할머니에게 좀 불평하며 말했다고 했어. 이 모든 사람이 죄인이라구! 그래, 범죄자들, 더러운 살인자들이라구! 그리고 어디서 이 모든 범죄는 시작되었지? 넌 상상을 해보지 않았지? 사쉬카, 네게 말해주지; 그들은 저곳, -저 가장 높은 곳의 지도자들 사이에서 시작했단 말이야! 조용히 좀 해, 내 말이 끝내지 않았어. 어느 정직한 사

람, 그 한 사람이 우리 역사에 대해 진실을 쓰지만, 사람들이 그 진실을 숨긴다고, 왜냐하면, 사람들은 두려워하니까. 만일 국민이 그 진실을 알게 되면, 그 '사람들은' 이제 더는 지도자로 남아 있지 못할 거야. 안 그런가? 분명히, 남아있지 못하게 될 걸. 그들은 정말 다른 방식으로 할 수 있을 거야. 예를 들어, 그 진실을 알리면서, 그 죽은 사람들에게 모든 죄목을 뒤집어 씌우는 방식으로요. 하지만 아니야! 하지만 그러면 안 돼! 그들은 힘을 내세웠어. 그들은 그 정직한 사람을 내쫓았고, 그들은 그 사람의 진실을 건드린 사람들을, 그 적은 수효의 시민들을 추적하고 있어. 그들은 죽이고 있다구! 그리고 그리고 이 모든 것을 자신의 공포스런 두려움 때문에, 그들은 저지르고 있다구. 넌 듣지 못했나, -당의 **콤**의 회의에서- 그들은 에스페란토조차도, 가장 평화적이고 평화를 위해 일하는 에스페란토조차도 두려워하고 있다구! 샤쉬카, 이해해 줘,- 우리는 너와 마찬가지로 정직한 공산당 소속의 사람이란 것을, 아베리얀 이보노뷔치 -너는 그를 기억하고 있지? 용접부의 수많은 노동자들, 수많은 다른 사람들, -그들은 정직한 사람들이거든! 하지만 나는 지금엔 이렇게 이해하고 있어. -우리의 정직한 사람들이 우리 지도자들이 만들어 놓은 모든 죄목에 대해 책임지라며, 그들을 그리고 나를, 또 너를 재판에 회부하는 그날이 오리라는 것을요.

-나는 너의 지금의 상황을 이해해, 니콜라, 흥분한 사쉬카가 말했다. -하지만 넌 마치 진짜 배교자처럼 말하는군. 마치 스스로가 솔제니친이 된 것처럼.

-네가 솔제니친에 대해 뭘 알아? 여러 신문에서 읽었다고? 그럼 그 신문들을 악마에게 던져버려. 그게 그분을 반대하는 그런 신문들의 일상적인 발걸음이야: "나는 그의 작품 중 아무것도 읽지 않았습니다, 나는 그를 모릅니다. 하지만, 그래도

- 336 -

마찬가지입니다, 그는 배반자, 배신자, 첩자이자, 나쁜 작자입니다!" 라는게 그 언론의 논리라구!

-그런데 넌 스스로 읽은 적이 있었나?- 사쉬카가 물었다.

-읽었지,- 니코는 좀 진정을 되찾고는 대답했다. - 많지는 않지만. 그럼에도, 그분은 거짓말을 하지 않았고, 또, 전혀 첩자가 아님은 확실하고도 충분히 말할 수 있지. 그 교수님은 한 번도 거짓말을 하지 않았어. 그러니, 우리가 결론을 내자면, 사쉬카, 네가 알고 있는 어느 다른 사람이 거짓말하고 있어.

-조용히 좀 진정해. 지금까지 우린 정말 잘 지내 왔다구. 그들의 거짓말에 대해서 우리 책임이 없음을, 그리고 만일 그런 필요성이 온다면, 우리는 그 점을 사람들에게 말할 거야.

-사람들이 스스로 보게 될 걸. 그리고, 일반적으로, 사쉬카, 왜 나는 나중에 가서 나를 뭔가의. 누군가의 죄 때문에 정당화해야만 해?

-그럼. 조용히 살아, 그리고 그런 점은 생각하지 말고, -다시 뭔가 찡그림이 사쉬카의 입술을 기형으로 만들었지만, 금새 사라져버렸다. 물론, 오늘 하늘에는 작은 구름들이 많아졌다. 그 두 친구는 다시 잠잠해졌다. 누군가 잠긴 문을 당겼고, 몇 번 두들겨 보고는, 필시, 간 것 같다.

-이젠. 저 문을 열어 놓을 필요가 있어, 사샤. 사람들이 너를 찾고 있어.

-아-아... 그건 신경쓰지 말아. 곧 우리는 함께 나갈 거야. 하지만, 넌 정직한 사람이니, 네가 이 모든 것을 불가리아에 온 너희들 에스페란티스토들에게 이야기할 작정인가?

니코는 잠시동안 생각에 잠기더니, 나중엔 사쉬카의 두 눈을 바로 쳐다보며 대답했다:

-아냐. 나는 그 점을 이야기하지 않을 거야. 하지만 두려움 때문이 아니고. 단순히, 부끄러워서......

ĈAPITRO XX

"Esperanto — ilo, sed ne celo"

...La nuntempa mondo kun ĝia socia, politika kaj kultura vivo postulas de ĉiu klera homo konstantan atentemon. Ekzisto de du kontraŭbatalantaj tendaroj — socialisma kaj kapitalisma — senevite naskas ideotogian batalon... Kaj ni ĉiam devas esti pretaj por doni rebaton al ĉiuspeca burĝa ideologio. Ni devas esti kleraj politike. Tio, unuavice, koncernas la sovetajn esperantistojn... Ĉu ni, sovetaj esperantistoj, povas iri kune kun etburĝa, religia, griza amaso?

Ni estas batalantoj! Ni luktas por grandaj idealoj, desegnitaj por ni de Lenin, de la Komunista partio. Kaj en tiu batalo ne estas mezo. Kiu ne estas kun ni — estas kontraŭ ni. Ĉiu neutrala organizo jam laŭ sia esenco estas burĝa. Alvokante al granda laboro por bonstato de Esperanto, ili alvokas nin lasi nian aferon. Ni ne devas limigi nin nur per la lingvo. Ni devas aktive labori por fortikigo de paco, ni estu solidaraj kun la batalo de mondjunularo por demokratio kaj progreso. Ni batalu kontraŭ imperiismo kaj burĝa ideologio. Ni estu unuavice intemaciistoj, sed nur poste — esperantistoj!"

(Aktuale — 9—197...)

- 338 -

"Kial tamen lingvo ne povas esti portanto de iu ideo? Al mi ŝajnas, ke ĉiu ajn lingvo povas esti ideohava tiomgrade, kiom ĝi estas konscie kreita. Se estas vero, ke Lomonosov kaj Puŝkin kreis la literaturan rusan, Martin Luther — la germanan, ktp, do, ĉu ili ne emis realigi per ĝi kaj en ĝi certajn ideojn? Des pli tio validas por lingvo artefarita, en kiun ties kreinto povas dekomence enkorpigi antaŭdifinitajn ideojn.

...Oni devas pozitive respondi al la demando: ĉu homo iĝas pli bona, aŭ pli malbona sole pro la uzo de Esperanto? Jes! Esperanto enhavas senduban internacian kaj internaciigan ideon kaj edukas tiudirekte siajn verajn adeptojn".

(Aktuale — 9— 197...)

Saŝka sunbruniĝis. Liaj lentugoj iĝis apenaŭ videblaj, pajlo de la haroj preskaŭ plene perdis flavon. Tamen, freŝan bluaĵon sub la maldekstra okulo ne povis kaŝi eĉ la sunbrunigita haŭto. Li rimarkeble lispis:

— ...Nenio intereŝa, Niko. Tute haĵardaj fiĵionomioj. Petis fumaĵon ĉi-nokte apud mia hejmo... Nu, mi al ili montriŝ la fumaĵon! Venu al mi, mi rakontoŝ.

— Tuj rimarkeblas, ke vi montris. Vi eĉ ne devus rakonti, — parolis Niko, sekvante Saŝka-n en la komsomolan komitaton.

- Aha, inĉitu, inĉitu... — Saŝka ŝlosis la pordon. — Ŝidu apude... Ehh, bedaŭro kia — la dento ne eŝtiŝ ŝuperflua.

- Ŝerte, n'eŝtiŝ, Ŝaŝa! — imitis lin Niko. — Nu, diru, senhonta virinĉasanto, kion vi volis komuniki al mi? Kaj kial vi estas iom... iom solena?

- Ĉu ŝolena? Ŝtrange, mi ne rimarkiŝ. Kaj notu: ne eŝtaŝ mi virinĉaŝanto, ŝed ordinara jamburga filiŝtro. Mi volaŝ vivi trankvile, paĉe, ŝate. Ŝed malhelpaŝ tiuj huliganoj, banditoj, ebriuloj... Oni ne pafaŝ en Jamburg! Bone, ke almenaŭ ne pafaŝ.

- Oni foje eĉ sen pafoj mortigas, — morne respondis Niko, — kaj neniu povas helpi. Cetere, Saŝ', provu paroli en la apudan denton, ĉar via lispado estas, ŝajne, malkonforma al la okazo.

- Tuj mi provos-s-s. Bona kons-silo, dankon! — en la prononcado de Saŝka vere restis nur ioma fajfeto. Ial lia vizaĝo rigidiĝis por momento, stranga grimaco trakuris ĝin kaj malaperis. Eble ĝi ŝajnis al Niko, eble estis nur la lumoludo — la sunon ekstere kovris nubeto por kelkaj sekundoj. Dum tiuj sekundoj ambaŭ silentis.

- Mi kondolencas, Niko. Ankaŭ min turmentis ŝia morto, — ekis Saŝka. — Mi tre eŝtimis ŝin. Ne tre komprenebla estas por mi tiu ago... nome la kaŭzo de ĝi. Nu — streĉo, ekzamenoj, varmego...

- Vi multon ne scias, Saŝ'.

- Pri la Instruisto mi scias. Vi mem rakontis pri liaj prelegoj, kaj ĵurnalojn mi legas. Kion ajn ŝi sentu al li, tamen — li plu vivas, sed ŝi...

- Vi ne ĉion scias, Saŝka! — Niko ekskrapis siajn risortoharojn, momenton silentis.— Vi multon ne scias. Oni kaŝe observis ŝin! Oni enketadis eĉ la avinon! Eble ŝin ankaŭ... En la ekzamenoj oni senhonte mokis ŝin — ŝi iom piendis al la Avino. Ĉiuj-ĉi oni estas krimuloj! Jes, krimuloj, murdistoj fetoraj! Kaj kie komenciĝas ĉiuj krimoj? Ĉu vi ne havas imagon? Mi diros al vi, Saŝka: ili komenciĝas tie — inter la plej supraj niaj gvidoroj! Silentu, mi ne finis. Unu honesta homo skribas veron pri nia historio. Oni kaŝas tiun veron, ĉar oni timas.   Se la popolo ekscios la veron, tiuj "oni" ne plu restos gvidoroj, ĉu ne? Certe, ne. Ili ja povus fari aliel, ekzemple, prezenti tiun veron kaj pendigi ĉiujn pekojn sur la mortintojn. Sed ne! Ili montras la forton. Ili forpelas la honestan homon, ili persekutas tiujn, nemultajn civitanojn, kiuj tuŝis lian veron, ili mortigas! Kaj ĉion ĉi ili faras pro sia horora

- 341 -

timego. Ĉu vi ne aŭdis — en kunsido de la partkomo — ili eĉ Esperanton, la plej pacan kaj porpacan aferon, timas! Saŝka, komprenu, — ni kun vi estas honestaj komunistoj. Averjan Ivanoviĉ — ĉu vi memoras lin? Multaj laboristoj en la velda fako, multaj aliaj — ili estas honestaj homoj! Sed mi nun komprenas, ke venos la tago, kiam ilin, kaj min, kaj ankaŭ vin niaj homoj kulpigos kaj kondamnos pro ĉiuj pekoj de nia gvidantaro.

- Mi komprenas vian staton, Nikola, — ekscite diris Saŝka, — sed vi parolas, kvazaŭ vera disidento. Kvazaŭ mem Solĵenicin.

- Kion vi scias pri Solĵenicin? Jhurnalojn legas, ĉu? Do forĵetu ilin al diablo. Jen estas la kutima elpaŝo kontraŭ li en la ĵurnaloj: "Mi nenion legis el liaj verkoj, mi ne konas lin, sed, tutegale, li estas perfidulo, spiono kaj fia ulo!" Jen la logiko!

- Sed ĉu vi mem legis? — demandis Saŝka.

- Legis, — Niko respondis jam pli trankvile. — Nemulton. Tamen, sufiĉe por certiĝi, ke li nenion mensogas kaj ke li tute ne estas spiono. Ankaŭ la Instruisto neniam mensogis. Do, ni konkludu, Saŝka, ke mensogas iuj aliaj homoj, konataj al vi.

- Trankviliĝu. Ni kun vi ja scias, ke ni ne kulpas pri iliaj mensogoj. Kaj se venos bezono, ni diros tion al homoj.

- Homoj mem vidos. Kaj, ĝenerale, Saŝka, kial mi devas poste pravigi min pro ies pekoj?

- Do, vivu trankvile, kaj ne pensu pri tio, — denove ia grimaco kripligis la lipojn de Saŝka kaj malaperis.

Kredeble, nubetoj multis hodiaŭ en la ĉielo. La amikoj eksilentis denove. Iu tiris la ŝlositan pordon, frapis kelkfoje kaj, verŝajne, foriris.

- Nu, necesas malfermi, Saŝ'. Oni vin serĉas.

- A-a... ne atentu. Tuj ni iros kune. Tamen, diru vi, honestulo, ĉu vi ĉion ĉi intencas rakonti en Bulgario al viaj esperantistoj?

Niko enpensiĝis por kelkaj momentoj, poste rigardis rekte la okulojn de Saŝka kaj respondis:

— Ne. Mi ne rakontos tion. Sed ne pro la timo. Simple, mi hontas...

제21장

"소련공산당 서기장이자 소련방 최고회의 간부회 의장인, **브레즈네프** 동무는 중대한 국제문제의 해결에 있어 강력한 사회 집단 전체의 힘이 갖는 위대한 의미를 강조했습니다. 소비에트 에스페란티스토들은, 평화애호가 전선의 모든 방법을 동원해 넓혀보려는 고상한 투쟁에, 소비에트 사회 전체의 다양한 단체들과 함께, 열렬히 참석하는 것을 자신의 가장 중요한 의무로 생각하고 있습니다. 우리는 국제보조어 에스페란토를 우리 소련 실상에 관해, 소련의 경제와, 과학, 문화 발전에 관한 진실을 널리 알리는 도구 중 하나로, 또 상호이해, 협력, 민족 간 우호의 사상을, 또 국제긴장 완화와 전 세계 평화 사상을 전파하기 위해 도구 중 하나로 인식하고 있습니다."
(ASE의 전체 소련 창립회의의 결의문에서)

".....우리가 인류의 가장 고귀한 이상-평화, 민족간 우정과 사회 발전-을 위해 진실로 싸우는 사람들이라는 것을 우리는 사회에 확신시켜야 합니다. 이러한 모범적인 관점에서 우리 만남 행사가 있었습니다. 그 행사의 프로그램에는, 도시의 축제 시위 참여, 메모리얼 콤플렉스 "붉은 탈카"에 가서 기념비에 헌화하고, '영원의 불' 앞에서 합동 사진을 촬영하고, "10월의 60주년과 청년 에스페란토 클럽의 실제적 임무"와 "평화운동에 소련 에스페란티스토들의 참여"라는 주제에 대한 활동가들의 강연과, 평화기금을 위한 모금 활동, 지역 공식기관에 축하 인사편지를 보내는 것에 서명과 같은, 그러한 중요한 요소들이 들어 있습니다."
(<Aktuale>, 197.년 8월호)

-딩-동-딩-동-초인종소리! -보브쵸가 가지고 놀던 아기곰과 개 장난감을 던져버리고 문으로 달려간다. 양손으로 그는 문 고리를 잡고는, 온 힘으로 문을 연다. - 샤쉬카 삼촌 왔다!

-아하, 내가 널 붙잡았네! 자, 받아, 동무, - 햇빛이 많은 레 닌그라드에서 온 거야- 샤쉬카가 왼팔로 귀여운 보브쵸를 들 어 올리고는, 그 아이에게 크고도 맛있는 노란 사과 하나를 손에 넣어준다.- 꼭 잡아, 보브쵸, 두 손으로. 놓치지 말구!

-사쉬카, 어서 와요! 그 미운 여성은 누구지요? 오, 그렇게 눈에 키스한다는 것은 아주- 아주 사랑하는 여성만이 할 수 있는 걸요. 곧장 고백해 봐요- 그녀가 누구에요, 그 불쌍한 여인이?!

-그렇게 과장하진 말아요, 올가. 나는 한 번도 당신의 존경하 는 남편을 비슷한 열정의 발자취로 주목하진 않았지요. 우리 가 당신은 이제 그이를 사랑하지 않구나 하고 곧장 결론을 낼 까요? 자, 이것은 올가에게 드리는 패랭이꽃입니다. 이제 곧 나를 사랑해 주오!

-아흐, 고마워요, 사쉬카! -올가가 그의 볼에 살짝 키스한다.

-그래도 당신 결론은 틀렸어요. 열정의 발자취를 나는 그렇게 눈에 띄는 장소에 간단히 놔두진 않아요.

-경험 많은 여성이네요! 매력적으로 사쉬카가 외친다. -나는 가장 가까운 장래에 목욕탕에서 당신 남편을 검사해 보렵니 다. 더구나, 그이는, 그만큼의 사랑을 받을 자격이 없는 그 터 무니없는 녀석은 지금 어디에 있나요?

-아양을 부려요, 아양을 부려요, 남편이 이렇게 바쁘게 일하 고 있는데도! -주방용 앞치마를 입고서 니코가 잠시 주방에서 나온다.

-봐요, 올가가 말한다. -지각 있는 남편은 작별의 저녁식사를 준비하고 있지요. 내일 저녁에 남편은 레닌그라드로 출발할

겁니다. 그리고 이미 이틀 뒤에는 남편에게 아름다운 불가리아 청년 여성들이 키스할 거구요.

-행복한 녀석이자 나쁜 남자네요! 그럼, 오늘 내가 그이에게 그 나라에 대해 좀 알게 하도록 해 주겠어요.- 사쉬카가 플라스틱 가방에서 불가리아산 "플리스카(Pliska)"라는 작은 술병을 하나 꺼내고는 주방으로 간다.

-술을 한 병 들고 네가 왔으니, -이젠 주인이 되어 봐요! 니코가 선언한다. -앉아서 기다려요. 곧 회사에서 구입해 둔 고기를 내가 준비하지요.

매력적인 토요일 저녁이다. 태양은 밝게 저물고 있다. -그들 창가에서 서편에 태양이 보인다. - 저걸 보니 내일도 오늘처럼 맑은 여름날이 될 게 분명해졌다. 해질녘의 햇빛은 그들의 채워진 술잔에 반사된다. 보브쵸도, 왕좌같이 높은 그를 위한 보조의자에 앉아 주스 한 잔을 들고 있다.

-친구 여려분, 사쉬카가 건배를 제안한다.

- 우리의 건강과, 성공적인 여행과, 우리 여행하는 이가 제때 귀환하기를 기원합니다!

-의심하지 말아요. 나를 기다려 주오. 내 돌아오리! - 니코가 메아리로 답한다. 그는 쨍-하며 모든 이들의 잔과 부딪히고는 자신의 잔을 바닥까지 마신다.

-그 말 정도는 나도 이해하지요!- 사쉬카가 술을 반쯤 입에 머금고 자신의 엄지손가락을 든다.-하느님께 맹세코! 그럼, 이 술을 좋아하는 친구는 얼마나 맛난 음식을 만들어 놓았는지요! 여성이여, 걱정하지 말아요. 내가 이 친구를 오늘 취하게는 하지 않으리다. 한 번 정도의 건배는 이 친구의 요리사로서의 재능이라고 해 둡시다! 한 잔 부어줘요, 니코! 에흐, 내가 정말 까먹었네, 당신의 곧 있을 완전한 공식업무를 기념하고 또 소련방에스페란토협회(Asocio de Sovetiaj

Esperantistoj)의 이름으로요!

-악마들이여 그걸 먹어버려요! -감정 없이 니코가 말한다.- 나는 그걸 원치 않거든요. 우리는 우리와 더 이상 함께 있지 않은 그 사람을 위해 술을 마시는 게 더 낫겠어요.- 그는 한 잔을 마시고 두 눈을 한 차례 비비고는, 조용히 말을 더한다. -그리고 모든 악한 녀석들에게 꼭 벌이 가길 바라면서도 한 잔!

-올레니카69)! -사쉬카가 부탁한다.- 이런, 내 달콤한 친구가 벌써 맘이 상했네요. 잠이 오는구나, 내 착한 친구...나도 당신 남편에게 남자로서 몇 마디 말을 좀 하고 싶어요.

-좋아요. 그럼 남편이 나중에 식기도 정리하도록 부탁해요, 동의했지요? 가자, 보브쵸, 어린 고양이, 엄마하고 가자. 우리를 내쫓는 삼촌에게 작별인사해요. -전혀 마음 상하지 않은 채 올가가 중얼거린다. 보브쵸는 자신의 어린 한 손으로 사쉬카의 밀짚 같은 머리카락을 한 번 만지고는, 아빠의 키스를 받으러 두 손을 내민다.

 사쉬카는 눈길로 올가가 그 방의 문을 닫을 때까지 따라간다. 그리고는 그들의 잔을 가득 채운다.

-마지막 잔이네. 우리 우정과 상호이해를 위해!

-사쉬카! 넌 네가 늘 하던 방식을 잊었네 -우리 여성들의 건강을 위해서라는 말!?

-다음 기회에, - 진지하게 사쉬카가 말한다. -우정과 상호이해가 오늘은 더 중요해.

-함께 부딪힌 잔이 소리가 난다. 사쉬카는 자기 잔의 밑부분을 뚫어지게 내려다보며, 천천히 과자를 하나 집어 씹는다.

-커피를 한 잔 줘, 니코, 지금까지 나는 어디서부터 내가 말을 시작할지 생각을 하지 못했거든.

---

69) 역주: 올가의 애칭

-그럼 즉시 시작부터 시작해 봐. 만일 그 주제가 불편하다면, 그런 경우엔, 우리가 그것을 오늘은 온전히 건드리지 말고.

니코는 커피 알갱이들을 분쇄기 안에 집어넣고는, 그 기계의 두껑을 닫고, 버턴을 누른다. 그러자 신선하게 빻은 커피의 향이 온 방에 가득하다... 커피를 담은 통에 거품이 인다...

-아니야, 난 그것을 오늘 말해야 해. -사쉬카는 술병에 남은 술을 앞에 놓인 술잔들에 붓는다. -넌, 니코, 네가 한 말로 인해 심히 불편한 상황이 올 수도 있어. 당신은 최근 너무 자신을 생각하지 않고 있는 것 같아.

-아, 벌써 흥미로워지는걸. 내가 온전히 내 생각을 숨겨야 함을 내게 알리려고 하는거네? 누가 그래? 어떤 인물들이 그래? 정말 나는 그렇게 행동하고자 애쓰고 있어. 하지만, 친구들에 대한 이야기라면, 나는 반대 입장이야.

다시 두 잔이 부딪혀 소리가 난다. 건배하자는 소리도 없이. 니코는 "플리스카" 술의 나머지를 자신의 커피잔에 붓는다. 사쉬카는 자신의 잔을 다 마셔버린다.

-니코, 우리는 이제 어린아이가 아니야. 대학생도 더는 아니구. 그런 치기를 부리던 시간은 지났거든... 친구가 당신을 배신하지 않으리란 것에 넌 확신할 수 있어?

-진정한 친구는 결코 배신하지 않지.

-에이, 넌, 순진한 머리를 가진 사람이네요! 네 친구이자 에스페란티스토들이 2주일 전에 너의 운동을 어떻게 배신할 결정을 했는지를 네가 나에게 직접 이야기해주지 않았던가?

-그건, 사쉬카, 나는 '배신하기"라는 낱말을 사용하지 않았지. 그들은 어리석게도, 부정의하게도, 사려 깊지 않게도 행동한다고, 그것이 내 의견이야. 하지만 나는 그들이 그들 자신만을 위해서가 아니라, 적어도 정직하게, 운동을 위해 선의를 진심으로 기대하면서 이 모든 행동을 하겠지 하며 희망하고 있다구.

-자, 봐요, 친구, 오늘 당신은 그들조차도 용서하며 방어하는 군. 네가 나를 용서할 수 있을 그 날은, 그만큼의 시간이 흐른 뒤에 가능하겠구나 하고 -나는 그리 예측하고 싶은데......

-내가 자네를, 나쁜 사람, 무엇 때문에 용서해야 하는가요?

-그저께 내 사무실에서 넌 네 심중에 깊이 넣어두어야 할 것들을 많이 이야기했지.

-다시 너는... 하지만 우리는 둘만 있었으니. 아무도 더 없었기에 다행이지.

-내가 있었지. 그리고 지금 나는 네게 한 가지 사항만 말해주고 싶어... 온전히, 동등하게 너는 그 날이 돌아오면 그 점을 알게 될 거야. 나는 이젠 "포스포릿(Fosforit)"에서 더는 일을 하지 않아. 사람들이 나를 호출해요. 그리고 국가 보안위원회 소속으로 일하라고 제안을 받았어. 월요일부터.

-그리고 넌... 그 제안을 받아들이지 않았을 걸!

-나는 동의했어. 소리지르진 말고. 아이가 이미 잠들어 있으니. 나는 동의했다구. 나는 그 사람들의 제안을 받아들이는데 이유가 있어.

-그렇-구-나. 니코는 속삭이듯이 그렇게 소리낸다.

-네가 동의를 했-다-고-오! 사람들이 말했어. 당신은 곧 높은 직급을 받을 것이라고. 장군은 아니지만, 적어도 대위의 자리를. 만일 네가 결혼을 하면, 사람들이 방 3칸의 아파트를 제공할 거라고...

-2칸이지. 그리고 나는 실제로 결혼했고.

-하, 덧붙여 반가운 소식이네.- 네가 여전히 결혼했다고! 난 축하하네. 하지만 그것은 이미 내겐 그리 큰 관심이 없어. 왜냐하면, 네가 동의한 것이니! 그럼, 넌 우리의 마지막 대화에 대한 상세 보고서도 이미 써 두었겠지? 아마 그것이 자네의 시험적인 임무이니! 아니면 아마도 넌 그 사람들로부터 적당

한 녹음기를 받아, 모든 것을 녹취했을 수도⋯⋯

-니코! 넌 내가 그걸 하지 않을 걸 잘 알고 있어!

-그래, 나는 모든 것을 잘 이해해. -니코는 조용히 그리고 쓸쓸하게 말한다. -네가 그걸 오늘 하지 않을 테지. 나와 관련한 일이 생기게 되는 그런 날이 오면. 그 날이 내일이 될지도 몰라. 내일엔 너는 이 모든 것을 할걸. 네 대장이 명령하는 모든 것을. 왜냐하면, 그것이 너의 업무이자 직업이기에. 아마 그것은 불필요한 일이라곤 생각하지 않을걸. 아마 필요할지도. 하지만 나는 그걸 좋아할 수 없어.

ĈAPITRO XXI

"Ghenerala sekretario de CK KPSU, Prezidanto de Prezidiumo de Supera Soveto de USSR, kamarado L.J. Breĵnev plurfoje substrekis la grandan signifon de la fortoj de sociularo en solvo de gravaj internaciaj problemoj. La sovetiaj esperantistoj opinias sia unuaranga devo aktive partopreni, kune kun vastaj rondoj de la Sovetia sociularo en la nobla lukto por ĉiurimeda larĝigo de la fronto de pacadeptoj. Ni konsideras la internaclan helpan lingvon Esperanto kiel unu el iloj por disvastigi la veron pri nia soveta realeco, pri evoluo de ekonomio, scienco kaj kulturo en USSR, pri la interna kaj ekstera politiko de nia ŝtato kaj disvastigi la ideojn de interkompreno, kunlaboro kaj interpopola amikeco, malstreĉigo de la internacia tensio, tutmonda paco".

(El la Decido de la Tutsovetia fonda konferenco de ASE).

"...Ni devas konvinki la socion, ke ni estas homoj, kiuj vere batalas por la plej noblaj idealoj de la homaro: paco, interpopola amikeco, socia progreso. De tiu ĉi vidpunkto modela estis nia renkontiĝo. Ghia programo enhavis tiajn gravajn erojn, kiel partopreno en la festa urba manifestacio, vizito de memoriala komplekso "Ruĝa Talka" kun meto de floroj al la monumento kaj

- 351 -

komuna fotado ĉe Eterna fajro, prelegoj de aktivuloj pri la temoj "60-jara jubileo de Oktobro kaj aktualaj taskoj de junularaj Esperanto-kluboj" kaj "Partopreno de soveta esperantistaro en la pacmovado", kolekto de mono por la Pacfonduso, subskribo de salutleteroj al lokaj oficialaj instancoj".

(Aktuale — 8— 197...)

- Din-din-din-sonoril'! — Vovĉjo ĵetas ursidon kaj hundeton, kuras al la pordo. Ambaŭmane li tiras la klinkon kaj pene malfermas la pordon. — Oĉjo Saŝa venis!

- Aha, kaptis mi vin! Jen, ricevu, kamarado, — el la suna Leningrado! — Saŝka levas la etulon sur la maldekstran brakon kaj enmanigas al li apetitan, flavan pomegon. — Tenu, Vovuŝka, ambaŭmane. Ne perdu!

- Saŝenjka, kara mia! Kiu estas tiu kruela virinaĉo? Ho, tiel kisi la okulon povas nur tre-tre amanta homino. Tuj konfesu — kiu estas ŝi, la senkompata ?!

- Ne troigu, Olga. Mi neniam rimarkis vian estimatan edzulon kun similaj spuroj de pasio. Ĉu ni tuj faru konkludon, ke vi lin ne amas? Jen do por vi la diantoj — ekamu min tuj!

- Ah, dankon, Saŝa! — kisetas lian vangon Olga. — Tamen via konkludo estas misa. La spurojn de pasio mi simple ne lasas en tiom okulfrapaj lokoj.

- Spertulino! — rave eksklamacias Saŝka. — Mi esploros vian edzon en banejo ĉe la plej proksima okazo. Cetere, kie estas mem li, la sentaŭgulo, kiu ne meritas tioman amon?

- Flirtu, flirtu, dum la edzo estas okupata! — en kuirtuko Niko por momento aperas el la kuirĉambro.

- Jen, — diras Olga. — Konscia edzo preparas la adiaŭan vespermanĝon. Morgaŭ vespere li forveturos Leningradon, kaj jam post du tagoj lin kisos belaj junaj bulgarinoj.

- Feliĉulo — aĉulo! Do, hodiaŭ mi iomete konatigu lin kun la lando. — Saŝka tiras el la plasta pakaĵo boteleton da bulgara "Pliska" kaj iras en la kuirĉambron.

- Kun botelo vi venis — estu mastro! — proklamas Niko. — Sidu kaj atendu. Baldaŭ pretos mia firmaa viandaĵo.

Ĉarmas la sabata vespero. Suno subiras hele — ĝi videblas en iliaj fenestroj al okcidento — sekve morgaŭ evidentos same hela somera tago. La sunsubiro relumas en la plenigitaj pokaletoj. Ankaŭ Vovĉjo, sidanta sur sia tronsimila alta apogseĝo, levas taseton da suko.

- Miaj amikoj! — tostas Saŝka. — Je nia sano kaj je sukcesplena vojaĝo kaj ĝustatempa reveno de nia vojaĝanto!

- Ne dubu. Atendu min kaj mi revenos! — reeĥas Niko. Li sonore tuŝas ĉies pokaleton kaj drinkas la sian ĝisfunde.

- Nu, komencis... — riproĉas en Esperanto Olga. — Ne trinku multe, mi petas!

- Jen tion ĉi mi komprenas! — levas la polekson Saŝka kun la buŝo duonplena. — Je dio! Kiom bongustan manĝaĵon kuiras via drinkulo! Ne zorgu, virino, mi ne ebriigos lin hodiaŭ. Nur unu tosteto — je lia kuirista talento! Verŝu, Niko! Ehh, forgesis mi tute — ankaŭ je via baldaŭa plena oficialiĝo, je la Asocio de Sovetiaj Esperantistoj!

- Diabloj ĝin manĝu! — senhumore diras Niko. — Ne volas mi je tio. Ni prefere drinku je tiu, kiu ne plu estas kun ni, — li drinkas, viŝas la okulojn kaj aldonas en silento: — Kaj je nepra puno por ĉiuj kanajloj!

- Olenjka! — petas Saŝka. — Jen, mia dolĉa amiketo jam kapricas. Dormi volas, mia bona... Ankaŭ mi havas iom da vira parolo al via edzo.

- Bone. Do ankaŭ manĝilaron lavu la edzo, ĉu konsent'? Iru, katido, kun mi. Adiaŭu la oĉjon, kiu nin pelas, — tute sen ofendo murmuras Olga. Vovĉjo per sia tenera maneto glatas la pajlan kapon de Saŝka kaj etendas la manojn por ricevi la kison de paĉjo.

Saŝka rigarde akompanas Olga, ĝis ŝi fermas pordon de la ĉambro, kaj plenigas la pokaletojn.

- La lastan. Por nia amikeco kaj interkompreno!

- Saŝka! Vi forgesis vian tradician — je la sano de niaj virinoj!?

- Alifoje, — diras serioze Saŝka. — Amikeco kaj interkompreno pli gravas hodiaŭ.

Tintas la kunigitaj pokaletoj. Saŝka fikse rigardas fundon de la sia, malrapide maĉas kuketon.

- Preparu kafon, Niko. Mi dume ne elpensis de kio mi komencu la parolon.

- Komencu tuj ekde la komenco. Se la temo ne agrablas, do, ni ne tuŝu ĝin tute hodiaŭ.

Niko ŝutas kafogrenojn en muelilon, fermas ĝin, premas butonon, kaj la aeron plenigas aromo de freŝmuelita kafo... Ŝaŭmas la kafujo...

- Ne, tamen mi devas pri tio paroli. — Saŝka verŝas en la pokaletojn restaĵojn el la boteleto. — Vi povas havi gravajn malagrablaĵojn pro viaj paroloj, Nikola. Vi lastatempe estas tro malsingarda.

- Ha, jam interese. Ĉu vi volas anonci, ke mi devas kaŝi tute miajn pensojn? De kiu? Ĉu de certaj personoj? Ja mi tion penas fari. Sed se temas pri amikoj — mi estas kontraŭ.

Denove tintas la pokaletoj. Sentoste. Niko verŝas restaĵeton de "Pliska" en sian tason kun kafo. Saŝka eldrinkas la sian.

- Niko, ni ne estas infanoj. Eĉ ne plu studentoj. Tia aĉa tempo venis... Ĉu vi povas esti certa, ke amiko ne perfidos vin?

- Veraj amikoj neniam perfidas.

- Ehh vi, kapaĉo naiva! Ĉu ne vi mem al mi rakontis,

kiel viaj amikoj-esperantistoj antaŭ du semajnoj decidis perfidi vian Movadon?!

- Nu, Saŝka, mi ne diris la vorton "perfidi". Ili agas malsaĝe, maljuste, senpripense — tia estas mia opinio. Sed mi esperas, ke ili faras ĉion ĉi almenaŭ honeste, sincere dezirante bonon por la movado, ne nur por si mem.

- Jen, amiko. Hodiaŭ vi eĉ ilin pardonas kaj defendas. Kiam vi pardonos min, post kiom da tempo, — mi volus diveni...

- Pro kio mi devas vin pardoni, aĉulo?

- Antaŭhieraŭ en mia kabineto vi babilis multon, kion vi devus teni en vi profunde.

- Denove vi... Sed ni duopis. Neniu plu ĉeestis.

- Mi estis. Kaj nun mi devas diri al vi unu aĵon... Tutegale vi ekscios ĝin, kiam revenos. Mi ne plu laboras en "Fosforit". Oni elvokis min kaj proponis laboron en la Komitato de Ŝtata Sekureco. Ekde lundo.

- Kaj vi... vi ne konsentis!

- Mi konsentis. Ne kriu — la infano eble jam dormas. Mi konsentis. Mi havas kaŭzojn por akcepti onies proponon.

- Je-esss, — flustre siblas Niko. — Vi konseentisss! Oni diris, ke vi tuj ricevos la altan rangon. Ne generalan, certe, sed almenaŭ kapitanan. Oni promesis, se vi edziĝos, tuj prezenti triĉambran apartamenton...

- Duĉambran. Kaj mi reale edziĝas.

- Ha, aldona agrabla novaĵo — vi ankoraŭ edziĝas! Mi gratulas, sed tio jam ne tre interesas min. Ĉar vi konsentis! Ĉu vi jam skribis detalan raporton pri nia lasta konversacio? Eble ĝi estas via ekzamena tasko! Au eble vi jam ricevis de oni konvenan magnetofoneton kaj surbendigis ĉion...

- Niko! Vi bone scias, ke mi ne faros tion!

- Jes, mi bone komprenas ĉion, — diras Niko trankvile kaj amare. — Vi ne faros tion hodiaŭ. Rilate al mi. Sed venos la morgaŭo. Morgaŭ vi faros ĉion necesan. Ĉion, kion ordonos viaj ĉefoj. Ĉar tio iĝos via laboro, via profesio. Eble ĝi ne estas malinda. Eble eĉ necesa. Sed mi ne povas ŝati ĝin.

제22장

"...쉽지 않았지만, 행동이 많았던 지난 10여 년의 동안에 SEJM은 청년의 힘을 다 사용했고, 에스페란토-베테랑들로부터 동감과 지원을 얻었으며, 외국으로부터도 권위가 생겼습니다. 그리고 이제 나는 이런 말들을 듣고 있습니다. : SEJM의 위원회는 해체 선언을 할 예정입니다. 그리고 그렇게 조용히 SEJM을 더는 운영하지 않을 예정입니다!

나는 이 점을 강조합니다: 정관에 따르면, SEJM 해체를 결정하는 것은 고문단만의 권리입니다. 그 말은, 무엇보다도, 우리 위원회는 고문단에게 다음 항목을 제시해야 합니다.

 a) 지난해 활동 보고서;

 b) SEJM 단체 창립부터 지금까지의 활동보고서;

 c) 지금 기능하고 있는 ASE 에서의 청년부의 활동 가능성에 관련한 보고서.

 d) 그 뒤에, 고문단 투표가 있어야 합니다".

(<Aktuale>, 197.년 5월호)

"에스페란티스토들은, 자신들을 둘러싼 인적 환경이 자신들의 행동을 존중해주지도 않고 지지하지 않는다는 놀라움을 늘 갖고서, 생기있게 헌신적으로 항상 활동해 왔습니다. 그렇습니다. 정말, 죄라면 대부분이 우리에게 있습니다. 왜냐하면, 모든 개별 에스페란티스토나, 모든 클럽이나, 심지어 SEJM 조차도 전적으로 자신의 임무이자 의무감을 에스페란토의 보급과 확산에 두고 왔습니다. 하지만 그 점을, 우리를 둘러싼 이 사회는, 사람들은, 고급기관이나 고급이 아닌 기관들은, 그 점을 필요하지 않다고 하고 있습니다.

 에스페란티스토들은 자신들의 이상이 고상하고, 혁명적이고,

사회를 위하고, 세계를 구하는 사상이라고 의견을 피력하고 있습니다...그리고 대부분 종파적으로, 자기 클럽 수준에서, 에스페란토를 위한 활동을 해 오면서도, 아무도 이해하지 못하는 발걸음조차 자주 합니다. 그래서 에스페란티스토들을 이상한 사람들이라며, 비사회적인 사람들이라며 비난하는 일반적이고도 강력한 의견이 있다는 점에 놀라진 마세요. 또, 에스페란티스토들을 제 나라 사정을 무시한 채, 외국과 접촉하려고 애쓰고, 그곳으로 여행하려고도 하고, "허가받을 수 없는" 문학작품이나, 기타 등등을 받는 사람들이라며 비난하는 의견이 있다는 점에 놀라지 마세요.

ASE는 그 통할되지 않는 모험성을 끝내기 위해, SSOD, 콤소몰, 직업적인 신디케이트(조합)의 조정과 도움 하에서 에스페란토 운동에 질서를 찾을 목적으로 창립됩니다. 에스페란토를 도구로 쓰는 업무는 자연히, 에스페란토를 위한 업무의 도움을 바탕으로 해야만 태어날 수 있는 에스페란티스토들을 필요로 합니다.

에스페란티스토의 임무는 이 창설된 협회를 무시하는 것이 아닙니다, 협회 안의 모든 일이 마음에 들지 않는 것이 있다 손치더라도, 반면에, 자기가 사는 지역과 중앙의 일로서 활발히 가입해서......또 새 옷에 맞추는 것이 또, 좀 우리나라에 필요에 맞도록 그 옷에 조금씩 조정해야 합니다. 오로지 그점이 우리 활동에 믿음을 생기게 해 줍니다."
(<Aktuale>, 197.년 6월호)

밤이 왔다. 얌부르그에서 7월 하순은 이미 그 밤은 이제는 더는 -길게 산책하기에 좋은 투명하고, 적절한, - '백야'가 아니다. 그 밤은 진짜 밤에 어울리는 짙은 여명을 획득한다. 비가 오지 않은 날에, 그 밤은 아직도 따뜻하고, 포근하고, 사랑을 부른다. 달콤한 보리수꽃 향기는 지나가 버리고 없다. 그러나 그걸 대신해 들장미들이 더욱 유혹적이고, 더 강력하고 달콤한, 자극적인 향기를 내뿜고 있다.

 3년 전, 어떤 아름다운 생각이 그 시의 임원단 중 누군가에게 찾아들었다. 정말 아름다운 생각이다, 그렇지 않은가? - 들장미 관목으로 경계를 만들어 차도와 인도를 분리하기로 한 생각이. 그래서 올해 여름에는 얌부르그 도로를 따라 들장미가 펴서 좁다란 울타리가 펼쳐졌다. 7월 말경부터 온전히 한 달 동안 그 장미들은 얌부르그 도시에 향기로운 밤을 선물로 주었다. 그때 사람들은 몸과 몸이 가까이 가려고, 또 사랑으로 하나가 되려는 열정적인 얌부르그 연인들에겐 경배의 시절을, 에로스의 축복 받은 시간을 가지게 된다. 또 자신의 개를 데리고 한밤중에 배회하는 잠 못이루는 노인들은, 열려진 창문들을 통해 흘러나오는 한숨을, 웅성거림을, 키스 중간의 재잘댐을, 또 다정한 사랑 고백을 걸음마다 듣게 된다. 그는 이 모든 것을 들어도, 아쉽게도, -이미 그의 귀는 잘 듣지 못한다. 그러니, 이 모든 것을 듣는 것은 개뿐이다. -하지만, 그것은 그 개의 비밀이다...
 천으로 모기장을 쳐 놓았지만 어떤 방법으로든 방안으로 들어온 모기 몇 마리가 결국 퇴치되었다. 아무도 더는 그 아이를 방해하지 않는다. 그 아이는 자신의 유아용 침대 안에서 조용히 코를 골고 있다. 그리고 그 옆에는 피곤한 두 연인은 파랑-하양이 함께 있는 핌대 시트에 함께 있다.
-나는 계속 놀라고 있어요. 당신은 의심이 갈 정도로 사랑스러워요. 당연히 당신은 수많은 여성의 사랑을 경험했을 것이니.
-에흐....대 인도 철학에는 이런 말이 있었대요: 만일 당신이 여인의 구애를 받아주지 않으면, 당신의 죄는 살인자의 그것

과 같다구요.

-그래요. 그럼, 그 맘에 드는 여성 중 누가 가장 달콤했는지, 고백해 봐요!

-난 절대 고백 안 하지요. 왜냐하면, 내가 고백하게 되면, 당신은 너무 자신을 자랑하고 싶을걸요.

-아흐, 아첨-꾼이네요!

-그 행사에 참석한 남녀 모두 뭐라고 했는지 알아요?

-뭐라던요?

-내가 당신을 곤경에 빠뜨려야만 한다구요. 왜냐하면, 당신은 위험할 정도로 아름다우니.

-오! 나는 이미 당신이 두려워져요.

-두려워하지 말고, 내가 생각해 보고 결정한 것은 그걸 안 하기로 했어요. 당신이 딸을 하나 낳아준다는 조건으로. 엄마처럼 아름다운 딸을.

-그럼, 어떡한담... 당신 말에 복종, 동의해요. 그 이름- 마리나 니콜라예프나- 아름답게 들리네요, 안 그런가요? (*)

ĈAPITRO XXII

"...Dum pli ol dek nefacilaj sed agoriĉaj jaroj SEJM mobilizis junajn fortojn, akiris simpation kaj subtenon de E-veteranoj, aŭtoritatiĝis eksterlande. Kaj jen mi aŭdas parolojn: Komitato de SEJM anoncos malfondon. Kaj tiel silente ĉesos funkcii SEJM!

Mi atentigas: laŭ la Regularo malfondi SEJM-on rajtas nur la Konsilantaro. Tio signifas, ke antaŭ ĉio la Komitato devos prezenti al la Konsilantaro:

a) raporton pri la lasta agadjaro;
b) raporton pri agado de SEJM ekde ĝia fondiĝo;
c) raporton pri ebloj por junulara agado en la ekfunkcianta ASE.
d)Post tio la Konsilantaro voĉdonu".

(Aktuale — 5— 197...)

"Esperantistoj agadis verve kaj sindone, konstatante kun miro, ke la ĉirkaŭanta ilin homa medio ne admiras kaj ne subtenas ilian agadon. Jes ja, la kulpo estas grandparte nia. Ĉar ĉiu aparta esperantisto, ĉiu klubo, eĉ SEJM entute, konsideris sia unua devo kaj tasko propagandon kaj disvastigon de esperanto. Sed ne tion bezonas la socio, la homoj, nin ĉirkaŭantaj, la superaj kaj ne superaj instancoj.

Esperantistoj opinias, ke ilia ideo estas nobla, revolucia, porsocia, mondosava... kaj agadas plejparte sekteme, propraronde, nur POR esperanto, ofte farante eĉ tiajn paŝojn, kiujn neniu povas kompreni. Do, oni ne miru, ke ekzistas ĝenerala kaj forta opinio, ke la esperantistoj estas homoj strangaj, nesociemaj, kaj forgesante la propralandan medion ili strebas havi kontaktojn kun eksterlando, veturadi tien, ricevadi "nepermeseblan" literaturon k.t.p.

ASE estas kreata por fini tiun neregatan aventuremon, por ordigi la Esperanto-agadon sub la kontrolo kaj kun helpo de SSOD, komsomolo, profesiaj sindikatoj. La peresperanta laboro nature bezonas esperantistojn, kiuj povas naskiĝi nur dank'al poresperanta laboro.

La tasko de esperantistoj estas ne ignori la kreatan Asocion, eĉ se ne ĉio plaĉas en ĝi, sed aktive aliĝi kaj per sia loka kaj centra laboro... adaptiĝi al la nova vesto kaj poiome adapti tiun veston al la bezonoj de nia Lando. Nur tio povas naski fidon al nia agado!"

(Aktuale −6−197...)

Nokto venas. Finjulie en Jamburg ĝi jam ne plu estas "blanka" — diafana, taŭga por longaj promenoj. Ghi akiras densan krepuskon, decan por vera nokto. Ĉe senpluva vetero ĝi tamen restas varma, mola, amorveka. Estas jam forpasinta miela odoro de tiliaj floroj. Sed anstataŭigis ĝin eĉ pli tenta, eĉ pli forta, dolĉa kaj ekscita aromo de eglanterioj.

Antaŭ tri jaroj bela penso vizitis iun el la urbestraro. Vere belega penso, ĉu ne? — dividi trotuarojn disde ŝoseo per eglanteriaj arbustetoj. Kaj al nuna somero etendiĝis laŭ la stratoj de Jamburg pikaj, florantaj eglanteriaj muroj. Ekde finjulio dum plena monato ili donacas al la urbo la periodon de aromaj jamburgaj noktoj. La kultan periodon por jamburgaj geamantoj, la beatan tempon de Eroso, kiam korpo aspiras korpon por alpremi, por kuniĝi en amo. Kaj olda sendormulo, vaganta meznokte kun sia spanielo, ĉiupaŝe aŭdus fluantajn tra malfermitaj fenestroj ĝemetojn, murmurojn, pepadon inter kisoj kaj tenerajn amkonfesojn. Li aŭdus ĉion ĉi, sed ve — jam malbone aŭdas liaj oreloj. Do, ĉion aŭdas nur la hundo — tamen, tio estas ĝia hunda sekreto...

Kelkaj kuloj, iamaniere penetrintaj en la ĉambron malgraŭ gaza ŝirmilo, estas ekstermitaj. Neniu plu turmentas la knabeton; li kviete snufas en sia infana lito. Kaj en la apuda du lacaj geamantoj kunas sur bluo-blanko de litotuko.

- Mi konstante miras — vi estas suspektinde karesema. Kredeble, vi spertis amon de multaj virinoj_

- Ehh... avertis ja la antikva hinda filozofio: se vi ne

plenumos la amdeziron de virino, via peko egalas tiun de murdisto.

- Jen kiel. Do, kiu el tiuj dezirantinoj estis la plej dolĉa, konfesu!

- Mi neniam konfesos. Ĉar vi iĝos trofiera.

- Ahh, flatu-ulo!

- Ĉu vi scias, kion gekoj diris pri vi en tendaro?

- Kion?

- Ke mi devas vin dronigi. Ĉar vi estas danĝere bela.

- Ho! Mi jam timas vin.

- Ne timu, mi pripensis kaj decidis ne fari tion. Kondiĉe, ke vi naskos la knabinon. Same belan, kiel la panjo.

- Nu, kion fari... mi obeas kaj konsentas. La nomo — Marina Nikolajevna — bele sonas, ĉu ne?

미카엘로 브론슈테인 노래

절망에도 불구하고 다시 3월이네.
친구여, 너는 이 땅 어디에서
잘 지내는가?
우리를 둘러싼 열정은 거품을 일으키는데,
우리를 둘러싼 무지는 반발하네,
하지만 희망으로 우리 마음을 따뜻하게 하는
3월 봄기운이 있으니, 그래 말하자:
너도 ㅡ 우리와 함께함이 어떻니?

보고서 맨 위에 지금 다정함이 있네.
친구여, 수많은 약속이
여전히 과거에도 있었지!
그럼, 결정적인 순간에,
가만히 앉아 있기보다는 기어서라도 벗어나자.
"삼촌이 말했으니, ㅡ삼촌이 할거에요!" ㅡ

쓸데없는 의견이라고, 말해두자:
너도 ㅡ우리와 함께함이 어떻니?

현실에는 시급한 문제들이 기다리네, ㅡ
친구여, ㅡ 날아갈지 아니면 쓰러질지 ㅡ
너 스스로 선택해.
네 목소리와 내 목소리가
찬성과 비난 속에 함께 해보자.
그 목소리를 향하여 함께 공동으로
한목소리로 소리 내어 보자! 대답해 줘:

너도 － 우리와 함께 하는 것 맞지?

＊＊＊

자, 보게 － 독배를 든 나라, 염원의 사회,
이랬다저랬다 하는 도덕의 진흙탕 속에서 기침하고.
고개 숙이네, 두려움이나 이성 때문에 와,
신성한 성당의 대문 앞에 선 채.
자, 보게 －위협을 당하는 날에도 용감한 소년들은
의심하지 않고 낯선 유산을 고대하고 있네.
하느님의 이름으로, 하지만 사회는 입증하네:
의심은 하지 마라 －믿음은 못 찾아.

순간의 돌진, 고통의 비밀이
우리를 비틀거리며 흔들리는 오솔길로 이끄네...
인생은 계속되니, 우리는 지루해지고
목표는 언제나 없어, 비틀거리는 길에서.
두 눈을 감고서, 두 귀를 막고서,
단단한 실로 입을 꿰매고서도
분명 나는 더 아름다운 나날을 기대하네,
메시아가 도래할 때까지.

두 손이 멍청함에 묶인 것을 당연하게 여기네, －
어떤 준비도 서툴고, 지도도 틀렸네...
내게는 계획들은, 이미 실행되어,
의심할 필요가 없이 － 꿈이 될 수는 없어.
저 선조 소크라테스처럼 축복받은 이처럼,
두 배의 믿음으로 묘지 입구에서

나는 자각해 말해 보네, 언제 어디서도
의심에, 의심에, 그 고상한 의심에 기도하네.

소름이 끼치는 밤에
축축한 방석에 앉으니,
영원히 내리 앉네,
썩고 있는 악몽이.
나는 그것들과 함께 있으면 슬프지만,
나는 그것들이 없이는 아무것도 할 수 없어
내부적으로 커가는
의심의 뿌리들, 그것들이.

***

안녕이라고 저녁 인사를 보낼게, 친구들이여!
축제의 자리에 사람들이 다시 가득하네.
우리의 매끈하지만, 때론 가시밭 같은 길 뒤에,
정말 오늘은 축복이 내리네.

여느 때처럼 하루하루가 빨리 지나고...
우리는 숲속 나무들 뒤에서 보지 않네, ㅡ
패배와 망친 일들이 밀려오네, ㅡ
그때가 좋았어.

하지만 ㅡ새로운 길이, 새로운 느낌.
이것들이 우리를 앞을 향해 해마다 달려가게 하고
그 댓가로,ㅡ
저 멀리 행복이, 위로의 검정 나무가,ㅡ

그때가 아름다웠어.

한때 그런 시절도 있었지: 네 가슴에
봄의 합창이, 가을이 종달새 소리를 내며,ㅡ
뜨거운 불가의 환상이, 사랑이 날아가던,ㅡ
그때가 달콤해.

하지만 많기도 해라, 얻음과 잃음이.
유용한 경험이 보이는 듯하고, ㅡ
경험은 배신하고ㅡ 똑같음은 반복되지 않아,
그때가 우리를 부르네.

또 모두가 계속되네 ㅡ재앙과 선의가.
축제의 자리에 사람들이 다시 가득하네, ㅡ
삶은 계속되니, 우리는 희망을 지켜가세, ㅡ
안녕이라고 저녁 인사를 보낼게. 나는! (*)

Kantoj de Mikaelo Bronŝtejn

Kaj denove martas spite al desper'.
Mia amiko, kiel vi fartas
Ie sur la Ter'?
Ĉirkaŭ ni pasioj bobelas,
Ĉirkaŭ ni nescioj ribelas,
Sed varmigas korojn espere
Marta harmoni', do diru:
Ĉu ankaŭ vi — kun ni?

Estas nun karesoj ĉe l'raporta pint'.
Mia amiko, multis promesoj
Ankaŭ en pasint'!
Do, en la momento decida,
Rampu for el kvieto sida.
"Onklo diras, do, — onklo faros!" —

Vana opini', do, diru:
Ĉu ankaŭ vi — kun ni?

Urĝa en realo staras la problem', —
Mia amiko, — flugo aŭ falo —
Vi elektu mem.
Via voĉo kaj mia voĉo
Kunu en aprob' kaj riproĉo.
Ĉiuj kune por la voĉ' komune
Sonu en uni'! Respondu:

Ĉu ankaŭ vi — kun ni?

***

Jen — land' venenita, sopira socio,
Tusanta en ŝlim' de elasta moralo.
Kliniĝis, veninta pro tim' aŭ racio,
Ĉe sankta pordego de la katedralo.
Jen — knaboj aŭdacaj en tagoj minacaj
Sendube aspiras la fremdan heredon
Kun nomo de Dio, sed pravas la scio:
Ne havas la dubon — ne trovos la kredon.

Momentaj impetoj, turmentaj sekretoj
Nin pelas al pado, ŝancela, balanca...
La viv' kontinuas, kaj ni ekenuas
En iro ĉiame sencela kaj danca.
Ferminta l'okulojn, ŝtopinta l'orelojn,
Kudrinta la buŝon per firma fadeno,
Mi, certe, ĝisvivus la tagojn pli belajn,
Eĉ eble ĝis mem la mesia alveno.

Ne dubas la manoj, al ŝtipo ligitaj, —
Misagas, misgvidas en ajna aranĝo...
Por mi nur la planoj, jam realigitaj,
Fariĝas sendubaj — ne eblas la ŝanĝo.
Samkiel benato, prapatro Sokrato,
Ĉe sojlo de l'tombo kun kredo duobla

- 372 -

Mi diros konscie, ke ĉiam kaj ĉie
Mi preĝis al dubo, al Dubo, la nobla.

En nokto makabra
Sur ŝvita kusen'
Nestiĝis eterne
Mordanta inkubo.
Ne gajas mi kun,
Sed ne povas mi sen
Kreskantaj interne
Radikoj de l'dubo.

* * *

Bonan vesperon, karaj amikoj!
Plenas denove la festa salon'.
Post niaj vojoj, glataj kaj pikaj,
Vere hodiaŭ akceptas la bon'.

Kiel kutime tagoj rapidas...
Ni post la arboj arbaroj ne vidas, —
Venas la fuĝas venko kaj famo, —
Bonas iamo.

Sed — novaj vojoj, novaj impresoj.
Kuras antaŭen jaroj kaj prezoj, —
Fora feliĉo, nigra balzamo, —
Belas iamo.

Iam okazis: en via brusto
Trilas aŭtuno printempa koruso, —
Fajra fantomo flugas la amo, —
Dolĉas iamo.

Tamen ja multas gajnoj kaj perdoj.
Ŝajne aperas utilaj spertoj, —
Trompas la spert' — senripetas la samo,
Vokas iamo.

Kaj ĉio daŭras — plago kaj bono.
Plenos denove la festa salono, —
Daŭras la vivo, gardu esperon, —
Bonan vesperon!

옮긴이 후기

어머니말이 내가 태어나 커가며, 살아가는 곳의 문화를 이해하고 표현하는 도구라면, 국제어인 에스페란토는 국제화된 오늘날 우리 문화를 이해한 바탕으로 다른 문화를 깊이 있게 알게 해 주는 좋은 길라잡이가 됩니다.

자유로운 해외여행과 나날이 발전하는 인터넷 등으로 세계가 더욱 가까워진 오늘날, 에스페란토는 우리에게 나 아닌 다른 사람, 다른 도시 사람, 다른 나라 사람, 다른 언어권의 사람들을 '제대로' 이해할 수 있는 국제사회의 교양어, 지구인 서로를 사랑과 평화로 연결해 주는 교량어 역할을 충분히 해내고 있고, 앞으로도 더욱 그 범위는 넓혀질 것이라고 봅니다.

저는 일련의 번역 작업을 통해 에스페란토를 배우고 익힘이 세상의 진리, 진실에 접근하는 길 중 하나임을, 나의 번역의 동력을 만들어내는 한 방식임을 알았습니다.

역자는 에스페란토 입문 초기에 율리오 바기의 1920년 전후의 러시아 시베리아 중 원동인 블라디보스톡을 중심으로 작가의 자전적 소설 작품 『희생자(Viktimoj)』(1925), 『피어린 땅(Sur Sanga Tero)』(1933)과 『초록의 마음(La Verda Koro』(1937)읽었고, 이 작품들을 번역해, 『초록의 마음(La Verda Koro』(2019년 9월, 갈무리출판사, 208쪽)를 출간했고, 『희생자(Viktimoj)』(2020년 10월, 352쪽), 『피어린 땅(Sur Sanga Tero)』(2020년 10월, 422쪽)을 **진달래 출판사** 배려로 번역 출간했습니다.

율리오 바기(Julio Baghy)의 작품 『희생자(Viktimoj)』, 『피어린 땅에서(Sur Sanga Tero)』와 『초록의 마음(La Verda Koro』은 우리나라와 국경을 맞닿고, 우리에게도 낯설지 않은 곳인 러시아의 부동항인 블라디보스톡 인근의 여러 도시로 여러분을 안내해 주었습니다. 그 작품의 시간적인 배경은 1910년대 후반과 20년대 초반, 우리나라로선 일제의 압박 아래 신음하고 있을 때입니다. 저자 율리오 바기는 러시아 혁명과 전쟁의 소용돌이 속에서 그곳 사람들이 어떻게 에스페란토를 배우고, 익히고, 활용하고 있는가의 모습을 보여주고 있습니다.

이 작품들은 삶의 가장 어렵고 힘든 상황에서도 에스페란토는 사람과 사람을 사랑과 평화로 연결해 주고, 나의 문화와 남의 문화를 이해하게 해 줍니다.

율리오 바기의 작품들을 번역한 뒤, 역자는 2015년 1월 이후 미카엘로 브론슈테인의 작품을 읽게 되었습니다. 1970년대의 소련 체제의 정치환경 속에서 꿋꿋이 에스페란토 운동을 이끌어 당시 소련 청년 에스페란티스토들을 그린 작품 『얌부르그에는 총성이 울리지 않는다』(1993년), 『소련에스페란티스토청년운동의 전설』(1992년)을 발간했습니다. 또한 『고블린스크 시』(2012년)를 또 읽으면서, 에스페란토 세계와 에스페란티스토들에 대한 기대와 희망을 더욱 단단히 하게 되었답니다.

이번에 소개하는 미카엘로 브론슈테인의 흥미로운 작품 『얌부르그에는 총성이 울리지 않는다』는, 러시아 원동이 아닌 원북 얌부르그를 배경으로, 또 1975년 전후 소련 체제에서 솔제니친이라는 문학 거장을 배경으로 당시 소련 청년 에스페란티스토들의 삶과 그들의 운동을 그리고 있습니다. 이 작품에서는 소련 사회주의 정치가 국제어 에스페란토와 이를 사용하는 에스페란티스토들의 활동을 어찌 보고 있는지, 그 체제에서 에스페란티스토들이 자신의 삶과 자신이 선택해서 배운 에스페란토 언어 세계를 넓혀가는 운동을 어떻게 펼쳐갔는가를 저자인 미카엘로 브론슈테인은 자신의 삶을 중심으로, 1993년이 작품을 발표하면서, 당시로부터 20년 전인 1970년대를 회상하는 작품을 그려내고 있습니다.

저자 브론슈테인은 러시아 문학의 한 형태인 바르도 시를 에스페란토로 풀어내고 있습니다.

저자는 지난 2015년 1월 부산을 방문해, 부산일보와 인터뷰를 한 적이 있습니다. 여기 그 인터뷰도 이 책에 함께 실어두었으니, 한 번 읽기를 권합니다. 이 작품의 번역에서 초역을마칠 즈음에, 저자는 "한국어 독자를 위한 글"을 보내주었습니다. 이 서문을 읽어 보시면, 저자의 에스페란토와 에스페란티스토의 삶을 압축적으로 볼 수 있습니다.
저자는 역자에게 이 책의 번역과 출판권을 기꺼이 허락해 주었습니다. 이 번역본에는 유명인사들이나 지명에 대해 약간의각주를 달아 놓았습니다.

저자의 저서 목록에는 1992년 『**소련에스페란티스토청년운동의 전설**』, 2010년 『**고블린스크 시**』 등 수많은 작품을 발간했고, 번역작품도 상당합니다.
책 읽는 것을 즐겨 하는 독자라면 그의 작품 세계에 한 번빠져보는 것도 에스페란티스토로서 좋은 계기가 되지 않을까요?
새해에 위 두 작품 -『**소련에스페란티스토청년운동의 전설**』과
『**고블린스크 시**』도 번역해 내어 우리 독자에게 선보일 예정입니다.
역자는 '국제어 에스페란토와 소련의 정치상황과 무슨 관련이 있는가?' 라고 묻는 이들에게 이 작품을 읽어 보라고 권하

고자 합니다. 소련 체제는 1991년 초에 무너져, 러시아를 비롯한 여러 나라로 분리 독립되었습니다.

이 『얌부르그에는 총성이 울리지 않는다』(Oni ne pafas en Jamburg)는 2017년 12월 부산에스페란토문화원 이름으로 초판 발간했다가, 2022년 새해를 맞아 우리 협회 평생 회원 오태영(Mateno) 대표의 진달래 출판사에서 새로운 모습으로 서울 나들이를 하게 되었습니다.

에스페란토를 제대로 잘 배워 익히면 에스페란토 세계가 한결 더 가깝게 느껴질 것입니다.
한편으로, 우리 주변에 에스페란토 교육에 관한 관심이 부쩍 늘어난 것은 반가운 일입니다. 특히 대안 교육에서 적극적으로 에스페란토를 교과목으로 선택해 지속적으로 학습 과정을 이어나가는 것과 경희대학교, 단국대학교, 원광대학교, 한국외국어대학교 등 여러 대학교에서 에스페란토를 정규교과목으로 채택하여, 교육을 이어나가고 있습니다.
각 지역에서도 다양한 형태의 교육이 선보이고 있습니다.

언어 학습의 4가지 활동 -듣기, 읽기, 말하기, 쓰기- 이 주로 교사(강사, 지도자)와 학습자의 만남으로 이루어졌다면, 오늘날에는 이 4가지 활동에 각종 개인용 휴대기기들을 활용한 학습이 기획되고 운용되고 있습니다.
중요한 것은 학습 지도자의 전략적 계획 수립과 실천, 배우는 이의 열정과 의지와 시간 투자라는 것이 맞물려야 학습 효과가 나는 것입니다.
최근의 학습 분위기에 맞춰, 에스페란토 문법을 배우면서 또는 배운 뒤, 학습지도자의 지도계획에 맞춰, 이 4가지 활동을 지원하는 교재로 이 『얌부르그에는 총성이 울리지 않는다』 (Oni ne pafas en Jamburgo)는 적절하지 않은가 봅니다.

만일 혼자서 학습하는 이가 있다면, 이 책에 나와 있는 원서를 하루에 일정한 시간을 내어 정기적으로 읽고, 쓰기를 권합니다. 마찬가지로 원문 아래에 우리글 번역이 함께 있어, 학습자의 이해를 도울 것입니다.

수년간 지치지 않고, 끊임없이 다양한 교육방식을 제공하는 한국에스페란토협회 임원을 역임한 박용승(Nema)님의 시도를 눈여겨 살펴보고 있습니다.

한편으로 지난 번역서의 후기에도 밝혔듯이, 이 책은 지역의 에스페란토지도자들도 이 책에서 보여주는 다양한 에스페란토 학습 구성을 통해 자신의 학습자들이 지속적으로 에스페란토계에 남아, 에스페란토 운동을 이끌어나갈 수 있을지를 보여주는 좋은 사례이기도 합니다.

역자의 경험에 따르면, 원서를 따라 읽고, 그 뜻을 생각해 보고, 또 원서를 한 페이지씩 학습자가 써 보면서 익힌다면, 또 다른 에스페란티스토와의 만남에서 이와 같은 문제를 익혀 내 사정에 맞춰 말해 본다면, 그 학습은 생각보다도 더 효과적일 것입니다.

꾸준한 연습과 노력이 없으면, 아무리 좋은 교재와 도구가 있더라도 무용지물입니다.

또 한국에스페란토협회 주관의 에스페란토실력검정시험이나 에스페란토 국제공인시험 (UEA-KER 시험) 등에 도전하는 이에게도 이 책은 효과적입니다. 세계에스페란토대회 참석을 준비하는 이에게도 더욱 효과적인 학습 교재가 될 것이라고 생각합니다.

　이 번역본을 발간하면서 생각나는 한 분이 계십니다. 한국에 스페란토협회를 이끌어 오시고, <La Espero el Koreujo>의 발간사업을 주도해 오신 고(故) 한무협(1923~2017) 선생님입니다.
　한무협 선생님의 정기간행물 발간사업으로 한국 에스페란토계의 문화와 문학과 운동이 더한층 깊어지고 넓어진 것을 역자는 다시 한번 느낍니다.
　이 번역본이 그동안 선배 에스페란티스토들이 이루어 온 업적에 후배들이 동참하는 계기가 되고, 나아가 독자 개개인이 에스페란토 실력을 높여, 우리가 지향해야 할 평화로운 사회, 국제사회에서 함께 추구해야 할 목표들을 함께 이루어 나가는 데 좋은 길잡이가 되길 바랍니다.
　그렇지만, 이 책에 간혹 나올지도 모를 오자나 탈자나 오역은 모두 역자의 몫이니, 지도자는 이 책으로 가르칠 때 고쳐주시고, 학습자는 사전 등을 활용해 정확히 그 문맥을 이해하길 바랍니다.

　끝으로 제 번역시도에 대해 혹시 독후감을 보내시려는 이가 있다면, 제 이메일(suflora@hanmail.net)로 보내주시면, 즐거운 마음으로 읽겠습니다.

2022년 1월 1일
역자

작가 인터뷰

부산일보 2015년 1월 21일(27면) 인터뷰70)

에스페란토 전도사 미카엘 브론슈테인 씨 "에스페란토로 부르는 노래 한번 들어 보세요"

"에스페란토는 누구나 쉽게 배울 수 있을 뿐만 아니라 논리적이고 아름다워 국제사회에서 널리 통용될 수 있는 요소를 갖추고 있습니다."

시와 음악을 통해 에스페란토의 아름다움을 알리는데 힘을 쏟

---

70) 역주:출처:
http://news20.busan.com/controller/newsController.jsp
?newsId=20150121000038)

고 있는 러시아 시인·음악가인 미카엘 브론슈테인(67) 씨가 부산을 찾았다.

그는 20일 오후 해운대문화회관 고운홀에서 부산시민을 위한 자선 공연 '에스페란토의 밤'을 열었다.

시·음악 통해 에스페란토 전파
부산시민을 위한 자선 공연 등
지금껏 전 세계서 100여 회 공연

이번 행사는 한국에스페란토협회 부산지부가 부산시민에게 에스페란토 시와 음악을 들려주기 위해 마련했다. 이날 그는 통기타 연주와 함께 직접 작사·작곡한 노래 '그대는 사랑' '파리여, 안녕' 등을 불러 관객들로부터 호평을 받았다.

1949년 옛 소련 우크라이나 서부에 위치한 흐멜니츠키에서 태어난 미카엘 브론슈테인은 13살 때 교내 국제친선클럽에 가입하면서 에스페란토를 접했다. 이때부터 펜팔을 통해 외국인 친구와 사귀기 시작했다.

그는 러시아어로 시를 지어 왔는데 점차 에스페란토가 익숙해지면서 에스페란토로도 시를 쓰기 시작했다. "러시아어로 작품 활동을 할 때에는 언론과 독자들의 관심을 끌지 못했습니다. 그런데 에스페란토로 시를 쓰기 시작하면서 언론에서 관심을 보여 지금까지 열심히 하고 있습니다."

러시아 시인들은 일반적으로 시 낭송 대신 기타 등 악기 연주와 노래를 통해 자신의 시를 알린다고 한다. "시를 음악과 함께 전달하면 청중에게 훨씬 더 잘 전달됩니다."

그는 에스페란토로 시를 지은 후 해외 음악가에 보내 작곡을 부탁하거나 직접 작곡도 했다. 이렇게 만든 노래는 체코나 스웨덴, 리투아니아 음반회사를 통해 음반으로 냈다.

"에스페란토 노래는 어느 나라에서도 공연할 수 있는 장점이 있습니다. 그동안 전 세계에서 100여 회 공연을 했습니다. "

그는 한국 시에 대한 관심도 높다. 최근 김여초 시인의 시집 '엘리베이터 서울'을 러시아어로 번역해 출간하기도 했다.

"부산 공연은 이번이 처음인데 부산시민들이 에스페란토와 저의 공연에 많은 관심을 보여 감사드립니다. 이번에는 공연 준비 때문에 미처 준비하지 못했지만 다음 공연 때는 가수 조용필의 '돌아와요 부산항에'를 에스페란토로 불러드릴 생각입니다." (글·사진=임원철 기자 wclim@busan.com)

]

옮긴이 소개
장정렬 (Jang Jeong-Ryeol(Ombro))

1961년 창원에서 태어나 부산대학교 공과대학 기계공학과를 졸업하고, 1988년 한국외국어대학교 경영대학원 통상학과를 졸업했다. 현재 국제어 에스페란토 전문번역가와 강사로 활동하며, 한국에스페란토협회 교육 이사를 역임하고, 에스페란토어 작가협회 회원으로 초대된 바 있다. 1980년 에스페란토를 학습하기 시작했으며, 에스페란토 잡지 La Espero el Koreujo, TERanO, TERanidO 편집위원, 한국에스페란토청년회 회장을 역임했다. 거제대학교 초빙교수, 동부산대학교 외래 교수로 일했다. 현재 한국에스페란토협회 부산지부 회보 'TERanidO'의 편집장이다. 세계에스페란토협회 아동문학 '올해의 책' 선정 위원이기도 하다.

역자의 번역 작품 목록*

－한국어로 번역한 도서
『초급에스페란토』(티보르 세켈리 등 공저, 한국에스페란토청년회, 도서출판 지평),
『가을 속의 봄』(율리오 바기 지음, 갈무리출판사),
『봄 속의 가을』(바진 지음, 갈무리출판사),
『산촌』(예쮠젠 지음, 갈무리출판사),
『초록의 마음』(율리오 바기 지음, 갈무리출판사),
『정글의 아들 쿠메와와』(티보르 세켈리 지음, 실천문학사)
『세계민족시집』(티보르 세켈리 등 공저, 실천문학사),
『꼬마 구두장이 흘라피치의 모험』(이봐나 브를리치 마주라니치 지음, 산지니출판사)
『마르타』(엘리자 오제슈코바 지음, 산지니출판사)
『국제어 에스페란토』(D-ro Esperanto 지음, 이영구 장정렬 공역, 진달래 출판사)

『사랑이 흐르는 곳, 그곳이 나의 조국』(정사섭 지음, 문민)(공역)

『바벨탑에 도전한 사나이』(르네 쌍타씨, 앙리 마쏭 공저, 한국외국어대학교 출판부)(공역)

- 『에로센코 전집(1-3)』(부산에스페란토문화원 발간)

-에스페란토로 번역한 도서

『비밀의 화원』(고은주 지음, 한국에스페란토협회 기관지)

『벌판 위의 빈집』(신경숙 지음, 한국에스페란토협회)

『님의 침묵』(한용운 지음, 한국에스페란토협회 기관지)

『하늘과 바람과 별과 시』(윤동주 지음, 도서출판 삼아)

『언니의 폐경』(김훈 지음, 한국에스페란토협회)

『미래를 여는 역사』(한중일 공동 역사교과서, 한중일 에스페란토협회 공동발간)(공역)

-인터넷 자료의 한국어 번역

www.lernu.net의 한국어 번역

www.cursodeesperanto.com,br의 한국어 번역

Pasporto al la Tuta Mondo(학습교재 CD 번역)

https://youtu.be/rOfbbEax5cA (25편의 세계에스페란토고전 단편소설 소개 강연:2021.09.29. 한국에스페란토협회 초청 특강)

<진달래 출판사 간행 역자 번역 목록>

『파드마, 갠지스 강가의 어린 무용수』(Tibor Sekelj 지음, 장정렬 옮김, 진달래 출판사, 2021)

『테무친 대초원의 아들』(Tibor Sekelj 지음, 장정렬 옮김, 진달래 출판사, 2021)

<세계에스페란토협회 선정 '올해의 아동도서'> 수상작 『욤보르

와 미키의 모험』(Julian Modest 지음, 장정렬 옮김, 진달래 출판사, 2021년)

아동 도서 『대통령의 방문』(예지 자비에이스키 지음, 장정렬 옮김, 진달래 출판사, 2021년)

『국제어 에스페란토』(D-ro Esperanto 지음, 이영구. 장정렬 공역, 진달래 출판사, 2021년)

『크로아티아 전쟁체험기』(Spomenka Štimec 지음, 장정렬 옮김, 진달래 출판사, 2021년)

『희생자』(Julio Baghy 지음, 장정렬 옮김, 진달래 출판사, 2021년)

『피어린 땅에서』(Julio Baghy 지음, 장정렬 옮김, 진달래 출판사, 2021년)

『헝가리 동화 황금 화살』(ELEK BENEDEK 지음, 장정렬 옮김, 진달래 출판사, 2021년)

『알기쉽도록 <육조단경> 에스페란토-한글풀이로 읽다』(혜능 지음, 왕숭방 에스페란토 옮김, 장정렬 에스페란토에서 옮김, 진달래 출판사, 2021년)

『사랑과 죽음의 마지막 다리에 선 유럽 배우 틸라』(Spomenka Štimec 지음, 장정렬 옮김, 진달래 출판사, 2021년)

『상징주의 화가 호들러를 찾아서』(Spomenka Štimec 지음, 장정렬 옮김, 진달래 출판사, 2021년)

『침실에서 들려주는 이야기』(Antoaneta Klobučar 지음, Davor Klobučar 에스페란토 역, 장정렬 옮김, 진달래 출판사, 2021년)

『공포의 삼 남매』(Antoaneta Klobučar 지음, Davor Klobučar 에스페란토 역, 장정렬 옮김, 진달래 출판사, 2021년)

『우리 할머니의 동화』(Hasan Jakub Hasan 지음, 장정렬 옮김, 진달래 출판사, 2021년)